可以这样爱你

——青红十年口述史

陈涛　陈锋　熊屹　主编

中国社会出版社
国家一级出版社 · 全国百佳图书出版单位

图书在版编目（CIP）数据

可以这样爱你 ：青红十年口述史 / 陈涛，陈锋，熊屹主编．-- 北京 ：中国社会出版社，2024.5

（中国社工故事 / 余细香主编）

ISBN 978-7-5087-7053-6

Ⅰ.①可… Ⅱ.①陈… ②陈… ③熊… Ⅲ.①社会工作-组织机构-工作概况-汶川县 Ⅳ.①D669

中国国家版本馆 CIP 数据核字（2024）第 099007 号

可以这样爱你：青红十年口述史

责任编辑：余细香

装帧设计：时　捷

出版发行：中国社会出版社

（北京市西城区二龙路甲 33 号　邮编 100032）

印刷装订：中国电影出版社印刷厂

版　　次：2024 年 5 月第 1 版

印　　次：2024 年 5 月第 1 次印刷

开　　本：145mm×210mm　1/32

字　　数：210 千字

印　　张：9.875

定　　价：59.00 元

序一

青红发展性社会工作的积极探索

王思斌

2008 年以后历年的 5 月 12 日，我都会向着汶川方向深鞠一躬，悼念“5·12”地震中逝去的同胞，感念幸存者坚韧不拔的生命精神。2024 年又快到“5·12”，陈涛要我为他们几位同仁和绵竹乡亲共同创办和运营的“绵竹青红社工服务中心”（以下简称青红）10 年纪念文集（口述史）写书评。我不敢。但写点感想可以，于是有了这篇文字。

一、邂逅青红

2008 年 5 月 12 日，是我们在一个封闭的地方进行社会工作命题的最后一天。下午刚上班，有同事听到消息说四川那边发生了地震，而且是强烈地震。命题的社会工作群体顿时有向前助一臂之力的愿望。命题结束后，主管命题的民政部相关司局领导与中国社会工作教育协会及有关方面连夜在中国青年政治学院开会，商议社会工作参与汶川地震救灾事宜，形成初步方案，希望尽快行动。此时，各地的社会工作教育群体也主动与当地政府等方面联系，参与地震救灾。面对如此严重的地震灾害，我国采取了政府部门“无缝对接”的救灾机制，即提供援助的省市与四川当地政府按系统对接，尽快进入灾区，开展工作。中国社会工作教育协会是民间学术团体，一时在四川找不到对口“接待”单位，无法进入地震灾区开展工作，拖延了令人焦急的一段时间。为此，本人后来还写了一篇《社会工作实践权的获得与发展》的文章。一段不短的时间后，我们才与中国青少年发展基金会合作，借援助“希望小学”的机缘进入并非最严重的地震灾区，开展社会工作。

地震发生后，灾区发生了严重的房倒屋塌、人员伤亡的事件，由此导致了部分冲突。正是在这种情况下，陈涛等作为“当地人”，进入灾区，运用社会工作方法，帮助解决了一个危机事件，展示了社会工作专业方法在解决危机问题中的智慧和作用。以这种参与地震救灾的专业精神和实践为基础，陈涛等申请到了中国红十字基金会资助的“5·12 灾后重建公开招标项目”，成立了中国青年政治学院绵竹社会工作服务站，简称“绵竹青红社工服务站”（2010 年 4 月后改名绵竹青红社工服务中心）。这里的“青”代表中国青年政治学院，“红”代表中国红十字基金会。“青红”——一个有创意和充满希望的名字。

后来，陈涛多次跟我讲起青红的事情——艰辛和创业、陪伴与成长。2019 年，青红成立 10 周年，青红管理委员会作出一个决定：鉴于青红的本地力量已经较快成长、青红的运行和制度建设也比较平稳的现实，外部的支持将逐步撤出，由当地人员自主运营该中心。正是在这一思路和安排下，陈涛等青红的业内同仁邀请社会工作及公益慈善界的一些同行，参加了在“绵竹青红社工服务中心”召开的经验总结和发展研讨会。我有幸受邀与“青红人”及其事业在地接触，了解他们艰难的创业历程、取得的成绩和未来的发展设想。这就是我与青红的邂逅。

二、青红的参与重建实践

青红的工作可以看作是不可分离的两个阶段：前一段是救灾援助，后一段是重建发展。我们都知道这本来是一个连续的过程，不过为了分析的方便，我们“人为地”把它分为两个阶段。青红成立之初的一段时间，是外来的学校社会工作教育者帮助受灾的残障人士渡过难关、继续生活的过程。在政府的相关政策支持下，青红共同努力，克服生活上的困难、走过心理上的茫然，稳了下来。接着是重建，面对最困弱的因灾致残群体，青红采用发展性社会工作的理念和方法，协助青红成员发展生计，发展组织，增强希望。在这方面，参与青红的社会工作教育者做了开拓性的支持性工作。在最需要的时候，以陪伴和增能的方式，支持青红的当地人员增强信心、寻找重建和发展之路。

青红在初期就确定了从受灾居民生计入手的工作方向，并实践了增能策略和方法。最初，受灾居民有困难时，外来力量“拉一把”，给予多方面的支持；灾后重建中，青红共同往前“走一程”。在发展中，在以恢复生计为主的同时，活化受灾者的文化生活，并逐渐形成了群体的力量。正如有的青红参与者所说：“一个人走得快，一群人走得远。”成员们互相搀扶，虽遇困难，但不断向前。2019 年的青红经验总结与发展研讨会的一个议程，是宣布青红的当地成员自主运营，这里有一个“外来青红人”逐步撤出的问题。当然，就是已经具有一定发展能力的“当地青红人”也充满挽留之情，“外来青红人”也表示不会“结束支持”，而是会以另外的方式继续关注和支持青红——这里表现的是赋权增能，在有压力的情况下，促进

"当地青红人"自立自主发展。"当地青红人"表示：青红的发展管理方式变了，但是青红不会散，要继续往前走。这就是命运相连的集体的力量。那天青红的联欢晚会结束时，在场的所有人齐声高唱《歌唱祖国》。

我了解到，那次会议之后，青红在继续发展，不但"外来青红人"继续以各种方式支持"本地青红人"，而且"本地青红人"也在帮助原来"非青红"的其他残障人士，青红的事业在延续和发展。

三、关于青红的发展性社会工作的思考

总体上看，青红是以灾后重建为背景开展发展性社会工作的。社会工作者作为有强烈社会责任感和同情心的一个群体，遇到有困难的人特别是受灾的困弱群体，千方百计伸出援助之手是自然的。面对巨大的、人们难以抵御的自然灾害，社会工作者所做的是受灾人群所必需的提供物质支持和陪伴，支持受灾者生活下去。在灾后重建过程中，恢复生计、心理抚慰、重建社会关系都十分重要，这些都是发展性社会工作的重要内容。对于那些没有固定生活来源的受灾者（包括不发达地区的农民）来说，恢复生产、谋得生计是第一位的。所以，发展性社会工作的第一任务是发展服务对象的生计，生产生活能稳住，服务对象也就有了生活的信心。当然，其中的社会支持、心理支持也是必要的。在很多情况下，物质生活的相对稳定与社会关系网络的恢复和建立、心理韧性的强化是相互联系在一起的。青红在运行中很好地做到了这一点——不管是在恢复生产、谋求生计中，还是在日常生活中，增强集体性、集体活动、集体感都十分重要，这里反映的是综合性发展的涵义。

当然，在发展性社会工作中，发展可能是细微的积累过程。社会工作者要致力于服务对象的发展，就要善于观察服务对象的发展苗头，并予以支持和拓展。要做到这一点，除了对活动的精细设计和细心观察，即具有敏感性之外，最重要的就是陪伴、在一起，共同活动、共同体验，并适时适当地进行引导。青红在发展中，“外来青红人”与“本地青红人”打成一片，当地的“青红领头人”团结成员、带头前行，都反映了发展性社会工作的基本要求，也产生了积极的效果。“青红人”实现了真正的相互理解、真诚合作，共同解决问题。还有，在发展性社会工作中，必要时“扶一把”十分重要。我们看到某些扶贫工作中的“等靠要”现象（对此种观点还需深入细致分析），帮扶对象希望的是来自外部的物质给予，自身在能力和心态上很少成长。真正的发展性社会工作走出了这种误区，以青红的经验，走出那种误区，不完全在于“外来者”给受助者带来多少物质帮助，而是关注这种物质性帮助的附加价值——附着在物质帮助上的、潜在的、可感的社会支持和心理支持。把它们结合在一起，有意识地、策略性地加以推进，就能产生综合的成长效果。这也是专业社会工作的独特优势。

四、社会工作发展中的情怀与坚持

对于社会工作者来说，帮助服务对象是一种责任，也是情怀使然。如果没有见了困境者就有“帮一把”的“冲动”，而是以工具主义的态度面对，大概不会有真正的社会工作行动。情怀是真正的社会工作者所有的内在素质（或智质），工具论者难以拥有。发展的社会工作要求有这种情怀，因为他们不是偶遇服务对象，而是要帮助其实现发展。发展不只是物质的，也是社会的、心理的；可能是外显的，更可能是内在的。正是发展的内在性、细微性、积累性、综合性，所以需要陪伴共进，需要忍耐、宽容、伴行的情怀。理解服务对象，尊重、信任、协同、建议、共同实践，都是发展性社会工作所必需的。青红的社会工作者在10多年的坚持中做到了这一点：没有外来大学教授的名头，没有自以为高妙的招法，坚持从当地的实际情况出发，真正把服务对象当作发展的主体，善于和能够站在服务对象的角度思考问题，并有一些发展性的思路和建议，或许这是发展性社会工作的成功之道。

五、发展性社会工作中的持续联系

发展性社会工作的一个重要特点是工作时间和关系上的连续性。面对服务对象较差的生活环境和较弱的生存能力，要使之发生改变只能是持续的坚持和支持，因为发展是内在的、综合性的。发展性社会工作者要协助服务对象建立信心、走出逆境，总是要有多种陪伴和支持。长期的共同努力和奋斗会产生一定的共同体意识，这也使得发展性社会工作者总有一种“在场感”。2019年青红的研讨会，本来是该项目的一个总结和青红发展管理方式的转变——把“中心”的发展权、决策权交给“当地青红人”，“外来者”则扮演某种支持者的角色。在社会工作领域，这种做法是社会工作机构成熟过程中经常出现的，孵化成功就要被培育者“自我放飞”。自建立起到2019年，青红走过了10年，可以相对独立地运行了，于是在经“中心”理事会讨论后，有了“中心”发展管理方式转变的决定。“当地青红人”真情挽留，“外来青红人”也有不舍，但是发展管理方式的这种转变终究是要发生的。研讨会上，我也担心地问起“外来青红人”是否撤离。陈涛回答说是“中心”发展管理方式的变化，关系总是割不断的。他用了“翻篇”来形容这一变化，应该是布迪厄意义上的“翻篇”吧。“翻篇”是一种转换，但意义是连续的。

2024 年，“5·12”汶川地震过去 16 年了，我们至今仍不能释怀。深切悼念逝者，感念幸存和坚强生活者，感谢所有为地震救灾和灾区重建作出努力的人们，也为因地震救灾和灾后重建而激起的社会工作的发展而感慨。青红是我国民办社会工作机构发展的一个有一定代表性的案例，10 多年的坚持和成长也是我国发展性社会工作的有益实践。当今，我国的社会工作事业正面临着新的发展，希望青红的案例对我国社会工作事业的发展有所启发。

序二

为国为民尽社工之力

阮曾媛琪

社会工作是随着现代化的进展而出现的解决社会问题、帮助解决人民面对的民生问题、促进助人自助、建立社会凝聚、推动社会发展的专业。现代化一方面增加了社会的财富，使国家和政府更有实力来改善人民的福祉；另一方面，现代化的过程常常带来家庭、职业、工作方式等的变化。可惜不是所有人都能够很顺利地适应这些变化，有些人不能跟上这变化，他们便很可能成为边缘的存在，而处于不利的处境。另外，每个社会都有老人和儿童青少年，还有残障人士、移民，等等，他们在现代化变迁中也容易遇到各种困难。因此，现代化的国家要建立福利系统，为社会中的那些弱者和边缘人群提供帮助和支持，以此来维持社会的团结和稳定。而社会工作就是社会福利系统中最重要的专业和职业，负责有效率地传递福利，帮助需要帮助的人群。而且，社会工作亦着重提高服务对象的能动力，使他们能够自立自强，建立信心及尊严。

专业社会工作在西方国家的发展已经有超过百年的历史。受着这些国家特有的文化和政治经济等等影响，社工群体不断追求专业化的路，要求从事社会工作职业的人须接受严格的学术训练，获得相应的学历资质。在很多国家及地区（包括香港）也实行社会工作者注册制度，以求保证从业人员具备可信赖的素质。通过各种途径保障专业品质的社会工作者，遂成为社会福利系统的主力，这一专业的地位亦广受尊重与认可。

不论什么地方，社会工作的生命力在于它能切实帮助人民、解决他们遭遇的各种问题，实现更好的生活；进而，它对国家的健康发展和稳定也作出自己的贡献。不过，不同地方的人民面临的问题，和可以凭借来帮助他们应对问题的资源都有不同，这样，社会工作实践的方式方法、模式道路也不尽相同。例如，香港已经高度城市化，它的人口结构和市民的生活方式、工作职业等等有自身特色，社会福利和社会工作的服务也就有自己的重点。而内地还有相当多的农村地方，那里老百姓和政府所关心关注的，也必然不同。就像青红当初所面对的，是一场严重的地震灾难后乡镇和农村人民与当地政府如何重新恢复正常的基本生活还有社区重建的挑战，这对社会工作者的服务提出了很不一样的更加综合和复杂的要求。

香港理工大学自2000年起，为支持内地的社会工作专业发展和促进国家社会福利体系更完善，与北京大学合作开办了社会工作硕士课程，培养内地急迫所需的专业师资和实务领域的骨干人才。本人当时与香港理工大学应用社会科学系及北京大学社会学系的一群热心同事毅然承担了这个硕士课程的实施与推动职责，一共办了七届，共培养了230多位毕业生。当时我们确立课程的目标是："培养一批有稳固专业基础的社会工作教育及专业人员，去承担领导及策划内地未来社会工作教育及服务发展的角色。希望这些学员能形成一个核心，成为将来继续培养内地社会工作者的骨干队伍。"我们希望这个课程的毕业生，能够回应国家不断发展变化的形势需要、能够灵活性及创造性地贡献于内地社会工作的发展，成为“实践中的学者”（scholarship in practice）。我们课程的教学十分重视理论与实务的结合，因应实际情况探索和发展内地的社会工作专业教育及实务。我深感欣慰的是，这一硕士课程班培养的七届学生，都相当好地秉持在深入思考的同时注重实践的精神，许多人都积极投入不同领域的社会工作实务，也探索适合内地的社会工作理论，作出了良好的表现。

青红的创始人之一陈涛是我们香港理工大学应用社会科学系与北京大学社会学系合办的社会工作硕士课程班第一届的毕业生。我很高兴地看到，他努力将自己的所学运用到帮助国家和人民的事业中，积极在所负责的社会工作教育岗位和有机会参与的实务工作中践行专业，对于社会工作专业亦有不断增强的委身与投入。特别是在2008年汶川地震发生后，他能深入灾区，倾力陪伴受灾群众，与地震伤员、丧亲家庭等一道同行，协助他们通过互助而自助，并走向“助他助人”。陈涛带领团队自觉地尝试“发展性社会工作”的理论模式，使社工不局限于单方面提供服务的角色，而重视培养包括服务对象在内的更多方面力量，改善社会环境，这是为助人服务和社会发展寻求整合的探索。他和青红、“培力社工”的伙伴们的工作，较好地回应了地震灾后中国本土的情境需要，并基于实践扩展了相关理论的内涵，力求使其更加适合国情，这是十分符合我们硕士课程班的目标的，作为老师我对他及团队的委身投入、扎根基层及勇于创新精神深感自豪。

从青红的实践经验，我们能够看到，恰当地运用专业价值观、理论视角和方法技巧，社会工作者是能帮助到遭遇不同困境的民众，不但使他们渡过生活中的一些难关，更可使之增长能力、增强团结，一起促进所在社区和社会环境的改善，从而实现可持续的积极的处境改变。社会工作者对于民众的这种帮助成效，自然有利于当地整个社会氛围和各方关系的改进，事实上也使得社会的秩序更为和谐稳定。这样，政府和专业人员各司其职，最后有利于整体局面的安定，国家也能得到更好的发展。

我们的国家正在迈入全面建设现代化的新阶段，人民对美好生活有了更高的向往和追求，社会福利与社会服务也需要同步更好地发展，无论在城市还是农村，都有更多人民的需要有待更好的回应，国家和政府也要求着社会工作专业发挥出更多更好的作用。冀望学习社会工作专业的人，能够更好地贡献才智，服务于国家和人民。“为国为民”，是这个专业不可移易的追求。也衷心祝愿内地的社会工作同行，在助人自助和推动国家社会发展的事业中，取得更多成就，为全世界社会工作作出贡献。

序三

爱的志业，一同成就

陈　涛

如果有一天，
我回顾一生，
留下许多遗憾。
但是想到你，
我无比骄傲，
顿觉安然。

我与青红的故事，说来话长，也许，这也是我一生的故事。

从记事起，我的童年有许多快乐和美好，还有今天要说的“温暖”。无论是幼小的兄弟俩和妹妹随母亲乘火车旅行，还是坐着来父亲单位拉东西的解放军叔叔的汽车游逛，途中总有大人们的照顾和爱护，解放军叔叔还送了我一顶威风的军帽。自然，也少不了母亲的悉心鼓励、教导；父亲的疼爱、抱举；大姐讲故事、教举止，哥哥带领亲近自然，学到不少好玩的知识技能；同妹妹一起的各种玩乐、嬉戏。另有许多长辈亲人，甚至非亲非故的人们，给了我不同的爱。至今想来，童年的我，是沐浴在爱的海洋里长大的。

少年时期，为了求学，我感受过与父母分离，孤独面对黑暗的恐惧和独自面对一些挑战的考验。也许，那段经历给我留下了很深的印记，至今对我都有影响。一方面，我学会了独立，增长了某些力量；另一方面，潜意识中变得“个体化”，更看重和相信自我奋斗，以为有了众人称许的学业之类成就，我就不再需要其他什么。现在回看，那段经历怎么离得开无数身旁的人以不同的方式给予我的陪伴和支持！

青年阶段，带着“天之骄子”的光环，我一心追逐仗剑独行的梦想，在“个体化”的路上愈行愈远。不知不觉间，我似乎成了一个无情无义的人，只管自己所要，不会真正去“爱”人。但是，人的本质是与他人共在同行，独行的人生怎可持续？或许儿时对人与人之间关爱温暖的美好记忆，无意识地驱使我不断走近人，要再拥有那熟悉而真切的温暖关系。与妻子相遇，体会到爱情的美好；有了女儿，享受着家庭之乐。这些爱的岁月，是我生命中如此美好的时刻。

终于仿佛命中注定，我在而立之年遇到了一个新的身份——社会工作者。它一遍一遍地感召我，让我看见它可以怎样承载自己过往的诸多梦想，呼唤我投身其中，把我所有的生命之流，汇聚到它的所在。我也一遍一遍地体认，试图找到它的真谛。某些时候，我认同它是从微观开始的社会改良，“静悄悄地革命”，最终是为了宏大的社会改变。某些时候，我喜欢“用生命影响生命”的说法，忘却了问自己，这如何能够切实做到。事实上，20 多年来，我看似进入了“社会工作者”这个身份，但我对它的理解与把握，有许多摇摆，未曾真正明晰安顿。

参与 2008 年“5·12”汶川大地震的灾后救援工作，或许是个契机，让我真正投身社会工作，并找到这一身份的真切意味。也是由此，有了我与青红、青红与我、“我们青红”的故事。

2008年，突如其来的“5·12”汶川大地震发生时，我正在深圳机场准备回北京。异地的友人打来电话，关切询问是否安好，我还以为地震发生在北京。得知地震发生在四川后，我联络家乡的亲人，他们在成都市和仁寿县，虽受一些波及但都尚安好。彼时，我和许多人一样，并不清楚灾情，意识不到这次地震给灾区的人们造成了多么巨大的损失和创伤。

回到北京后，从各种途径得到的信息显示地震及其后果非常严重，而国家和民众、各种组织都积极地行动起来，纷纷投入抗震救灾。当时我在中国青年政治学院（以下简称“中青院”）工作，具体是负责一个研究机构——中国社会工作研究中心，也在社会工作学院承担一些本科生和研究生的教学工作。一位研究生主动联系我，说社会工作界应该抓住机会，尽快去到灾区，以彰显这个专业的价值和影响。我觉得这种想法有点功利，主要考虑的是专业的利益，加之还未设身处地、感同身受到灾区人们面临的处境和状况，于是回答他说：“现在灾区处于紧急救援阶段，当地的情况以及他们对社会工作服务的需求还不是很清楚，社工（社会工作者简称）贸然过去可能不是帮忙而是添乱，因而不宜急于前往。”

不久，大约是2008年5月下旬，民政部和中国社会工作协会、中国社会工作教育协会相关人员在中青院开了一个会，商议组织一支队伍奔赴四川，调查评估灾后社会工作服务需求并尝试回应。我参加了这个会，也加入了随后的赴川调查评估队。2008年5月底至6月初（大约一周时间，中间我记得有个“六一儿童节”，只是节日的气氛很淡），由民政部甄炳亮处长带队，我同中国社会工作协会南燕秘书长和来自北京几所高校社会工作专业的老师们一起，到成都及其周边一些地方（彭州市、都江堰市）探查灾情，了解灾后救助中有哪些需要社会工作服务之处。我们去看了一些受灾群众的临时安置点、过渡安置的帐篷区和板房区，去了收置灾区老人、孩子、伤员的福利院、救助站、学校等。在彭州，我既看到了山乡居民家园尽毁的惨状，也看到了乡亲们自发聚在一起，互帮互助、共渡难关的感人场面；在都江堰的板房社区，我看到上海社工的进入与存在。一边是满目疮痍的山河、道路和屋舍，伤损的肢体，悲戚阴郁的面容，另一边是真诚的关怀，紧张忙碌的奔赴，还有受灾群众“还能差到什么程度”的淡定。这些所闻所见的背后，究竟还藏着什么？有对社会工作的呼唤吗？说实话，当时我人虽到了灾区一线，心里却有些迷茫。在某处帐篷，我碰到了前来做心理救援的人，交流中他讲道，我们看到的一切表象底下，还有许多汹涌的不安和伤痛。我不禁想，如果是社会工作介入，将会有何不同？

回到北京后，一时并未有后续行动。然而似乎一切都有安排，不久我便接到时任国务院妇女儿童工作委员会办公室儿童处处长宋文珍的电话。因为平时我们工作上有不少合作，她跟我说，四川灾区有许多孩子在地震中遇难，家长们情绪激动，在一些地方出现了与政府的对峙，例如，在德阳绵竹市，四川省委派去的工作组感到情势相当严重，向她们求援，希望组织专家前去支援。她还说，四川省委工作组那边本想找的是精神健康、心理学方面的专家，但她认为处理这样的事情以社会工作专业的专家更为合适。我接下了这个任务，找到中青院社工学院和中华女子学院社工系的两位同事，加上从两所医院来的精神卫生专家，我们一行5人于6月下旬奔赴四川省德阳市，开始介入绵竹市富新二小地震遇难学生家长服务，调解他们与当地政府之间的紧张关系。第一批专家工作队高强度地工作一周左右后，又由中青院的史柏年教授带队，与来自山东女子学院、长沙民政职业学院和西南石油大学的3位社工老师，加上成都市第四人民医院的一位医生组成第二批工作队继续介入工作，我陪同待到7月上旬，至介入结束。这十几个日日夜夜，让我真正走进受灾的乡亲们中间，切身感受到他们身心的剧痛，感知到他们迫切需要抚慰、开导与支持，需要有人陪他们一起获得慰藉和同情，需要找到方向和勇气面对当下和未来；也看到他们身上始终有着坚韧的力量，如果我们所给的陪伴支持和引领恰当，他们可以拥有更多力量、勇气、智慧和能力，一起重新迎向未来。在我们结束这段带有紧急介入性质的工作之后，我意识到，虽然我们的帮助一时缓解了家长们的情绪，缓和了他们与政府的对立紧张关系，也证明了社会工作服务的有效性，增强了我们的专业信心，但是，家长们仍需要一些持续的支持和协助，才能更好地走出伤痛，迈向新的生活。当时，中国红十字基金会“5·12”灾后重建项目公开招标，我们申请了面向富新镇小学生遇难家长的震后社会工作综合服务项目。

遇到各种情况，辗转来去后，中国红十字基金会资助我们的项目最终落地在绵竹市的汉旺镇，当时的武都板房区，此后也主要以汉旺镇为范围开展服务。服务的对象群体则调整为以地震伤员为主，虽然其中也包括一些地震遇难学生家长（后来还包括其他残疾人、身体健全的村民等）。

以2009年4月10日绵竹青红社工服务站正式启动为起点，至今，青红的服务走过了10多年的历程。10多年来，数以百计的社工们（包括高校相关专业的老师和同学）与当地乡亲、基层干部等一起，风雨兼程，一路陪伴同行走到如今，除了绵竹青红社工服务中心这一机构，还有以当地居民为主体的“青红家庭生计互助组”“春燕手工作坊”“青红种植专业合作社”“青红合唱团”几个社区组织持续运作和发展。今天，“青红”已经是所有这些组织的统称，是一路同行、不曾分开的所有这些人共享的团体称号，也是大家愿意用“我们”来称呼的一个共同的“大家庭”。

2019 年暑期，适值青红社工服务开展 10 周年之际，我们组织进行了青红团体核心成员的口述史访谈、编辑成册工作，用于 10 周年庆典之纪念。口述人包括第一个青红在地组织——青红家庭生计互助组的一些成员，其他的有在地组织“春燕手工作坊”“青红种植专业合作社”“青红合唱团”的代表，还有当地参与青红工作和发展的关键人，青红机构衍生出的“培力社会工作”机构（简称培力）代表，最后是社工专业的部分老师和同学。他们从不同的角度、以不一样的口吻讲述了这 10 年中的经历与感触，回顾一路同行的过程和点滴，吐露心声和情怀，也反思经验和教训、展望前路和未来，铭记、感恩、同行。希望它能为社会工作的同行、路人乃至为像我们一样真实生活在这个世界上的无数普通人，提供点滴启发或参考。例如，我们可以看见所谓的“发展性社会工作”如何通过社工做好“照顾者”“陪伴（支持）者”“同行者”三重角色，协助人们从“受助”依靠“互助”而“自助”，并还能走向“助人助他”，实现社会工作助人自助、推动社会进步的双重目标。我们也可能从中看见生命的韧性，更深切体会当人们怎样不放弃希望，聚力同行，则毁灭后仍可重生。

而我趁此机会更想说的是：

社会工作，无论它还可以有别的什么宏大目标关切，还可以有怎样的名字定义，它首要的、核心的是一项“爱的志业”——给到人人内心渴望却时常缺少的好的爱，是它的第一使命。

这爱包含了所有东西：细心体贴、温柔搀扶，一起流泪、一起欢笑，痛着你的痛、喜着你的喜……那是真诚的尊重，自然的平等，并不刻意地接纳与包容，是长久的陪伴，是不离不弃的理解和信任，是无论什么也无法将彼此分开，是一直一直在一起。

除此之外，这爱还是尽最大努力地坦诚，敞开心扉相待；是认真投入，所以爱与恨常常互相纠缠，爱得有多深，伤可能也有多重。即便经历一次次有意无意的伤害，仍在心底毫不动摇地相信，相信对方、相信爱，相信在一起终会有美好光明。

因此这爱并不简单，而且十分不易。无数的考验总是与它相伴。既如此，所以首先需要专注地去做，不管多不容易，都要努力做到。

若这爱能够做到，便自有其力量。它使被低看者自信，让虚弱者勇敢。爱产生力量，力生长出更多爱。

更为重要的是，这样的爱绝不可以单向成就。只有互相爱才有意义，只有一起爱才可持续生长，永不止息，带向心中的方向……

在此，我们将更紧地拥抱这些认识与信念，继续更好地同行向前，直到永远。“青红人”将好好整理自己后再出发，“青红”将是我们余生继续的志业，也愿她成为更多代更多人的共同志业。我们深知，那不是为了别的，只为我们要一起创建属于人类的共同的“希望之地”“希望之境”。

目　录

刘刚均：受助助人，涅槃重生

口述人：刘刚均[①]　记录者：熊屹[②]

其实，地震发生时，作为受灾群众，身在其中，我真的不知道灾情有多严重。我只知道自己受伤了，周围垮成什么样子我不知道。当时电话打不通，我陷入短暂的“失神”后，就是莫名的恐惧。

地震记忆

我叫刘刚均，1964 年出生，初中毕业之后我就回到了村里，偶尔做一些零工。1983 年，我做村里的团支部书记。1987 年，我进入村办企业，一干就是 16 年。同时，我也在村里兼任一些职务，主要做管理工作。我在村里当团支部书记一直干到 1994 年，那时我已经30 多岁了。1997 年，我又在村里兼任生产队队长。做生产队队长，工作量不大但非常烦琐，主要就是收各种费用、调解民事纠纷、宣传政策和发通知。当

① 刘刚均：男，2019 年为绵竹青红社工服务中心副主任兼管委会成员，青红家庭生计互助小组负责人。

② 熊屹：男，中国社会科学院大学政法学院 2017 级社会学专业硕士研究生，研究方向为应用社会学，2018 年暑假期间在青红做志愿者。

时，我在村里做各种调解工作。

地震前，我去汉旺治疗我已经医治了快半年的腰，在朋友介绍的一位老中医那里。治疗效果非常好，我的病情基本稳定下来。地震发生时，我刚刚从汉旺治疗回来，正在公交车上。突然一阵天旋地转，我当时的第一感觉就是地震了。我一下子就从座位上站起来，左腿顺势退了一步，大概几秒后，我就没有知觉了。

不知道过了多久，我模模糊糊地感觉有人在喊我，恍惚之间，听见有人说："这块石头太大了，我没有办法把你弄出来。"然后，又听他说："你再坚持一下，我去叫人。"当时，那辆车第一排和最后一排的人都没有受伤，但是坐在中间的人，除了我一个人还活着，其余的全部都死了，因为当时我的左腿顺势退了一步。我的右腿被一块巨石压住了，腿抽不出来，石头也搬不动，只有脑袋和一只手能动，身体的其他部位都无法动。那个人走后，我的耳边还能听到滚石落地的声音。我的视线被车子的残骸遮挡，我不知道有没有人在附近，也看不到有没有人从我附近经过。

我努力地告诉自己，遇到这种情况一定要冷静下来，不能睡觉，一定要保持清醒。后来，也不知道过了多久，依稀听到有人路过，我拼命地向他们呼救。大概有六七拨人过来帮我，但是他们都没有办法把我救出来。

我记得在等待救援的过程中，有一个人被我的呼救声吸引住，她朝我这边走过来，将她身上带的牛奶和矿泉水都给我留下，还都插上吸管，放到我能够得到的地方，装着吃的袋子也都是打开的，放在我能够着的地方。我当时只有一只手可以动。她说："你趴下去，就可以喝到牛奶和矿泉水。"后来我在小区里开超市，她在电视上看到了我，并且来我现在居住的地点看我。我真的是非常感动，这是见到恩人了！她说："我今天是专门来看望你的。我是在媒体上看到你，知道你住在这里。"

当时路过我身边的人，都没办法把我救出来。一直等到第二天早上，我听见直升机在我的头顶盘旋。但我没有办法让直升机注意到我，并降落下来。那里根本没有能让直升机降落的地方。我知道没有办法，只能继续坚持。大概到了上午，我听到两个非常熟悉的声音，是我的两个晚辈——我的侄娃子（侄子）。他们是到汉旺来找他们的娃娃的。我对他们说："你们给我家里带个信，看我媳妇在不在，让她带一些工具、多叫几个人过来救我。"

后来，他们就将这个口信带给了我媳妇。我媳妇当时就叫上邻居，还有一些亲戚下山来救我。他们一共 12 个人，其中有我的外甥，还有我的邻居。他们是中午 12 点开始从家那边下来，一直走到下午五六点钟才到达我受伤的地方。他们快要靠近我的时候，我就觉得有人过来了，感觉有人要救我，也感觉到有人在叫我了。他们来了之后，看了一下压住我的大石头，都觉得很难将它砸烂或搬开。看到大家实在没办法，我就说："你们看能不能把我的腿弄断，然后看一下这样能不能把我弄出来。"我以前也开过车，我知道车祸之后，如果失血过多非常容易造成死亡。我媳妇也晓得这种情况。当时，他们从家那边过来也带有工具，刚好有一根钢钎。

他们就用这根钢钎和我媳妇带的一把水果刀，将我被压住的腿割断后，把我从石头下拖了出来。其实，这个过程是非常残忍的。当时，让他们从这十几个人之中选人来做，很多人都不敢，手都在发抖，谁也不敢下手。后来选定我的一个侄女婿来做，他也不敢下手。他说："我将你的腿弄断，我以后怎么面对你?!"我坚定地说："没事，我媳妇和我都在这里，没事儿，没人怪你，这是天灾，没人怪你!"后来，他才鼓起勇气做的。把我拖出来之后，他一个劲地抽烟，双手一直在发抖。

经过简单的止血之后，他们又用衣服和裤子做了一个简易的担架，把我放在担架上面，送到了汉旺镇。我们晚上 7 点多才到汉旺镇。听说在东方汽轮机厂那边有一个临时救助点，他们就把我抬到那里。我在临时救助点接受了紧急的伤口处理。在处理这个伤口的过程中，我的求生神经才慢慢地松弛下来，人逐渐进入半昏迷状态。在快要昏迷的时候，我听见车声，还听见旁边有人说："再多拉两个吧。"然后，我就没有知觉了。后来，车子把我转运到了德阳的医院。

在转运途中，我的事迹被《德阳晚报》的一个记者报道，引起了德阳市第二医院的关注，他们尽快安排我做了截肢手术。随后，我被转到重庆第三军医大学大坪医院。其间，我曾被发病危通知书，但在医护人员的精心治疗下，我慢慢地度过了危险期。当时那篇报道也引起了社会的关注，后面又有一些记者要对我进行采访，但是被我的主治医生劝阻了，他说："他这么严重的伤，你们还要采访，你们还要不要他活了?"

之后，我得到了中央领导的接见，并被媒体大量报道，但我拒绝"当代关公"这样的标签，我说："关公这么大的人物，怎么能够把我和他相提并论？我的那种行为本来就是想要活命，是一种很本能的反应，你问还有什么想法？那个时候哪里有那么多的想法啊？只不过我的运气好一些，我活了下来。”后面经过协商，记者们改用“铁人”替代了“当代关公”。我觉得，那么痛我都忍过来了，叫“铁人”还可以。

后来，我有幸被选中成为奥运火炬手中的一员，在医护人员的陪护下，成功进行了火炬传递。医院为我做了一个很好的保护措施，我传递完火炬就被转移到了病房里，避免了媒体对我的打扰。在我就医治疗的过程中，有一个病人的家属，他的儿子得了重病，拒绝医生治疗。他希望我能开导他的儿子。后来我和他的儿子聊了半个多小时。过了几天，这个孩子的妈妈来感谢我，说她儿子现在配合医生治疗，也听话了。我当时就说：“这是我应该做的。”

在整个康复过程中，我一直要求早点回家，但是医生一直主张我在医院里痊愈之后再回去。最后，所有的病人都走了，只剩下我一个，我才回家的。这里还要感谢重庆第三军医大学大坪医院的孙政委和给我治疗的科主任、主治医生、护士长，我离开医院的那一天，他们很多人都来送我。

回归平凡，青红让我更坚强

回到家乡后，我的亲戚朋友陆续过来看望我，我也参加了很多媒体举办的活动。因为身上带有“铁人”的光环，有一家机构准备给我提供一份工作，有一家图书馆拟让我去管理。在我思考是否接受这些工作的时候，我接到了青红这边的邀请，他们希望我能够去和他们分享一下自己的经历。我现在都还清楚地记得，两位陈老师第一次来我家里的情景，当时和他们聊了一会儿就感觉我们聊得拢，和他们谈话的内容、交谈的感受，和我以前参加的一些社会组织或者民间团体不同。当他们说："我们会组织一个大概10个人的分享会，你看能不能来参加?"我当时就说："可以，我可以过来的。"

开会的那天，我本准备自己一个人过去的，但是我接到他们的电话："你现在不方便，等一下我们会专门开车来接你。"我感觉他们非常体贴，因为以前我参加一些会议活动，都是我自己去的，现在居然有人来接我，这是对我的一种尊重，所以，我对他们的感觉和印象比较好。

放下电话后，不一会儿车就来了。下了车之后，他们对我的照顾依旧细致入微，很多人过来搀扶我进入会场。可能这些细节在他们看来微不足道，但在我看来，这是对我非常尊重和细心体贴的表现。当时，进入那样一个环境感觉非常不一样。我还记得那时是六七月，天气炎热，现场只有几台电风扇，大家轮流使用。

当时，厕所距离开会的地方还比较远，他们想得非常周到。假如男的要去上厕所，就有男同志专门过来照看和搀扶过去，女的由女同志专门过来帮忙。同时，他们还会端茶送水，对我们照顾得真是无微不至。其实，人与人之间就是这样一个互相观察和了解的过程，慢慢地就会产生一种比较自然自在的感觉，便会分辨出哪些适合自己、哪些不适合。

当时我的想法就是，他们和其他的单位不一样，非常懂得关心和尊重别人，点点滴滴都能让人感觉到他们的真诚。有一个细节让我印象深刻。那时还在震后，活动中，我一直没有吃什么糖果。陈锋老师看到后过来对我说：“刘哥，你怎么不吃糖?”我说：“我现在的情况是生的、冷的、甜的、酸的都不能吃，吃了之后会过敏。”没想到的是，第二次活动时，放在我跟前的是一盒适合我吃的糖果，就是那种无糖的糖果。我问：“你们怎么准备了适合我的糖果?”他们说：“大家都在吃，就给你准备了适合你吃的糖果。”这件事让我非常感动。

那时在会场上，我介绍了自己后就一言不发，坐在后面观察。我心里想：我就看，看你们到底想要做什么。我一边听，一边观察。几天之后，我发现他们的点点滴滴中一直透露着真诚和友善，他们是比较实在的。这里面有一个小故事。当时我坐在后面，陈涛老师也在后面。我们都在抽烟，他在后面观察，不停地给大家端茶添水，非常低调。最后，通过刘大爷我才知道，陈涛老师和陈锋老师是亲兄弟。

后面我对他们说：“我觉得这样的一个形式非常好，可不可以让媒体来报道一下？如果你们不好意思的话，就让我来做，我认识一些媒体，我给他们打电话（我当时留了很多媒体的电话），他们一定会派人过来的。我们还可以先找一些地方的电视台来。”陈涛老师说：“我们并不是来求名的，我们只是来做事的，算了吧。”所以，后来这段时间的经历一直没有留存什么媒体的报道，也没有留存什么记录。

地震之前，我们都是好手好脚的；地震之后，我们就是“断手断脚”（肢残）的，这个心理的落差、情绪的打击可想而知。但来到青红之后，我感觉这里是一个非常融洽、非常懂得互相尊重的环境，这就像呼吸到了新鲜空气一样，在这样的环境里面，我觉得自己找到了一种归属感。人与人之间的关系就是这样慢慢开始的，一直到现在，我们这个团队都是彼此非常关心和友爱的。我们这个小团体，也会不断地去摸索自己的目标，形成我们团体的一个方向，不断地朝我们制定的目标去前进，并互相关心和关爱。

震后 10 年，管委会伴我成长

在整个初期参与的活动当中，给我印象最深刻的就是管委会选举。当时，做完了一系列的活动之后，老师们提出建立管委会的建议："你们想做什么就自己想，自己决定，我们从旁协助你们。"管委会就是在这种情况下应运而生的。选管委会成员的时候，每个人都有自己的投票权，都可以将自己中意的人写上去。大家一张选票一张选票地选出自己心中的管委会成员。在这种情况下，诞生了初期的 3 个管委会成员：杜成艳、我和老马（马兴书）。当时，管委会的一个职能就是联结作用，把组员们的一些建议和想法，收集起来反馈给老师，再就是作一些决定。我能成为管委会中的一员，这对我既是鼓励，也是一种责任。

随后的 9 月 2 日，第一批家庭生计小组正式成立了。当时残联、民政局、红十字会（中国红十字基金会）的领导以及中国青年政治学院的老师和同学，一起见证了小组成立的时刻。成立仪式非常热闹，我现在还保留着当时活动的照片。我们青红管委会的 3 个成员，平时会经常沟通和协调。后面我们也做了很多活动。记得我们家庭生计小组开展第一次活动的时候，有人说要唱歌，但我不会唱歌，我就说："地震之后，我都没有唱什么歌。”刚说完这句话，电视上就播放《好汉歌》，我跟唱了这首《好汉歌》，总算没唱跑调。

我们做活动的时候，家属也可以参加，各自都会派自己家里的代表来唱歌，大家都挺愉快的。家庭生计小组也会经常讨论，讨论主题多涉及对自己能力的评估、对未来生活的规划等。当时，组员们都说出了自己的想法，老师们也给予回应和建议。我们讨论了好几个项目。我、刘志全、李先凤，我们3个人决定搭伙开一个杂货店。老马和孟颜进准备开一个地震遗址纪念品商店。我还对他们说："如果你们要开这个店的话，我就用我的奥运火炬作为你们的镇店之宝。"但他们去了地震遗址后，发现这个想法不可行就放弃了。后来老马决定回去种银杏树；孟颜进打算去卖水果；杜成艳的妈妈开了一个小铺，杜成艳在里面入股；朱兆群开了一个小百货店；马代蓉就一个想法，要再生一个娃娃。大家都有自己的想法，都行动了起来。

开店的时候，周围的邻居还有我们管委会的成员、家庭生计小组的组员都会过来照顾我们店里的生意，这让我们非常感动。我们为小店注册了一个商标。谁也没注意到那个商标的字正确与否。一直到后来，我们几个人坐下来聊天时，无意中发现"梦"字下面少了一点，可能打字的时候没有把它打上去。我们也没有想着去找打字店维权，就想着这非常符合我们的现状——我们超市的几个合伙人，肢体都有残缺，就像这个梦字下面少了一点，有媒体把这个故事报道了出来。后来，我的QQ名称也改了，就取了"缺一点"的谐音。

2010年8月，板房拆除了，我们要搬过来住进新房。搬家后我们住得比较分散，我们的杂货店也就关了。但我个人开了一家小型的超市，名字仍叫“梦想起飞”。因为第一期生计小组效果非常好，2010 年 10 月，我们又做了第二期家庭生计小组。我们这个队伍也越来越壮大。第二期家庭生计小组做完之后，我们就将两期家庭生计小组的成员合并起来管理。这个时候我们管委会的成员又加了两个人：刘春艳和朱兆霞，组成了我们现在 5 个人的管委会。有什么活动我们都会一起讨论。

我觉得，我们这个群体能够再次融入社会做生意，是一件非常了不起的事。有些时候并不是你能够赚多少钱，而是你能否像一个正常人一样融入社会。我们生活得多姿多彩，体现自己的价值就是非常好的。家庭生计小组的成员和我们聊天的时候都会说，做生意一是心态要好，二是管理要有效率，三是一定要珍惜，过好当下，把生活过得多姿多彩，因为我们拥有了第二次生命。

我们这个团体非常团结，家里面需要什么东西，都会互相照顾和帮扶。家庭生计小组有什么疑惑或事情，都会跟我们管委会聊该怎么办。第二期家庭生计小组融入第一期家庭生计小组后，我们也讨论过，如果真的有一定的利润和收益，就需要进行规模化的经营。

我印象非常深的一件事是，家庭生计小组里面有一个成员想养鸡致富。他已经做了一些初期的工作，但仍不放心，就来问我。我当时刚好在德阳市跟一个养鸡场的老板一起吃饭，我要了这个老板的联系方式。这位老板告诉我：“养鸡风险非常高。通常情况下，利润还比较可观，但一遇到风险就血本无归，瘟疫就是一个主要的风险。”

对一个个体来讲，想要承担这样的风险，压力确实非常大。为了了解更具体的情况，我们管委会的成员专门去对方养鸡场考察了一下，想学学他们的养殖经验，同时也为家庭生计小组的成员搭好线，看看有无合作的可能。但是整个养殖的过程中，能否承担起这个风险非常关键。

我把这个老板的联系方式给了那个家庭生计小组成员，让他自己也去实地考察一下。和那个老板好好聊了之后，他对我说："幸亏当时问了你，做了市场调查。这个风险太高了。"

可他又不甘心，他说："如果我现在只是摆一个摊摊的话，很难生活下去。"我问他："你以前是做什么的？"我这才了解到，地震之前，他是做房屋装修的。我就对他说："你的手艺还在，不必跨行去做风险性比较大的事情，可以继续在熟悉的行业里面做。"并介绍他去和一些装修行业的老板商量。这些老板非常认可他的手艺，有什么工程，也愿意承包给他。他就承包了一些小型项目，成了一个小包工头。现在他生活得挺好。为此他专门来表示感谢。

这样的小故事在我们生计小组里经常发生。我们经常在一起聊天，聊一下自己现在的工作，遇到什么难题，大家都会一起想办法。只要知道哪一家有事情，我们管委会都会过去好好地和他们聊一聊，能够出力的就出力，能够搭桥牵线的就搭桥牵线，能提供方法的就教授方法，总之，让他们能够尽快解决问题，过上正常的生活。很多事，一般我们管委会先讨论解决，解决不了的，就和老师们聊一聊，看他们有没有一些办法帮助我们。这些年我们都是这样走过来的。虽然当时也不知道最后能否达到目的，但是我们只管努力去做，这就是我们最基本的想法。

家庭生计小组成员生病了，我们都会组织起来，过去看一看。管委会会带头去看，和对方聊一聊知心话，也会买一些慰问品，一般是以管委会的名义买一份，以私人的名义买一份。我们现在这样一个群体氛围为什么那么好，其实就在于我们非常珍惜彼此，也非常关心彼此，在一点一滴中，加强大家之间的信任，形成一个非常有凝聚力的小团体。

我们管委会切切实实、真心实意地想要帮助大家一起过上好日子。这 10 年来，抱着这个目的，我们凝聚出一股精神。我们享受过很多爱心人士的关爱，我们回报这些关爱的最好方式就是珍惜生命、珍惜现在。除了身体健康之外，我们的精神也要健康，精神饱满是我们追求的目标之一。

后来我们接受中国红十字基金会的资助，成立了合作社，成立了青红社工服务中心。当时，合作社是一年期的一个项目，项目资金是 30 万元。这 30 万元，我们都是精打细算地把它用到刀刃上。合作社的成功离不开大家共同的奋斗，我们保留了合作社成立时和成立后的照片。如今，很多年过去了，合作社从原先只是一个一年期的项目，一直做到现在。我们这个团队，也赢得了当地人对我们的称赞。

我们合作社的关系非常和谐，因为我们做的事情都是大家真心实意想做的，大家在这里获得了一种精神力量，看到了希望。大家也是鼓足干劲，想过上更好的日子。尽管现在我们面临着很多困难，但合作社里的很多人还是觉得道路是光明的，未来是能够看见的。这些年合作社并不图有多大的利润，最重要的是把大家团结起来，形成一个有凝聚力的团体。这也是我们这个团体这么多年来能够维持到现在，能够和谐和睦的主要原因。

10 年青红相伴路，一路坚守共进步

这些年，我们也遇到过很多问题，最主要的就是资金不足。

有一段时间，应该是 2013 年到 2014 年的时候，青红没有接到大的项目，资金非常紧张。我为此跟老师们说：“如果资金不够，每年两次大的活动，中秋聚会和年会就取消一个。”但陈涛老师说：“不行，这是咱们的传统，我们咬牙都要坚持下去，不能断了这样一个传统。活动是必须要做下去的，这是一个团队能维持下来的重要的精神纽带。钱的问题你别担心，我们这边想办法。”所以这么多年来，我们这个团体最重要的几次活动一直都没有中断。

我们青红也在不断地接项目，精打细算地维持着机构的运行。在这个过程中，我们管委会发挥了一些重要作用，专职社工也发挥了非常重要的作用。像刘磊，他是我们最近几年的一个专职社工，做了非常多的工作，为我们这个团体付出了很多心血。

青红专职社工的待遇太低。我知道在有些地方，社会服务项目是一个“功利化的流水线”项目，甚至成为赚钱的手段。我也看到过其他机构的报告，有些项目必须靠关系才能拿到；有些项目水分很多，做实事的太少；还有一些项目，都是暂时性的，不能形成一种稳定的、可持续的服务。我在和其他机构

交流中，发现我们有一些短板，如在打造品牌，让自己的服务具有影响力方面，我们做得比较少。我们接下来需要让更多的人了解我们的机构，让人们知道，我们一直都在做一些非常有意义的事，我们是真正在做事的。

后来再有人采访我时，我就说我们青红是真心帮人、认真做事。陈锋老师这一批人过来时是非常艰苦的，他们放弃了比较安逸舒适的生活，来到这儿住上下铺，顶着炎炎烈日服务我们，给我们的身心提供帮助，这些都是我们看到过、体会过的。记得当时给那些专职人员开的工资，专职社工是一个月2000元。而他们很多人最后每个月实际上只拿了1200元。很多人都很疑惑，我们怎么能够做这么多事？这么多人我们是怎么养活的？原因就在很多人在帮助和帮扶我们，他们的爱心传递着一种精神，给了我们力量，现在我们要用这种精神去感染更多的人，把这种精神传承下去。

在非常困难的时期，陈锋老师想办法筹集资金给我们送过来。通常陈锋老师会隔一段时间来看看我们，我就给他讲一下我们最近在做什么，给他讲我们现在缺多少钱。然后他就去想办法筹钱给我们送来。我也不知道这个钱是怎么筹来的，但是每次遇到困难时，他都能够给我们送过来。那几年也没有微信，很多时候都是带着现金过来，我开收据。我们就利用这样的方式和方法，度过了那两年最困难的时期。

其实，在这些年的相处和磨合中，我们之间也遇到过许多的曲折和磕绊，我也知道老师和同学们更加擅长的是理论，是希望能够把理论实践到具体的生活中。所以，有时我们讨论得比较激烈。我经常说：“中国的特色太多了，很多东西都不一样。”所以，我觉得很多东西是不固定的，就算是模板也有自己的特点。

在具体的实际工作中社工要根据每个地方的习俗和特点来开展工作。我也发现老师们所想象的一些东西，在具体落实中还是和实际有很大差距的。这些年青红的管理模式也有一些改变。我们和老师们在讨论决议与建议时会有冲突，主要是在传递的方式上出现了不对称和不真实的一个状态。在这个过程当中，我给老师和同学们提了一些建议。在和他们沟通之后才发现，加强了解和沟通是非常重要的。现在我们形成了开会机制，任何一件事情在落实之前，都必须开会。大家把思想统一起来再去干活，这样才会更有效率。老师们和我聊过一些他们的困扰，我给他们谈了自己的一些看法，这对他们也挺有帮助。

对青红来说，现在最迫切的就是要形成一个完善的管理制度，并且把它延续下去。有些时候我们需要大家一起来商量，在商量的时候，也需要站在对方的角度去思考。我们也必须要知道这样一个事实，那就是一个团队如果没有争议、没有讨论，那是不正常的，工作中要有不一样的声音。我希望大家都能够给我提意见，我也是这么跟老师和同学们说的。因为很多时候，我自己看不到自己的缺点。所以，这个时候我们就需要不同的人站在不同的角度，指出你的不足。这样才能避免在工作中出现同样的错误，这对团队、对工作是有利的。这些年在与大家的磨合中，我也知道自己性格比较急，很多时候不懂得换其他的方式来表达。像我们的工作，需要进一步考虑具体发展方式问题，尤其是我们如何与当地政府打交道。基层的很多工作，和理论有很大区别，所以，在这一方面，我也想进一步地和老师们交流，探讨以后的发展模式。

我们如果想要把团队的影响力做出来，就得进一步宣传自己，让更多的人知道我们在做什么，这样才能够和政府有更多的接触。一方面，我们需要独立自主地把自己的实力做出来；另一方面，我们也要学会和当地的基层政府打交道。同时，我们也应该要看到国家、政府在社会福利、社会保障和社会服务方面已经有很多改变。我们需要利用政策所带来的改变，维护自己的权益，与基层政府进行有效对接。

同时，我们也要去争取自己该得的利益和可能得到的机会。在工作中我还发现，有些基层政府有个特点，就是它的主动性不够。很多东西它其实是发现了的，但是很多时候在体制里面，它束手束脚很难去发挥它应有的能量。所以，这种情况下，我们需要多去和政府打交道，去利用政策的实惠，努力获得更多的发展机会。在发展过程中，还需要和专业的知识对接起来，尤其有专业的社工是非常重要的。

用生命去触动生命，在奉献中回馈重生

这两年，我们这边情况好了很多，因为有一些项目可以支撑我们的活动，我们也增长了一些技巧和经验，再加上老师们的一些费用没有领取，我们有了很大的回旋空间。这些年老师和学生们对我们的支持是非常多的，老师们也会让他们的学生定期来我们这边实习，这对我们的帮助非常大。这些专职社工是我们一笔非常宝贵的资产。

我们管委会的成员也需要提升专业水平。陈涛老师也说，他有时间都会过来给我们做培训和上课。管委会一般是我主动牵头联络组织和沟通，这个过程对我来说还有很大的提升空间。我在这里找到了自己的一份事业，也愿意为了这份事业不断努力下去。对我来说，我们这个团队的进步，以及我们青红未来怎么走，都值得我去思考。

我现在有几大目标。第一，把我们现在这个平台持续做下去，提升自己的影响力，去影响、去带动更多的群众。我盼望让更多的人都身心健康。第二，我也希望我们这个团队越来越团结、越来越强大，希望我们的服务中心能够成为一个孵化平台，让更多的人参与进来，成为一个传递青红精神的组织。第三，希望这个群体能够得到更多人的关注，能安安心心、健健康康地走下去。第四，希望我们的合作社可以往“农家乐”方面发展，因为我们现在看到一个商机，就是乡村旅游比较热，如果我们把这个“农家乐”做好，做出品牌，就可以吸引更多城里人来度假，这样的话能够有效增加我们的收入，我们的生活也会过得安逸舒适些。

马兴书：山上与山下

口述人：马兴书[①] 记录者：熊屹[②]

我兄弟的娃子（我的侄子）当过兵，现在都没有走出阴影。

他曾经在部队入党，还立过三等功，他很年轻。回来后与当老师、当护士的女孩相过亲，但他几乎不说话，非常沉默。在农村相亲都是将对方请进家门，带对方出去耍（玩）或者买东西，他都不会跟对方说话，因为他走不出阴影。很多亲戚让他出去找点活干，他出去做完工就回来。他在屋里头，大门紧闭不出，屋里有米就煮点米，菜都不买，就一直待在家里。一个当过兵的人现在都没有走出阴影——走不出来啊！

他对他妈过世一直都是非常懊悔的。他当兵之前是学生，家里只有他一个娃，他妈一直都非常疼爱他。他小时候脾气倔，就算他妈说得正确，他也要反对，在他妈跟前脾气比较冲，尤其是在语言上。后来，他当兵了，懂事了，他想来报答他妈，改变他妈的生活质量，但是，地震夺走了他妈的生命。

① 马兴书：男，2019 年为绵竹青红社工服务中心副主任兼管委会成员，绵竹青红种植专业合作社负责人。

② 熊屹：男，中国社会科学院大学政法学院 2017 级社会学专业硕士研究生，研究方向为应用社会学，2018 年暑假期间在青红做志愿者。

他那时在湖南当兵，当时随部队到都江堰来抢险。在抢险中，他听到他妈出事的噩耗，大哭，他的排长和连长、团长都抱着他，哭成一团。他到现在仍然没有走出他妈离去的阴影。

天池之殇

我姓马，叫马兴书，别人都叫我“老马”。我家住四川省绵竹市汉旺镇天池乡歇马庙村。我们村在大山深处。2008 年 5 月 12 日之前，我从来未曾想过，在这之后的 10 年，我竟然再也回不到那个我生活了 40 多年的地方。我和刘刚均都是天池乡人。地震之前我们常年住在山里。因为耕地很少，平时我们大多数都在矿山上班，工余种点农田，或者做些种植、养殖、采药、种药的活儿，生活都很平常。我们经常要从山里下来赶场（赶集），到汉旺庙街上交换生活用品。我有一个儿子和一个女儿。女儿当时已经嫁出去，家里只有我、老婆和儿子。我和儿子当时在家编矿笆。矿笆是什么？矿笆就是用竹子编织的在矿井下起支撑作用的东西。我和儿子经常在山里砍竹子，我老婆一般在山上挖草药，我家里还养猪。那段时间，我儿子在山上砍竹子，我老婆在山上挖草药，我就在家里划竹子、编矿笆、煮饭和喂猪。地震那一天，我儿子吃过饭想出去耍一下，但我觉得活儿很多、时间很紧，不能出去耍——如果你白天耍，把活儿全部留在晚上，那么就会熬夜。所以，我觉得白天不能去耍，就对儿子说：“我来编矿笆，你来划竹子。”正逢 5 月，天很热，加上刚吃完饭，感觉很闷热。只听见“轰”的一声，地震了！我们那个房子是那种大院房子，另有 4 间小洋房。当时我就说："不能跑，不用担心。"我们山上经常地震，经常可以听到"轰、轰"的声音，经常可以听到野鸡"嘎嘎"被吓飞的叫声，我们都习惯了。所以，当时觉得没有什么大不了的。

但是，当第二次听到"轰"的一声时，我看到那4间小洋房一下子就向我们扑了过来。我说："快跑！朝龙门子跑！"龙门子就是一个雨棚，雨棚上面有一块预制板。我和儿子刚好跑到预制板跟前，预制板一下子就盖过来了。那是一块20厘米厚的预制板，大小有一间房子那么大，我当时眼前一黑，就想我和儿子这次死定了。那个时候，我和儿子都在朝大门跑过去，但大门是锁着的。我推了一下没有动，我儿子当时又往回跳了一下。只听见"哐当"一声，预制板将地面砸得灰尘四起、四分五裂，我的头皮被剐下大拇指大小一块肉，我的膝盖被剐了一层皮，两只脚的前半部分全部被砸中，前半部分的脚掌被砸碎。我直接倒了下去。我儿子右脚被预制板砸到，也是不能挣脱。当时的场景啊——漫山遍野都是哭声、喊声、"救命"声。

那个时候我老婆在山上挖草药，我儿子被砸在预制板底下后，他用双手撑起上半身，看到了我，就问："我妈妈在哪儿?"我说："哪里还有什么人，你看那大半个山都垮了下来，你妈在山后头，肯定是被滑坡的土石掩埋了。"

我和儿子都被预制板砸在地上，挣脱不出来。我们的血大量地向外飙，我们没有任何办法自救。只听到或看到各家各户的亲戚成群结队去搜寻和救助各自的亲人，在这个过程中，有的亲人死了，有的亲人受伤了。我的亲人们用钢钎将预制板撑起来才把我和儿子救了出来。

我被救出来之后，就看到我两只脚的前半部分被砸碎了。按说很疼的，但灾难在眼前，我也不知道哪里来的一股力量，根本来不及去感觉痛，只有求生的欲望。我想的就是要站起来，因为整个大地还在发出“哐当哐当”的声音，不停地在抖动。

我和儿子艰难地拖着腿走到一块平地上，有些幸存的人聚在那里。我对大家说，我们都聚在一起，可以在这个地方搭一个帐篷，大家一起煮饭。我家去年杀了两头大肥猪，还有很多腊肉，我娃今年捡了几千斤一尺多宽的柴火在家里，虽然房子没得了，我们可以用花胶布搭一个帐篷，一起做饭。搭了帐篷之后，我们每次吃饭都会有几桌人。

就这样我们一边自救互救，一边等待救援。我对大家说：“你们去后面掏点粮食出来，掏些吃的，大家一起煮饭，各自给自己的亲人喂东西，我们一定要坚持活下去。”这样我们天天都在等救援，但是没有人来，没有救援的人来，没有医生。我们每天都不敢睡觉，因为怕一睡下去就再也醒不来。这样过了 3 天，有些人就各顾各地跑了。因为在那里待太久，容易发生瘟疫——动物和人的尸体腐烂有臭味，该逃走的就要逃走啊。所以，那些受轻伤和没受伤的就想着要逃走。

又过了 3 天，来了两个解放军战士，都是年轻人，他们背了两个药箱。来了之后，看了我们的伤口，他们的眼泪就掉下来了。这两个小伙子看着我们，我身上肿了，伤口腐烂生了蛆，皮肤变黑，腐烂在加重。他们看了就哭，说：“你的这个肉，越烂越宽。”

他问我："你怕不怕?"我说："还有什么怕的，只要能救命。"他就对我说："你找得到刀不，大砍刀?"我说："有，我们山上就有大砍刀。"就像在猪肉市场上砍猪蹄子的那种砍刀那么长，我们上山砍柴的大砍刀的刀刃比砍猪蹄子的砍刀还要长一些。当时，我和儿子都需要截肢，但棉签和纱布都没有，酒精也没有，周围都有人在喊救命，做手术需要的其他东西一样都没有，解放军也只是人上来了，手术医疗用品都用光了。我为了给儿子做表率，决定在没有任何麻醉和消毒措施下进行截肢，我老婆当时不敢看，一双眼不停地流泪。在砍的过程中，我必须要面不改色，不能够在脸上露出恐惧和害怕的表情，目的是给儿子一种力量，给他做榜样。我和儿子被截肢之后，两个解放军战士说："现在没有办法止血，只能看着它一直流。"为了救命，我们用绳子扎住伤口，血就流得少一些。

解放军战士离开后，我们又坚持了 3 天。这时大多数人都开始离开。吃的都快没有了。有些伤员直接痛死了，有些伤员抬到我的那个帐篷里。我说："现在就熬稀饭，弄一些野菜，这个就当是药。因为只有吃下去东西，才有能力抵抗疼痛和保护伤口。没有药，只有用吃东西来坚持，食物才能让我们坚持得更久一些。"当时他们都吃不下去，我说要坚持，一定要吃。那时候，我的伤口在感染，在生蛆。我的两只手臂肿了，全身都浮肿了，动也动不得，身上爬满蚊子，尤其是在伤口附近，身上腐烂的味道把蚊子吸引过来了。我老婆就用两只手，一只手给我打蚊子，另一只手给我儿子打蚊子。我和儿子就一直躺在铺上。

后来，直升机来了，但开不过来；直升机飞低点，还是降不下来，因为山高了，它不敢降低，怕出事故。直升机就把米扔下来，还有一些糖。这些东西扔到地上都摔碎了。地上的人也捡不到什么东西，我老婆就空手上山来了。没办法，只有在原地坚持，只能弄一些野菜，煮一些稀饭，维持下去。就这样我们在山上坚持了 11 天，终于等到了救援部队。他们把 3 个梯子砍断，给我们做成担架，把我们两个重伤员抬下山，然后用直升机把我们转运到了广汉。一位医生看了我们的伤情，直接指示把我们拉到了华西医院，我们在那里获得了治疗，后来我们又被转运去了江苏苏州做康复治疗。一个多月后，我们回四川，苏州那边的医院统一给我们买了火车卧铺票，给我们每个人又送了 550 元钱。

我们又回到了四川省康复医院，在这里我们做了假肢，做了脚套，并且我们还进行了恢复性的锻炼和适应性的训练。在成都住了一个月院后我们就回来了。这时我女儿也回来了。后来，我们分了板房。我女儿、儿子、老婆还有我，4 个人分到了一间板房。回来之后，我们给救我们的部队送了一面锦旗。他们离开的时候，我还写了好几个“感谢云南铁军来救我们”的牌子。

在这之后，我们就一直在板房里生活，但大家都非常难过，日子非常不好过。我当时住在板房里面，感觉非常无奈。当时国家政策是每一个人不管有没有伤残，每天都有 10 元钱的补贴，而且还会经常送一些米和肉过来，以及其他的救灾物资。当时那些支援灾区的物资，拉过来就倒一堆，然后就让我们自己去选。你适合穿什么就拿什么。这当中还有许多的捐献物都丢失了，有一些甚至没有分配下来，因为后面涨水，将许多东西都淹没了。后来志愿者过来给我们送了许多东西，还有一些社会团体也给我们送来了许多东西，有吃的、有穿的。还有一些大学生志愿者来看我们，他们也给我们送了一些小礼品，然后让我们填一些表格问卷，填完之后，他们就走了。这段时间，我们经历了许多，很多人来了，走了，来了，走了，从来没有停留下来的。

遇见青红

2009 年 4 月的一天下午，我们板房的门关着，陈锋老师和王小兰骑着两辆自行车过来了。他们敲门说："请问有人在屋里吗?"我一看是两个陌生人。他们提了水果，走进来就把水果放在桌子上。之后，陈锋老师就和我聊天。他说："我们这次来是关心你们的，我们来给你们生计方面提供帮助。"很简单，也很笼统。我也是出于礼貌应付式地回答着。他说了许多之后，重点提到我们今后要如何走下去的问题。我觉得他说的不多，但说到点上了，说清楚了我们这些人当前所需要的一些东西。

我当时就想这是"雷锋"吗?因为雷锋才这样不求回报地做好事。尽管社会发展进步了，社会整体的安全性有了很大的提高，但是这个社会也变得更加复杂，我感觉真正做好事的人真的很少，真正关心你、真正在你身边来帮助你的人很少。我当时心里就在想："怎么会有这样的人，怎么会有这种人存在?"谈完他们两人就要走，陈锋老师说："明天，我们在一个地点把你们组织过来，一起聊一聊，就各方面的事情一起聊一聊，你来吧。我们会用车子来接你们。”

我心里就想：“这可能是一个骗子，要么是做传销的，要么是一种邪恶组织，想做人体器官交易，要么做别的什么生意。”我们这种人受了伤，没有价值感，觉得自己不值钱，只是身体的肾脏等器官是值钱的，就怕他们把我们弄过去，取走我们的肾脏等器官。“这些人说话文质彬彬的，态度如此和蔼，但越是和蔼的人，骗局的可能性越大。”我心里有许多的怀疑。虽然如此，但我想了想，还是决定第二天去，毕竟生计是我们的大问题啊。我就专门找了几个会开车以及有车的，对他们说：“你们把迎我的车牌号记下，如果我没有回来，你们就去找这个车子，去报警，然后看他们把我们弄到哪里去。”

第二天早上9点钟，他们准时过来接我。他们慢慢地将我接上车，非常关心，关照几乎是无微不至。这让我一时感到很不适应，在我看来，他们这样表现得太过关心了。我更加觉得这很可能是一个陷阱，一路上都挺担心。他们把我们送到了东方职业技能学校。那个时候我们这里没有水泥路，全部都是不平坦的土地。他们扶着我一路慢慢地向前走，最后将我们带到一个房间里。

第一次聊天，大概有10个人。一间能够容纳十几个人的房间，一张桌子，我们围坐成一个圆形，开会。我从来没有经历过这种围成圈开会的方式。我以前当过村长，也当过县人大代表、绵竹市的人大代表。我是贫下中农，工作积极，舍得奉献，并且有一定的领导、动员和组织能力，有一定的带头作用。那个时候我们开会都是领导坐上面，下面都是听会的，就像当时我去乡里开会一样。

他们早已将茶水摆好，水果和瓜子也都摆放着，对我们非常友善。我们从来没有过这样自然自在的感觉。我感觉非常温馨，有一种吸引力在吸引我。就这样，每周两次这样的活动，我都参加了。到后来，我们的怀疑少了，我们越来越觉得这是一个真正的爱心组织。但说实话，当时我们也不知道这是个什么性质的组织。因为我们没听说过，也不知道什么是社工。他们当时说了，我们也没记住，因为我们当时受伤了，心情不好，情绪不稳定，只想“要好好地爱自己”。

到了后来，我们开始期待一周两次的活动，如果他们没有通知我们，我们就主动打电话去问，怕他们忘了，或者不让我们参加。在那种环境里，我们感觉非常开心。我还记得，第一次活动，他们首先做了一个叫“破冰”的活动，就是每个人介绍自己，然后一同跨越障碍物。在这个游戏中，我认识了杜成艳。一起做活动、做游戏时，老师们对我们非常开放。他们说：“你们可以随便地讲，没有正确与错误。随便地讲，讲什么都可以。”

我当时注意到陈涛老师。他总是一个人在后面吸烟，看着我们，时不时给我们端茶倒水，是学生们一直给我们讲解，以致我好长时间都觉得学生才是管事儿的。一直到2009年九十月，活动结束时，我们才知道陈涛老师是这个机构的负责人。当时我们只知道陈锋老师，见过陈涛老师，但还不认识。他太低调了，只是我们需要什么服务时，他才过来给我们提供什么服务，就像一个普通的服务人员。他给我们端茶倒水，他一人在后面吸烟，听我们讨论，不插话，我们一直都不知道项目就是他在负责。像王小兰、李云波、钟丹、飞虎老师他们，当时一直都在组织活动。

他们鼓励我们主动说心里话，“每个人都可以发言”。刚开始的时候大家都很拘束，到了后面大家是争着发言。起初老刘没有说什么话，我的话比较多，后来每个人都争着要发言。

以前在农村，也没有时间能接触这样的活动，我们感觉以前的生活太枯燥了。所以后来我们每个人都很想讲自己以前是做什么的，在哪儿住，生产什么，我们每一个人的性格是什么样子的。我们每个人都互相倾听，每个人都在发言，互相看到也了解了许多东西。有时候他们会教我们画画，有时候他们会叫我们猜一些谜语。活动差不多进行到尾声的时候，陈涛老师和陈锋老师搞了一个家庭生计小组的启动仪式。启动仪式是中国青年政治学院主办的，那个牌子现在依然保留着。在启动仪式上，他们说有5万元的家庭生计小组经费，需要我们讨论如何找寻商机分配这5万元，我们每一个人都可以发言。

我们发言，小兰她们在那儿做记录。我们就大胆地把我们各自的想法都说出来。到最后，准备分发这5万元时，要选3个管委会成员（现在是5个，最开始是3个）。因为在以前的活动中，我基本上都是第一个发言，所以我主动地提出我的建议。老刘之前我们就认识，当时我当村长，他当团支部书记，我们见过面，也都是天池乡的人。所以我当时第一个推荐了老刘——刘刚均，第二个就是杜成艳。之前我和杜成艳不认识，但是在“破冰”行动时，我与她一起做过活动，她也爱说话，我们就认识了。还有一个人就是刘志全。我当时就推荐了这3个人。

我给出这样的一个提议后，陈锋老师就看着我对我说：

"在很多时候，你都起着一个组织者和带头者的作用，你必须要参加管委会。"陈涛老师也说："现在是4个人，如果只要3个人的话，那我们就需要投票。后面我们就采取投票的方式选。"最后经过投票，选举了我、刘刚均、杜成艳成为管委会成员。

成立管委会之后，我们3个人需要分工。在分工方面，我提出了自己的一些想法：老刘当这3人小组的组长，杜成艳主要做记录，我配合他们的工作。后来我们买了一个记录本，如果开会，杜成艳就做记录。就这样，我们商量如何来分这5万元。

最后，这5万元留下了4200元作为公积金。陈涛老师和陈锋老师当时认为，这5万元不能平均分，要根据每个人开商店的大小以及他自己的能力来分配。当时有一些人分到3000多元，有一些人分到4000多元，有一些人分到5000多元。这样就分了4万多元，余下的4200元，作为救急资金，我们管委会管着。如果有哪一家人伤风感冒，确实没有钱，就可以借给他100元或者几百元让他去看病。等病好了之后，有能力了再把它还回来。这样我们又可以继续让资金流动起来，借给其他有需要的人。所以，这4200元也是我们成员之间的一点周转资金。

我们第一期家庭生计小组成立后就是这样开始运转的。当时我们3人经常开会，经常走访成员的家庭，和他们一起商量，也提一些种植、养殖方面的建议，还给予他们一些关心。成员有时候生病了，我们3人就一起过去看望。成员家里面如果有红白喜事，我们都会去参加。不单单是我们3个人的家庭会去参加，我们3 人还要合在一起，以集体的名义去参加。当时我们3 个人就是这样走过来的。现在是由 3 个副主任负责（后面刘春艳也加入了）。我们成员之间，也都互相关心。老师们、同学们给了我们关爱，我们也要去关爱别人，就像陈涛老师说的赋权培力一样，我们也要转换思想，实现从受助到助人的转变。

逢年过节，我们管委会成员之间也会互相道贺。对于我们合作社来说，我们需要的是解决当前的困境。比如我们合作社，一般最开始都选择种树，通过种树来卖将我们吸引在合作社的周围。我们会在中秋节和年终聚在一起。我们会在一起唱歌讲笑话，我们在一起很快乐，我们也感觉非常开心。老师们也会参加，这里面就包括许多的志愿者，还有老师和小兰她们。

我记得有一次，小兰要离开，我们都抱着小兰哭。当时，小兰带领大家唱了一首《感恩的心》。这首歌小兰唱得非常好。我们所有人都非常感动，我们都抱着她说：“你不能走，你走了我们该怎么办?”那段时间是小兰一直将我们紧紧地吸引、团结在一起，想着她要走，我们舍不得啊。

以前我们绵竹很少有人知道什么是社工，什么是社会组织，包括政府部门的一些人员，他们都不知道。因为和他们一起感到温暖和舍不得，我就和第一期的成员商量，如何让陈涛、陈锋老师他们一直留在我们这里继续帮助我们，我们真的非常依赖他们。后来我们就成立了这个社工机构，有了这个社工机构后，我们不仅能够发挥自己的能力，还能够将许多的正能量扩散出去，帮助他人。

举个例子，你看我们现在的生计小组和合作社，它能够让我们成员家庭之间非常和睦，非常友爱。我们这个组织还能影响成员以外的人。现在，我们组织里 80% 以上的家庭是“五好家庭”户、和谐守法户、文明户。这样的效果是非常好的。青红给我们带来了许多的活力，给我们带来了很多的快乐。我们每一次做活动，大家都非常开心，就像过年一样。大家开开心心地聚在一起，不管是唱歌也好，还是吃点东西也好，我们很多时候都过得非常开心和知足。

虽然现在我们的社会在进步，但是人与人之间的关系逐渐变得冷淡，变得陌生。可是在我们这个组织里面，大家之间的关系非常和谐，尤其是过年的时候，非常热闹，大家都非常快乐。你看，现在很多时候，我们去人家那里吃酒，送一份礼金，吃完酒就回家打牌，就这么简单，哪有一起说说唱唱、聊天商量事的？在我们这个组织当中，每一次活动，每个人都得到了快乐和满足感，我们感到温暖，这非常有利于我们身心的健康。

我们想一起努力让这个组织变得更好。第一期项目结束之后，陈涛老师就告诉我们可以继续发展第二期项目成员。2010 年的时候，我们开始发展第二期项目成员。刘春艳等 10 个成员就是这个时候加入进来的。第二期项目成立后，要在第一期管委会的基础上再选两个管委会成员。为提高会议的决策效率，我们坚持管委会成员是选单不选双，第二期后，管委会成员就变成了 5 个人。最后，我们还选举了凡昌菊担任合唱团的负责人。

随着第二期项目成员的发展，陈锋老师也随时在关注我们，他在网上查到一些信息，看到在都江堰有残疾人做手工制作，他提议我们管委会过去了解学习一下。那是一个残疾人手工作坊，经营刺绣，还有一些珠串。陈涛老师说，看春艳她们是否能够做一个类似于这样的手工作坊，比如去买一些材料编织手工艺品。这个可以自学，也可以到都江堰那个手工作坊学。这样，“春燕手工作坊”就应运而生了。

这 10 年走下来，我们这些人都彼此关爱，互相关心。像老刘和春艳走动不方便，我会主动去扶他们。我们彼此之间的这种关爱其实是从老师他们那边传下来的。比如开会时，相对来说我的腿脚比较方便，倒水、打扫这些事情，我会主动去干。在第一期和第二期成员之间，我都会尽我所能给他们一些帮助。

不过，我们这 10 年走过来经历了许多坎坷。每个人都有自己的个性，看问题也可能会不一样，自然彼此之间也会出现争论和矛盾。只是我每次都会主动提出要解决矛盾，化解纷争。比如，那次从北京回来后，我们就进行了两天的闭门整风活动。我们 3 个人各自谈自己的缺点，彼此指出对方的缺点，直面分歧和矛盾。我们 3 个人把这叫作我们之间的整风，通过整风达到一种新的团结，目的是把这个组织运营好、健全好、发展好。我们都希望我们这个组织能有更好的社会效益，有更好的姿态展示在大家面前。我们 3 个人当时就讲，我们不能给老师们带来太多的困扰，不要给他们增加太多的负担，我们要提升自己的思想和素质，轻装上阵。

另外，这 10 年的风雨之中，少不了许多帮助过我们的恩人。张艳就是其中的一位代表。2008 年，她是绵竹的妇联主任。地震之后，陈涛老师他们在富新那边做了一些关于儿童的心理辅导，得到张艳主任的支持。张艳主任现在虽已退休，但仍然在做一些社会服务方面的工作。这些年陈涛老师他们来我们这边，如果大家一起吃饭，都会把她叫上。

张艳个子不高，非常低调、和蔼。当时青红安置点所在的板房属于东方职业技能学校，这也是张艳主任找到的。如果没有这样一个常驻点，青红就不可能深入接触到我们。所以，张艳帮助了青红，帮助了我们。可以这么说，如果没有张艳主任鼎力相助，或许就没有现在青红这样一个社工组织；或者，弄了一段时间，青红就中断、垮掉了。青红的发展，张艳主任是非常重要的一环。她是青红的一个重要见证者，也是我们的支持者。我们在青红办的几次讲座，像“五好家庭”讲座等，都邀请她过来给我们讲课。可以说，只要我们需要她、叫她，她都会赶过来，她就像两个陈老师一样帮助我们。和张艳主任在一起的还有刘磊、张顺、王娟。他们都是非常和气的人，给予我们无偿的帮助。

这 10 年的风雨之中，我们最忘不了的就是青红的每一位老师和同学。像小兰她们第一次找到我时，是来做家访的。那个时候她和两个陈老师一起过来，就和我聊天。从那个时候一直到现在，都非常关心我们。他们会说：“你现在还有什么比较苦恼的，你有哪里想不开，或者你有什么问题，都可以给我们讲。你想到什么都可以给我们讲，畅所欲言。”后面，我就随便讲了一些自己的家庭情况，给他们讲了我们自己的感受，我们的婚姻，还有关于我们儿女各方面的一些苦恼。他们就在一旁听，让我们尽情地倾诉。我们说了好多话，他们就给我们端茶递水，各方面显示出对我们的关心。我们一起做了许多的游戏和活动，在这一过程中我们都非常开心，感到非常喜悦。像钟丹她们，帮我们做一些策划，在很多活动上帮我们。他们会在我们合作社的小苗圃里面拍照，也会帮助我们设计我们想要的一些东西，向我们讲述一些项目的管理运行经验。我们组织的一些活动，钟丹她们有空都会过来参加。

2012 年，陈涛老师他们将我们接到了中青院，开了一个圆桌会议，分享了我们真实的经历。也是在那一天，宣布老刘、我和春艳成为服务中心的副主任，我们 3 个副主任分管不同的工作。

合作社伴我成长

我们的合作社是在 2012 年正式成立的。地震之后，我们一株白果树的苗子，可以卖到 5 块钱。这是相当好的价格，弄得好，也是比较容易赚到几百万元的。我们商议后就决定种白果树苗卖，因为我们都有土地。但后来我们发现它的风险也非常大。我们种白果树苗，卖不完。

在种的过程中，当地林业局也备过案了，他们还带了许多的摄像设备来给我们摄影照相。他们一看到我们的社员是如此开心，就说："你们是什么组织？你们这样的组织才是真正地为组织成员谋福利。"虽然我们种的白果树苗现在还没有完全卖掉，但树苗长得非常好，我们还是挺高兴的。我们也看到政府买了许多的小树苗去种，尤其是在一些公共场所种，但因为后期缺乏照料，小树苗很快就死掉了，又或者长得不好或者被别人偷走。而我们这里，无论是否可以卖出去，我们都是非常精心地去保护这些树苗。最开始种树苗的时候，我们还立了一个启动仪式碑。碑上刻有“中国扶贫基金”等字样，因为这是中国扶贫基金会支持的项目。

碑文上还有一段话，写的是我的家乡，写得非常好。可惜现在这些文字都不见了，主要是风化了。在这个过程中，我们获得了快乐。我们的社员主要是以家庭为单位，也有一些志愿者参与进来，这里面就包括钟丹和周灵，还有一些四川大学的学生，他们这些人和我们一起唱歌、一起跳舞，我们都感到非常快乐。

大家在地头劳动时，也非常开心。大家互相帮助，岁数大的少干点，年轻的多干点，一边劳动，一边讲笑话，非常放松，非常开心。我们也准备了水果糖和白开水。中午，大家一起用餐，非常热闹，大家一起工作非常有干劲。如果工作环境紧张，就会影响成员间的工作效率。相反，如果营造一个良好的工作环境和工作氛围，那么每个人都会将自己负责的那一块任务做得很好，每个人都非常开心地去劳动。

刚开始做这个苗圃地的时候，老师们去选址选地。那时地震已经过去三四年了。许多地方杂草丛生，我们要去整理这些荒地，还要去捡出很多乱石。陈涛老师和周灵这些学生，都和我们一起干活儿。每个人工资一天只有40元，但参加的人很多。他们说：“我宁愿在这儿做40元一天的工作，也不愿意去外面挣100元一天的工资。”我当时就问：“为什么?”他们说：“每一个人都是图健康和快乐，精神健康是用钱买不到的。而我在这里做事情，第一安全有保证，第二非常开心、非常快乐。”合作社招人的时候，有时候80岁的老奶奶也想参加。但这是不允许的，她年龄太大。还有，我们这个组织现在还不能再扩大，因为我们的产品还没卖出去。等我们把产品卖出去，有充足的资金时，一定会让更多人参加这个项目，加入我们合作社。

在田里除草、修整地，和大家一起讲笑话，每天都非常充实和开心。虽然老师们也在，但我们之间说话非常自然，就像彼此之间是非常熟悉的人一样，以致很多人问："到底是谁在负责这个组织?"我们都笑着说："我们没有谁是负责人，我们大家都在负责。合作社是大家的，不是个人的，大家都有发言权。"

我们合作社就是互相帮助、互相爱护、互相尊重。成员间谁家里有红白喜事，我们管委会都要作为集体代表去参加。有一次，我们的产品卖了1万块钱，我们都是平均分配。在我们的组织里面，就没有谁是当官的，谁是负责的，都是平均分配。当时每个人获得了400块钱，都是平均分配。我记得那次是在中秋节，陈涛老师直接给每个人发红包，一个一个发到大家的手上。大家撕开红包一看，都是一样多，非常开心。大家也非常享受这个过程，既犒劳一下自己的付出，还丰富了大家的精神生活，让大家身心舒服。

生计小组、合作社、手工作坊都属于青红下面的组织，都非常活跃。我们遇到的最大困难就是经费问题。如果你要做很多的活动，就需要有资金。每年我们至少要保证有两个大的社区活动，一个是中秋节的活动，另一个是年会。我们去年还在"12·3"国际助残日搞了活动。在天池小区那里设了一个大的舞台，办了一个大型的演唱会。

当时我们也非常担心安全问题。我们获得了德阳的一个项目支持，将周边的一些民间艺术团吸引过来，一起参加这次演唱会。那天，有七八百人一起来观看演唱会。陈涛老师和陈锋老师也在，非常热闹，相当隆重。有合唱、有歌舞，还有手语舞蹈。我们没有演出服装，穿的都是平常的衣裳。今年，我们才有特别制作的服装——是高小莉捐赠给我们的。她经济相对宽裕，给我们每个人做了一套演出服，今年我们就穿。当时很多人都以为这是残联举办的活动，不知道是我们这样一个社工机构组织的。所以，当我们把演出图片传到德阳后，德阳那边非常满意、认可。今年我们又组织了一场趣味歌舞合唱活动，社区也有几百人去参加。我们做了几次这样的大型社区活动后，大家都挺认可的，青红在社区的影响力也有了提升。我们决定明年还要写一些剧本来描述我们青红 10 年的风雨，写一些快板或者歌词。我们可能会联系文化馆那边一起搞活动。我们想通过这种方式来扩大青红的影响力，进一步展现青红的 10 年历程。因为我们坚持了 10 年，这让我们非常自豪。这条路非常的艰辛，但是很值得。

震后 10 年，我的职业是本土社工

第一期项目第一个月的活动过后，社工们对我们说："虽然我们现在还在这里，但我们终究是要离开的，所以你们需要自己学会管理自己。"我和刘刚均、杜成艳组成了第一期管委会后，开始在老师和社工们的指导下自己管理自己的事情，维

持小组的运转。那个时候我们还不知道什么是社工，也不知道怎么去做管理，只能一点一点去摸索，不会的就向老师请教。

在老师的指导和帮助下，我们开始做家庭生计小组，建立合作社，成立手工作坊。开始的时候做得很艰难，青红曾经3年没有拿到过项目。最早青红是由中国红十字基金会出资的，后来红十字基金会出现了一些问题，青红就没有了资金来源，我们过得很艰难。但我们始终没有放弃，因为这个组织对我们的关心是非常到位的，我们这些人聚在一起就像家人一样。而且我们的目标也是长远的，我们一起聊天，一起唱歌，一起做活动。

在社工撤出之后，青红就由我们管委会管理，管委会上面有理事会，大的事情上报理事会和主任决议，决议通过了我们就执行，小的事情我们自己决定。就这样，我们维持了青红社工机构的运转。别的不说，我们这些人虽然没有社工资格证，但我觉得我们能算得上是半个社工——本土社工。

我们到省里参加过一些社会组织的培训，与很多机构相比，我们这个社工组织比较特殊。在成都的社工机构，能讲一些社会工作的理论，但他们所说的那一套理论，在我们青红可能不适合。比如，他们认为："你给我们项目，我们将项目做完，项目做完我们就可以散了。"他们说的好像也挺有道理，但是我们青红不能这样，项目做完或者没项目做就散了。即使没有项目，我们也要坚持走下去。我们希望这个组织能够一直存在下去，而且我们要将它保留下来。

我们也会想："如果按照他们所说的，项目做完就散的方法，这样的方式可能太草率了，同时，也太不专业了。"我们做项目的时候，如果都用这种功利的方式去做，就得不到很多真实的社会体验，了解不到社会的真正温暖所在。而我们在一个社区里住久了，我们可以感受到社区的温暖。当时我在成都参加社工机构的培训（我和老刘一块儿去的），讲运营时，他们打了一个比方："假如我们接到一个项目，给这个村庄修一条路，我们的项目资金大概能够经营一年或者两年。我们通过各方面设计，将工程规划做好之后，就走了；走了之后，他们的路不平了还会再来找我们。"

他们就讲"收工"，不是持久地在那里扎下根来，而是该撤离的时候就撤离。这一点和陈涛老师他们的做法不一样。陈涛老师他们想要发展的是本土社工，将我们从管委会成员培养成副主任，再逐渐地放手。并且，他们还会不断地支持我们，不断地在帮助我们这个机构。所以，成都的社工机构所讲的这些道理，和我们青红不一样。我们青红有自己的特殊性：第一，我们的人员具有特殊性。第二，我们做的事情，也比较特殊。第三，我们长期保留下来，持续发展。

2019 年是青红 10 周年大庆。陈涛老师在研讨会上专门说了一下我们 10 周年大庆的事。郭伟和老师他们已经开始筹集资金，其他的老师也准备去争取一些项目，他们都在努力地去争取 10 周年大庆资金。到时候将全国各地的青红人都邀请过来，非常隆重、热热闹闹地庆祝一次。我们走过这 10 年，非常不简单，老师们、同学们和我们都付出了许多。我们吃了非常多的苦，以前青红整个团队都是在板房里工作，条件非常艰苦，这真的很不简单，澡都洗不了，日晒雨淋的。

近几年我和儿子都在天池林业站负责相应的工作。这是一个综合的检查岗，我在那儿上班，上 5 天班，休 5 天。这样的话，我就有许多时间在青红这边做事。我在山上上班，还是非常自在的。青红下面如果有什么事情，我也能够及时地下来，非常方便。我的工作主要是检查林业站里面的树木、车辆人员登记、查看证明证件什么的。还有就是关于沙石的管理、树林防火的宣传。日常工作主要是管理上山的人，例如，超员、超载、无牌照驾驶，等等。

我对未来的打算，就是要把我们青红的手工作坊、生计小组、合作小组，还有合唱团这些项目管理好、维持好。像合作社，如果这些树苗能够卖掉，我们就去种一些药材，现在药材市场是比较大的。陈涛老师之前也提了很多建议，最终因为资金问题都未能落实。当时如果资金充足，我们也会种一种药材，如重楼。现在这种药材在我们这里卖的价格非常高，如果当初种植这样的一些药材，我们现在的收入就会非常可观。

我们这个组织是一个非常好的组织，也是一个非常有活力的组织，但现在我们缺少资金。在没有办法的情况下，我们只能维持，等资金来了之后，我们还会继续做一些实事。我们也会继续为社会作一些贡献，给社区带来更多的正能量和宣传，并给社区居民带来精神食粮。

刘春艳：燕子来时，绿水人家绕

口述人：刘春艳① 记录者：沈蕊②

这么多年我跟青红是什么感情？应该是没得青红就没得我们这群残疾朋友，没得青红就没得春燕手工作坊，（没得青红）大家也不可能聚在一起。

春燕手工作坊给了我们一种寄托，就像回到了当初上班的那种模式一样，每天准时去，准时回家，心里觉得有一个地方，可以去，可以挂念，哪怕做的产品没卖出去，你看到做出来的产品放在那里很美，心里就很安慰、很温暖。

地震记忆

地震前，2008年的时候，我是在国营天池煤矿一号井上班。我们那边靠山，就是背靠汶川山。地震前，我们的小日子过得还蛮不错的。虽然当时我们的工资收入、消费水平都不高，但是我们这些小城镇的人，本身的要求也不高，就觉得有

① 刘春艳：女，2019年为绵竹青红社工服务中心副主任兼管委会成员，春燕手工作坊负责人。

② 沈蕊：女，2018年暑期在青红实习，2019年为中国社会科学院大学政法学院在读本科生。

的吃、有的耍就够了。2008 年 5 月 10 日，我老人婆（婆婆）做了白内障手术，几个朋友过来看她，所以 11 日晚上我们出去吃了饭，耍了……耍到深更半夜。12 日上午下班后，我中午还回家了。我们一般中午是在单位吃饭，我回家是要准备给我老人婆送饭，因为那天下午我们要开安全生产调度会。煤矿是每一旬的 1 日、11 日、21 日这三天都要开安全生产调度会。2008 年 5 月 11 日是周日，我们的安全生产调度会顺延在 12 日开。因为要开安全生产调度会，我就没在家待了。我吃了中午饭，按往天（平常）应该是 2 点钟出发，那天由于天气原因我就走得早一些。

我送在家吃完午饭的幺儿（小儿子）去学校之后，就去单位准备开会的东西，准备完到会议室刚好 14:20。一般像我们这些科室的人，差不多 14:20 就到，领导一般 14:25 到，因为一般 14:30 调度会就正式开始了。14:20 我们还在传达矿上的文件，都还没说自身井下的情况，只在传达矿上文件，在文件上签字，这时地震了。第一下震的时候不是很凶，大家都站起来说："咦，地震了？"

我们这里地处地震频发地区，靠山这些人都是被震惯了的，震一下就震一下，也没跑。话刚说完，第二下大震就来了，那个声音有点吓人，"轰轰轰"地就响起来了，这下子，那些男同事跳起来爬过会议室那个桌子就往外面跑。我们整个会议室那天有三十一二个人，只有我一个是女的。我是工会的，工会按要求要参加安全生产调度会。

我看这些男的都在跑，我也跑，但我就没有爬到桌子上，我就在那个巷巷里头跑。还没有跑到会议室门的位置就掉下去了，楼板已经被撕裂了。你想原来修的房子楼板都是那种预制板做的，不像现在是浇筑，楼板直接断开了，人就直接梭（掉）下去了。在梭的时候，因为当时会议室的凳子前后都有靠垫，那种木头靠垫，我抓了个靠垫梭下去了。

等我醒来时外面就是一片喊救命的声音。因为我们这边基本上都在行政大楼开会。我们会议室在三楼，我的办公室是在二楼。掉下去后，我摸了下脸，摸了下心口，感觉好像没血。就听到那些男的在喊救命，我心想这些男的咋这么不淡定，你喊什么，即使有人来救也没那么快。我的第一个想法就是：不喊，听，听外面的响动，不要大声呼救浪费自己的体力和精力。后来是井下的人跑出来救我们的。那个时间就不晓得是等了多久，反正他们出来救援的时候我就跟他们说，我说我是走到哪个位置掉下去的，他们说哪还有什么方位，现在整个行政大楼是一片废墟，已经找不到方位了。他们说："你别说话了，我们会想法救你的。"

因为当时没工具，整个房子垮了之后都找不到工具，他们就徒手掏人，有的手都出血了。五六点钟的样子，我老公就上山来了，他一上来就喊我，把我喊答应了他说："春艳、春艳，你在底下一定要坚持住，我们一定想法救你。我们儿子还小，我们要一起把他带大。"他在上面鼓励我。

自己老公上来了，我当时心里面就觉得踏实了一些。那个时候好像已经开始下小雨了，我老公就和矿工们一起想办法，他们在外面一起商量方案，后面我老公去借工具，拿到了液压钳，一台切割机，两个人就扛上去。扛上去就先救那些被埋得浅一点的，我还是埋得有点深，最后他们才想法救我的。他们一直打洞，边打洞边做支撑，因为不支撑的话，另一边可能会压过来。矿工们相对有些经验，我老公没经验，他只有看，只有干着急。最后，他们用钳子把钢筋剪开，然后再用绳子把我往上面吊，才把我救了出来。我们被送到了东汽（东方汽车轮机厂简称）大门口，东汽大门口当时成立了一个临时救助站。那个医生看了我一下说："算了，送德阳。"

之后，我便被送到了德阳第二医院，并在这里进行初步诊断，我的腰杆断了，腿杆没有问题。14 日上午十一二点钟，我们又从德阳被转往遂宁的医院，后来，又转院去了温州。在温州瑞安医院的时候，吃、喂、洗全部是我老公负责，而且大便自己排不出来，因为神经损伤以后，肠的蠕动受损，全是我老公每三天戴手套帮我排便，每天洗四五次。反正那个时候真的很惨，躺着动不了。后来这个腿慢慢地有点抬得起了，加上我眼睛也在看，心里也在想，慢慢地就有生的希望，就在想人活着是为了什么。把你救到今天这个样子你再去死，你又对得起谁？你看你辛劳的老公、家里的儿子在期盼你，父母在期盼你的时候，觉得死了很对不起家人，对不起国家。然后心里就慢慢开朗了，也会跟病房里的人摆条（聊天）了。虽然那个时候伤还没有完全好，上午清创痛得发抖，下午还可以说笑话。我姐姐和我老公都在病房里说笑话，病友都说他们二人唱双簧。

到 8 月 20 多号申请回川的时候，主任还跟我说："春艳，不要回去。你们那边板房很惨，你回去就没有这么好的条件了。"我心想，管它什么条件，我回到家乡那边，吃的还是家乡味，所以我还是要回去。我们回四川坐火车。第二天早上吃南瓜稀饭、吃泡菜，我觉得我这辈子都没吃过这么香的饭，因为我们坐的是达州方向的火车，火车上几乎全是四川人，就觉得还是家乡好。回到四川的时候把我们送到四川的肢体康复中心，截肢病人都在那儿做康复、安装假肢什么的。那家医院当时不接我，他们说："这么重的伤，安排到我们医院干什么？"然后让我走。我老公当时多了个心眼，晓得我们板房的地面都是碎石子路，轮椅推不动，坚持说在温州时联系的就是这家医院，我们只能在这儿做康复，就坚持要求在那里住下来。

遇见青红

做康复的时候，我认识了你刘叔（刘刚均）。那时报纸上已经有我和国家领导人合影的照片，你刘叔听到人家喊"刘春艳"就问我："你就叫刘春艳？"我当时觉得他有点像坏人，就说："我不是刘春艳，那个是刘春艳！"然后就走了。他又跑来问："你是不是叫刘春艳？我也是天池的，你是天池煤矿的？"听他说他是天池的，我就说了声"哦"。就这样我们认识了，他给我讲了青红。

2009 年青红已经成立了，我们认识的时候已经是 2010 年的四五月，天气已经热起来了。他说我们有个绵竹青红社工服务站（那会儿还不叫社工服务中心），有一群高校的老师，还有一群残疾朋友，都是地震伤员，大家每天聚到一起。我看他长得"恶煞煞"的，总觉得他不像好人，只是一听，没往心里去。但当他把我拉到他们组织里后，我觉得这个组织还是有亮点的。他还邀我去参加他们的活动，在杜甫酒庄，他说：

"你来，我喊车来接你。"因为受伤后一年多都没跟社会接触，我就说："可以去看一下，看一下这些地震伤员咋要的。我不要你来接，我自己喊车来（我想我又跑不动，万一你把我弄去拐卖了，我上自己叫的车跑了就是）。"

我是跟我妈妈一起去的。那天陈涛老师不在，陈锋老师在，当时陈锋老师是常驻这边的。去后第一感觉就是特别温馨，是陈锋老师和钟丹两人来接的我。地上的砖长了青苔，路有点滑，我用的是四个脚的助行架，我妈妈不太敢扶着我。我进去的时候看见一屋子的残疾人，10 来个，当时还挺惊讶和感动的。记得墙上有个横幅，上面写着"家庭生计小组"之类的字。然后就大家一起聊，算是相互认识了。他们是第一期成员，但我感觉他们还是有点拘谨。不像现在，简直是找不到陈锋老师他们这些人的位置，全部是我们在说话。

我就听他们讲，听社工引导，做游戏，相互认识，自我介绍……自我介绍很简单，就说"我是家庭生计小组成员，叫什么名字"。我觉得还是挺好耍的，说实在的，地震结束过后，我没有怎么接触社会。参加一次聚会后，我觉得可以加入青红，但刘哥（刘刚均）却说："不行，我们还没有开始招第二期小组成员呢。"我心里就有点不高兴："拉我进来，我来了，还不让我加入?!"陈锋老师赶紧跟我说："我们会招第二期家庭生计小组成员，但目前第一期还没有整好，第二期还有一个过程。"

果然，2010 年 10 月开办第二期家庭生计小组时，刘哥就喊我加入。这次也是 10 个残疾朋友。这时青红已经不在板房活动了，而是租了第一期家庭生计小组里一个张婆婆的房子。

我们就在一个房间里面围着坐，钟丹拿一块黑板，听我们说自己的想法，她把这些想法记在黑板上。反正每天要学习的时候就把我接过来，结束了就把我送回家去，每次都是车接车送，一路照顾得很细心。

慢慢接触，我发现大家在一起很愉快。大家在一起，也没说你是什么主任，他是什么领导，没得尊卑这些概念，只觉得这群人很好，可以一起相处。就这样在青红的引导下，大家有做种植、养殖的，有卖衣服的，有开副食店的，我是开窗帘店的，我们干着自己的事，相互陪伴着。2011 年年底的时候，整个汉旺新城全部入住后，我们家的窗帘生意也不好了。东方汽轮机厂撤走了，我们煤矿因为地震关闭了……一次聚会的时候，我跟陈锋老师说："我们家庭生计小组，两期就 20 来个人，多半都是妇女，我们可不可以做点手工？"

陈涛老师说："可以，你们有什么想法就说，我们一起商量。"当时陈涛老师他们就带我们去都江堰参观，那儿有开饭店的、皮鞋美容店的，还有做刺绣的，主要是羌绣。我们派了 5 个人去学习，学刺绣。但我们做不好，绣得稀奇古怪的，刺绣没得点功底真的是恼火（困难），学了 3 天，我们就回来了，因为不习惯。首先住的地方不习惯，要上下楼，虽然我能走点路，但要上下楼还是有点困难；住的地方没马桶，我们带的是医院用的那种便盆，不方便。

我跟陈锋老师出去开过两次研讨会，在川大（指四川大学）和北川。我们不敢说自己给青红长脸了，但是至少我们没给青红丢脸。要我们说什么好听的，我们说不出来，但我们知道要脚踏实地地做事，认认真真地做事。陈涛老师也曾说过，青红只是给大家一个平台，至于走得了多远，就是每个人自己的事情了。平台他们已经搭建了，至于能走多远、吃得下来苦不、能不能持之以恒地坚持，就是我们自己的事情了。这么多年，我们做得很辛苦，但我觉得我们已经坚持过来了，我们也获得了很多很多的荣誉，包括我个人的四川省自强模范、德阳市道德模范等，这些其实也是因为有青红这个平台我才获得的。

当然，每次获奖我都说不是我个人的功劳；每次得了奖，我就用奖金把大家聚在一起吃饭，因为这个钱是大家一起挣的，不是我一人挣的。所以大家还是挺开心的。而且我们作坊的姐妹们特别团结，这么多年，是安排做什么大家就做什么，没人挑三拣四。做串珠很辛苦，也伤手，我们现在买创可贴，都是一盒盒地买，因为用得多啊。我们也会办手工培训班，但培训班一般教做小工艺品，不会做大东西，因为时间不够。办培训班的好处就是，我们忙不过来的时候，一些小东西，可以外包给学员做，一个几块钱，还是挺好的。

现在我的窗帘店关了，我老公又重新找活儿做，去上班了。我虽然跟外人说是混时间，但我们是很努力、很用心才把手工作坊做到现在这个样子的。我本身的生活来源不是靠手工作坊，因为是工伤，国家每个月是给钱的。做手工作坊的人坚持下来都不是靠手工作坊来生存的，如果以这个维持生活的话还是有点困难。但是大家都对手工作坊特别有感情，因为做了这么多年。我觉得我们这几个做手工作坊的人真的很辛苦，我上午基本都是在手工作坊，只要不下雨，下午有时候管理一下淘宝店铺、做一下微店，整理政府这边要的资料等，我在电脑这块要比其他人熟悉些，所以电脑上的好多东西都是我在做。

2012 年我们去北京，陈涛老师把我和老马、刘哥 3 个人提为中心副主任，希望我们 3 个人有什么事情集体商量、集体决议。我们 3 人有分工，老马负责绵竹青红社工种植合作社，他是合作社理事长；刘哥负责家庭生计小组；我主要负责手工作坊这块。但我们 3 人是分工不分家，有事情集体商议。大家现在已经到了那种无话不谈的地步，不管跟老师也好，跟我们自己也好，能走到今天，感情已经亲如兄妹。

春燕手工作坊伴我成长

开始计划做手工时，我就问陈涛老师，我们来做生肖串珠，可不可以？在康复中心的时候，有个做治疗的项目就是教我们做手工。我觉得串珠挺好的，它的材料不贵，做错了把鱼线剪了重新来，鱼线不贵。陈锋老师说："行，你做个计划。"买珠子、请老师，第一个计划就花了 3500 元。我们两期的家庭生计小组成员有 8 个妇女报名，因为身体的缘故，开始培训的时候，就剩下我们 5 个人。

我们当时只买了做 5 个生肖的材料，请的老师比较年轻。串珠可把我们做惨了。我们现在晓得用串珠做生肖是最麻烦的，因为生肖那个脖子和头是最不好做的，珠子的走势很复杂。我们现在做培训班，不会一开始就教人做生肖。5 个生肖，当时把我们周姐给做哭了——老师是个 20 多岁的年轻人，出过车祸，性格不是特别好，喜欢吼，一吼就把周姐吼哭了。周姐是我们里面年龄最大的，49 岁，我们那个时候才刚满

40 岁。

3500 元很快花完了——请老师，从德阳到成都往返的车费，还有老师的工资，我们每天的午饭钱，那些材料一周就用没了。我们就说我们不请老师了，太贵了。我们几人把那个生肖拆了又做，做了又拆。但是拆到最后，有些就还不了原。我们开始在网上买书。书买回来了，有些图看不懂（文化水平低了真的是有点可怕），生肖那个图纸有的真看不懂。我平时也不会做手工，我连毛衣都织不来。书买回来，从简单的开始一样样做，像做纸巾盒就相对简单。但简单是简单，做出来的盒子特别松，因为我们的手没劲。

我记得自己最早做的那个花瓶，本来花瓶是直的，我做出来的却都是睡倒的（歪斜的），因为手上没有力，勒不紧那个鱼线，它的支撑全靠鱼线，你勒得紧不紧，它的软硬全在手上。我曾经做了 3 个花瓶，几天晚上都没睡着觉，因为手全部勒出了一个个的口子。我这段时间手都还好点了，特别是前段时间，地震 10 周年，中央电视台播过我们的事迹后，活儿多，我们晚上做到 12 点多，早上 6 点又起来做，那个手上的茧一坨坨的，很厚！今年青红 10 周年，我们手工作坊淘宝店从两星变成了两钻，你可以想象这个两星和两钻有多大的区别，是我们费了好大的力气才做到的。

我们手工作坊现在创作的只有 3 个人，报名的是 5 个人。最初的 5 个成员里，周姐有糖尿病，眼睛不咋看得到，再加上周姐儿媳现在生二胎，她要带老二，没得时间（老大在上幼儿园）。还有一个成员在江苏打工，她只断了一个脚趾，在外面相对好找工作，不像我们这些一看就残疾的，走路都走不稳，人家哪个要？她现在一个月挣3000多块钱，家里小孩儿正是用钱的时候。现在就我、何姐、孔姐3人坚持把这个手工作坊做下来，现在产品有100多个了。

开始的时候，产品卖不出去，做出来的产品颜色搭配不好看。主要是最早我们把问题想得太简单，到最后等真的做出产品，全部成了积压品，卖不出去，一下就傻了。当时连进材料的钱都没得，愁得我两个月都睡不着觉——前期没得钱，大家可以坚持一下，如果一直坚持仍挣不到钱，不可能有人愿意做下去。现在说起来都是辛酸史。但是咋说呢，因为是小地方，宣传力度也不够。

我们当时寄希望于老师们，把事情看得太理想化了，当然最后慢慢地，想到要靠自己。要靠自己，自己必须要去找销路，就一步步地在走，包括找地方、找残联。因为我们的老师都很忙，我们不能老去打搅他们，所以后来还是去依靠地方政府，包括爱心人士，最后2015年下半年去德阳参加电商培训班，学电商，开了淘宝店，都是为了让手工作坊能走得更长远。手工作坊不是风平浪静地走过来的，就像做康复一样，酸甜苦辣什么都有。当然，只要你坚持下来，最后成功了，那种喜悦只有你自己才体会得到。

春燕手工作坊这次10周年，中央电视台4个频道来采访我，包括《焦点访谈》。它们主要是从社会工作这个角度，来看怎样让这群受地震伤害过的人重新站起来。我觉得我们嘴上不说，但用实际行动让人们看到，青红把这群人聚在一起，能做事、能做实事，能继续注入新鲜的力量，走得更远。我们已经办了这么多期培训班，虽然说经济效益一直不是很高，但我们的社会效益真的很大，包括整个四川德阳地区，尤其是德阳的残联领域，青红是不容小觑的。

我自己也觉得挺开心，我自己得到的荣誉也很多。但这些荣誉不是我个人的，是我们大家的。我心里清楚，有些奖不可能随便颁给某一集体，得找一个身上有亮点的，我的亮点就是国家领导人接见了我。当然，你有成绩的时候地方政府也会来。所以现在地方政府对这一块也比较关照，今年德阳残联的第九届残运会就在我们这儿订了300个生肖纪念品——今年不是狗年吗？就订了300个，9000块钱，我们一个月时间就把它做完了。我们今年是忙惨了，从春节过后一直忙到上个月底。

说句实在话，这个串珠，可买可不买，因为这个东西，虽然做起来很辛苦，当然也有使用价值，但是它的材质不是很高档的。高档的材质有，但我们没得这么多成本来做，我们这儿毕竟不是大城市，大城市的人晓得纯手工的东西很贵，小地方的人就觉得自己来编就是了。反正除了那一个月我销了2万元的样子，平常都是一天有几单，有时也几天来一单，基本上网上有的货我们都做的有，虽然说库存量不是很大，但是至少来几单我可以立马发货。有人开玩笑说："你们好耍！"我们说，自由组织，又不要哪个发工资，自己做了自己卖，自己挣钱对不对？反正是太热了放假，太冷了放假。

《我很特殊》这首歌是专门为地震伤员写的，这首歌很有意义，包括这次中央电视台的《焦点访谈》都是用的这个做背景音乐。这首歌挺好听的，但是有点不好唱，我原来都能唱下来，现在唱不来了。这个歌挺有意义的。

我现在也不想把口号喊那么大、把目标喊那么长远，只说希望我们这群残疾朋友能够陪伴终身。我们能在一起相互陪伴，不管有什么身体的、心理的压力，大家都可以相互倾诉，对不对？我觉得最好的目标就是跟家人处好关系，对残疾朋友来说，家人的陪伴是最重要的，没有家人的支撑你还是很难走下去的。我觉得我能有这么幸福的生活，还是来源于家庭，来源于自身的性格。我本身就不是怨天尤人的那种人，不会觉得我今天这也不行，那也不行，用抱怨的态度去面对生活，那怎么行?！反正我觉得自己挺幸福的。

杜成艳：从沉沦苦痛到笑傲人生

口述人：杜成艳① 记录者：邓椒②

当时到处都是受了伤的人，医院人早就满当当的。我连病房都进不去，只能在医院的露天坝坝（空地）上躺着，盖的是医院窗户上扯下来的窗帘布。当时也没得药品，护士只能给我输了点生理盐水。我躺在那里，听到到处都是哭喊的声音。我当时心里想的就是死，感觉身体非常痛。

地震记忆

地震前我是一个配菜师傅，在当地小餐馆里工作。地震发生的时候，我正在和邻居及耍得好的（朋友）打麻将。突然间，桌子摇起来了。我们开始都没有反应过来，都不晓得是地震。我邻居突然喊了一声“地震，快点跑!”我们这才往外头跑。

我跑出来的时候旁边学校的围墙垮了，正好砸在我身上，

① 杜成艳：女，2019 年为绵竹青红社工服务中心管委会成员，也是合唱团成员。

② 邓椒：女，2018 年暑期在青红实习，2019 年为中国社会科学院大学政法学院在读本科生。

我的左手和这半边（右边）腿被墙压到了。邻居当时和我一起往外头跑，他当场就被砸死。过了一会儿，就有其他人把我们从倒了的墙下面挖出来，我当时左手和右腿以及腰部被砸伤，特别是我的左手，整个手都被砸碎了（血肉模糊）。那些逃出来的朋友找了一辆三轮车想把我送到医院。但当时街上到处都是倒了的房子，车子哪里走得通！后来是在两个警察的帮助下，我被送到了绵竹医院。

第二天我被转到眉山医院继续医治。我现在提起来都很气愤的是，医院里居然有小偷，趁着当时医院人多很乱的时候，偷我们地震伤患和家属的钱。我当时非常生气，就觉得地震已经把我们弄得这样惨，那些人居然还来趁火打劫偷我们的东西，真的是太不像话。在地震二十几天后，我才联系到家人，才晓得家里只有我一人受了伤。

2008 年 5 月 26 日，我又被转到福建泉州医院。医院里给我们安排了护工，但是，一个护工要照顾两个病人。护工每次在打饭的时候，就会从给我们的饭菜里分出一些自己吃，医院分给我们的方便面那些吃的，她也会自己拿。

当时，福建的饭菜不合我们的胃口，院方那边专门找了一个四川的厨子负责为我们这些地震伤员做饭。虽然那个厨子来福建很久，早做不出四川饭菜的味道，但我们当时心里还是特别温暖，就觉得还是有人关心我们的。

破碎的婚姻

在地震前，我和前夫就想离婚。我前夫那个人他不爱劳动，一天到晚待在屋里。他是蹬三轮车的，却整天不出门拉生意。我曾经多次提出离婚，但是每次他都求情，就是不离婚。之前我一个人在外地打工的时候，他就找我妈和姐姐劝我，叫我回来，然后我就只能回来了。

地震的时候，我前夫家的房子也倒了，他父母遇难。他父母之前买了保险，有一笔保险赔偿金，还有一些存款。我前夫兄弟3人就到处翻，把存折翻出来，把那些钱和赔偿款分了。我在泉州医院治疗期间，他也不怎么关心照料我，整天跟着爱心家庭的那些人在泉州到处耍，有点像是来旅游的。

几乎都是医院给我们安排的护工在照料我，我们回四川在板房住的时候，政府给我们每天发10元的生活费，每个月300元补助，我也是全都交给了他。但是，当我想买社保让他给我3000块钱的时候，他一再拒绝，还借机提出离婚，想甩掉我这个包袱。一开始我也不愿离，他就每晚借酒发疯，把电视声音开得很大，用榔头狠砸板房的铁皮墙，不仅家人莫得法（没法）睡觉，邻居们也不得安宁。事情越闹越大，后来闹到村委会和派出所出面解决。最后我实在无法忍受，只好离了婚。我打工挣钱买的冰箱等家用电器一样都没有得到，连政府发的救济粮也是一粒米没给我，但还好儿子跟了我。

我儿子（在我）离婚的时候其实是判给了父亲，但他和我亲，他不去他爸那里。我问他咋不去他爸那里，他说："去他那里干什么！他又不管我。"儿子当时在汉旺的学校上小学，由于我当时长期在外治疗，儿子就只能托付给我姐姐照看。我刚回来时，一开始儿子与我还有点生疏，但后来慢慢就好起来了。我儿子就是有点不听话，他高一就辍学了，然后在德阳当过理发师，现在在成都一家宾馆当保安。

我现在就是担心儿子年纪小，怕他在社会上染上一些不良嗜好，怕他走上歧途。他不读书后，曾在屋里躺了一个多月，什么都不做，也不出门。我就跟他说："你靠我们以后是靠不住的，你妈妈现在是个残疾人，以后也帮不到你什么，你以后还是要靠你自己，你还是要出去找点事情做。"我担心他这样颓废在家里，一辈子毁了。那个时候板房受灾群众的经济条件不好，生意也不好做，我姐姐和姐夫在绵竹市区摆地摊卖水果，中午和晚上都开着自己的三轮货车回板房这里做饭吃，节约开支。姐姐的儿子在湖北省读技校，她那个时候也有经验和精力照看我的儿子。我妈妈 50 多岁了，买了社保，每月能领 500 多元，我每月能领到 80 元的补助。我妈妈还在板房旁的路边做点小买卖，就这样，我们还能维持基本的生活需求。

后来，我遇到我现在的老公。说实话，他对我可以说是非常非常好。他把每个月的工资都会拿给我，让我想吃什么就自己去买。我真的非常感谢他。我腰受了伤，经常会痛，站久了痛，坐久了也痛，我妈妈都说我这是个神仙腰，娇气得很。我老公只会说不让我去打麻将，他说："你不要打麻将了，你那个腰坐不得。"

我和青红

说实话，全是青红和陈涛、陈锋老师他们，才让我慢慢走了出来。当时在板房的时候，还有其他组织，好像是我国香港和台湾地区来的志愿者，教我们刺绣、跳舞、唱歌、手语那些。我们绣一些简单的图案，换点钱。我们没得事做的时候就在消防通道那里（那里比较宽敞）一起跳舞唱歌。康复医院的心理医生和老师也对我们进行开导。那个时候我一直在残疾和离婚的事情上走不出来。毕竟之前是好手好脚的，地震后就这样了，而且还离了婚，我心里很难受。心理老师安慰我说："这个婚离了，今后还会有更好的等着你。"但是我就是心情不好。

是青红和陈涛、陈锋老师他们才让我走出来了。如果靠我自己的话，我可能也可以慢慢地、慢慢地走出来，但至少不会这么快。有一次我去交低保资料，碰到了陈锋老师。因为我们住的地方离得不远，我经常看到他，就不担心他是坏人。陈锋老师跟我聊天，问我手是怎么残疾的。我就跟他说了怎么残疾的。最后陈锋老师说他们有个活动，一些残疾朋友一起活动，问我愿不愿意参加。我说："可以，我可以去。"但是那个时候我妈妈和姐姐对这个活动有所怀疑，担心他们是坏人。我从没担心，因为我经常看到陈锋老师在那里工作，我从不怀疑他们。

去的时候，他们专门派车子接我们，活动完了又用车子把我们送回来，非常照顾我们。头两次活动时，大家都还不怎么说话，只是坐在那听老师和社工讲。等到第三、四次时，我们之间逐渐熟悉，建立了一定的信任关系，开始互相摆条，真是很开心！我还记得在一次活动做游戏的时候，我和马哥（马兴书）分到一个组，还一起做了一些游戏。

那时我的情绪开始发生变化，逐渐走出地震的伤痛。我家人也就开始支持我去参加青红的活动。每次活动，我是非常认真的。老师在上面讲那些残疾人如何自强，还有唐山地震那些残疾人的事，我就当上课一样拿个本本记起了笔记。那个笔记本现在都还在我屋里保存着。当时你刘叔（刘刚均）、李姐、刘伯（刘志全）成立了家庭互助组，利用红十字基金会捐赠的 5 万元作为梦想基金，帮助我们地震伤员创业。我分到了 4500 元钱，然后我们就在地震的临时板房开了一个干杂铺，卖些花椒、辣椒等干货。

随后我们管委会也成立了，刘哥（刘刚均）、马哥还有我被投票选举为管委会委员。一方面是因为我们 3 人的学历高点，起码识字；另一方面是因为我们 3 人在活动中比较活跃，大家比较信任我们。当时老师们还说，不能全选男的，要有一个女的，要男女搭配。就让大家投票，我得了 9 票。为了工作的顺利进展，我们还约定有任何事情大家都互相商量着办。我现在相当于是我们青红的后勤人员，帮大家做一些准备工作，哪里需要帮忙我就去。就像平时开会聚餐或者做活动，我看哪个水喝完了，就倒一下水，哪个要什么东西，就递一下东西。我和刘哥、凡姐（凡昌菊）他们现在关系好得很，我们摆条可以随便说，也经常聚到一起吃饭。

我还是合唱团的成员。刚开始大家都不敢唱，现在大家都喜欢唱歌了。虽然大家唱歌不是多好，但我觉得我们唱歌不在于好听不好听，而在于开心。我们经常唱的都是那些感恩的、励志的歌曲。青红机构每年都会举行中秋聚会和年会活动，主要由合唱团的成员表演节目，有唱歌、跳舞、小品这些节目。我们都会提前一个月聚集起来排练。只要刘哥在群里面发通知，我们大家就按时按点来排练节目。我和马哥经常担任活动主持人。记得有一次，我们的活动办得很成功，当时吸引了上千人来看，别人都以为是残联办的。他们说："这群残疾人是不是残联的？真的是可以！"

笑傲苦难

虽然我身上有残疾，但是我可以比别人活得更精彩、潇洒。我对未来的展望就是好好生活。即使青红的项目资金不足、没有指导老师们的支持，我们大家也会坚持把青红做下去。哪怕每次聚餐大家都AA制，我们也会继续聚下去。现在我们青红亲如一家人，大家都像亲兄弟姐妹一样。我姐姐在做生意卖水果，我就和妈妈一起开干杂铺，卖辣椒面、干木耳等。我觉得现在的生活过得还可以，我已经很满足。虽然我现在身上有残疾，但是我肯定不比别人差，有时我还觉得自己比别人活得更潇洒、更开心一些。我现在做饭、打扫卫生这些都可以。我去姐姐那里，我姐姐都会喊："幺妹，来帮我切菜！"

凡昌菊：人生小满，知足常乐

口述人：凡昌菊[①] 记录者：熊屹[②]

一栋房子，一瞬间就陷入地下。“轰”的一声，所有的房子全部坍塌。你看着所有的一切在你面前分崩离析，你看着那断壁残垣，你知道那是你的家，但是你回不去了。你哭泣，你大吼大叫，你暴跳如雷，无济于事。在我回家之后的一两年，甚至到现在，在半梦半醒间，我还有种下坠的感觉，恍如坠落深渊，刹那间仿若听到暴雨、滑坡、地震的声音。

地震记忆

2008 年 5 月 12 日，地震发生时，一整块预制板瞬间砸在我身上，使我的双腿无法动弹。就是这几秒的时间让我的人生发生了翻天覆地的变化，我的腿断了。婆婆在地震中头部和手部也都受了伤，老公一个人要照顾我们3 个人（我们还有一个3 岁的女儿需要照料）。好好的一个家一下子就被地震震垮了，

① 凡昌菊：女，2019 年为绵竹青红社工服务中心管委会成员，青红合唱团负责人。

② 熊屹：男，中国社会科学院大学政法学院 2017 级社会学专业硕士研究生，研究方向为应用社会学，2018 年暑假期间在青红做志愿者。

我都不知道怎么熬过去。但是老公的一句话让我燃起了对生活的希望，他毫不犹豫地说："别怕！有我！只要我有饭吃，你们就有饭吃。"这句话我会记住一辈子，甚至下辈子也会记得，它刻在了我的脑海里，无法磨灭。

当时，地震发生的时候，我老公正在东方汽轮机厂上班。他在救人时，周围就有人说："你快回去吧，你家妈妈的手被砸住了，受了非常严重的伤。"但是我老公仍然坚持在车间里救完正在救的那个人之后才回到家。他跑回家里的时候，看到我婆婆的手受了非常严重的伤。当时我婆婆已经70多岁了，她大声地对她儿子说："快去救你女儿和你老婆，我一把老骨头了，没事的！"

于是，我老公借了一辆摩托车，从家里以飞快的速度冲到孩子所在的幼儿园。确认了孩子平安、拜托了邻居将孩子带回家中之后，老公便一路来寻找我。等他到达我出事的地方的时候，我已经被人从废墟里拖了出来。那个时候，我的头脑一直都是非常清醒的，我有预感，我的腿可能保不住，因为我的腿没有知觉。

在去往救助点途中，我一直都在胡思乱想，我和老公到了万兴大酒店。现在那里的地震遗址都还保留着。我们在那里住了一晚。我老公给我哥哥打了很多次电话，一直过了很久才打通。当时我老公对我哥哥说我的腿被砸断了。说完，他哭了。我很少见我老公哭，那次地震，他仿佛流尽了一生的眼泪。当时我还记得我旁边有一个老婆婆，她对我说："娃娃，别哭，别哭，你看旁边的这些人好可怜，来一个就走一个，来一个就走一个，你现在总比他们要好很多吧。"

第二天，女儿和婆婆也被接了过来。那个时候，我看见我婆婆两只手的手背都被砸烂了。婆婆却坚持守在家里，哪儿也不去。她要守着屋子，她要等她的孩子回来，女儿被送到我哥哥家。说实话，那时候我是害怕见到女儿的，我怕女儿见到妈妈这个样子害怕。她从小就害怕残疾人，每次见到残疾人，都会躲得远远的。想到女儿会怕我，我内心就如同火烧一样疼。

我在不断的剧痛中，我老公疯狂地去找急救车。到 4 点半左右，终于找来了一辆救护车。救援人员把我抬上了车。我们被拉到了广汉市，准备转到广汉市的医院。那是一种钻心的痛，仿佛有成千上万只蚂蚁钻进我的骨头里，在啃食我的骨肉。我已经渐渐处于半休克状态。整个手术过程中，我只记得医生说的一句话："赶快给我拿一个新的锯片过来。"打了麻药后，我就什么都不知道了。

大概是晚上的 11 点到 12 点，麻药的药效过了，我也逐渐醒了过来。我用手去摸我的腿，腿已经不在了，裤管下面空荡荡的。我实在难以接受，脑子里一片空白，甚至不敢去想以后的生活。我一直哭，一直哭……心里只有一个声音："我以后该怎么办，我以后该怎么办，我以后该怎么办?"这个时候，我老公只说了一句话："别怕！有我！只要我有饭吃，你们就有饭吃。"这句话我一直记在心里，我想我会记一辈子，这也是术后一直支撑我活着的动力。

我清晰地记得，在广汉待的最后一晚，又发生了余震。我看见很多人都在外面搬东西，我老公说："别怕，有什么好怕的。"我虽然害怕，但是老公的话安慰了我。由于医院的病人实在太多，同时我婆婆双手植皮需要到遵义医学院，于是我就转院到了遵义医学院。

后来，我们一家人都在遵义住了大概两个月。我到现在都还记得那些医生、志愿者，他们对我们一家真的是非常好。当时我们4个人都住在一起，我老公一个人既要照顾女儿，又要照顾我，还要照顾我婆婆，他实在是没得精力。这中间，医生和志愿者帮助了我们太多太多。

在贵州待了50多天，7月回四川的时候，我的另外一条腿很难支撑我的行走，我只能坐在轮椅上。我们是最后一批离开遵义医学院的。回到家乡我们被安置到马尾的板房里。刚到的时候，街坊邻里、亲戚朋友都来帮助我们安顿。那时，我婆婆就是我生活中的拐杖和轮椅。我一天的活动都是在床上，就连上厕所也是我婆婆搀扶着去。板房根本就没有适合残疾人的厕所，婆婆每次都要陪我走很远去上厕所。我到现在都非常感谢我婆婆，我婆婆对我非常好。

后来我们在板房区开了一个小店，还开了一个麻将铺，我们家也一直在不断地努力寻求生路，再后来我们还谋划重新修建房子。为了生计，我们还开过一家火锅店，开了大概一年，生意不怎么好，还亏了不少钱。我当时心里就一心想着做点生意，可是我开店赚不了什么钱。现在我就不想做生意了。我现在想的是，人必须要独立自强，做生意很多时候都是靠自己，如果靠别人的话，就很难赚到钱。在这个过程中，我老公付出了极大的心力。

火锅店关闭之后，我的精神状况更加不好，每天在家非常无聊，觉得日子漫长又枯燥。当时女儿也小，我的状况和现在有很大的不一样，每天都是无精打采的，觉得日子就是得过且过，百无聊赖。有一段时间，我用喝酒麻痹自己，心烦的时候还会发一些小脾气。为了不让自己胡思乱想，我大多时候都会和朋友们一起到外面玩。但是情绪一上来，自己都无法控制，越想越极端……

我女儿非常懂事，她为了我好，总会说："妈妈，你可以找一点简单的事情做。"于是，我每次到残联，都会过去问一下那边的人员："你一个月能挣多少钱？有没有合适的工作？"对方就说，也就是几百块钱。像我在残联，如果去工作的话，我挣的那点儿钱，还不够我去赶公交车。我努力想找一些事情做，从无聊和悲伤的状态中挣脱出来，但是生活总是不易的。现在比以前好多了。

青红社工，破晓之音

这大概是2009年的事情。当时，我在从残联回来的路上，要赶公交车，在绵竹到汉旺的车上认识了陈锋老师。陈锋老师见我走路不方便，就问我："这是什么时候造成的？"我说是在地震中造成的，和他继续交流后，我把电话号码给了他，过了几天，他过来联系我。

我和青红是在板房区相遇的。一群和我一样在地震中致残的苦命人坐在服务中心，由社工带领做活动。他们希望我们可以重新接纳自己，并挖掘自己生命的价值，建立新的社交网络。社工对我们非常好，我们一站起来要上厕所，他们就立刻过来搀扶我们。水没有了，就立刻过来倒水。他们关心我们，照顾我们的心情，就像我们的家人一样。但我还是不愿意说话，心里一直想着："我腿都没了，参加这个小组，又能怎么样，以后日子还能怎么过?"

我是青红第二期家庭生计互助小组的成员。当时第二期的活动最主要的就是聊聊天，做一些小游戏或小活动，然后陈涛老师会给我们讲很多东西。我对这里面的许多社工印象都非常深刻。钟丹就是一位很好的姑娘，为人处世非常好。她经常来我家，和我一起聊天，很关心我的家庭情况和我的精神状态。第二期家庭生计互助小组逐渐让我产生了变化，它鼓励我们每个人都要重新站起来，在震后选择最适合自己的谋生方式，开启新的生活。

卖掉火锅店后，我老公重新回到德阳去上班。而我则参加了青红自发组织的合唱团。我喜欢唱歌，喜欢用歌声表达我们的态度和精神，希望难言的伤痛随着热情、高亢的歌声慢慢消散。大家知道我喜欢唱歌，主动推举我担任合唱团团长一职，这让我深刻感受到温暖和关爱。合唱团成立第四天，社区听闻我们在练习唱歌，邀请我们参加社区活动。一听到这个邀请，我们都惊呆了——刚练 4 天就去表演，也太不知天高地厚了吧？也不知道是哪里来的勇气，我们居然真的就参加了，可能就是有种"地震的伤都熬过来了还害怕什么"的底气吧，我们硬是去了。没想到效果还挺好——社区的反响很热烈。在那之后，我们一起练习了《国家》《隐形的翅膀》等多首歌曲，参加了汉旺镇很多公开表演。例如，在 2017 国际残疾人日宣传暨文艺会演社区活动中，我们集体表演了《感恩的心》。在一次一次的登台表演中，我们越来越自信，并相信自己的生活是有意义的。

我们合唱团最近加入了 4 个新成员。这几个人都挺喜欢唱歌。每次活动之前，我们都会提前去排练。在我们合唱团里，还是有几个唱歌比较好听的。但是最让人惊喜的是，以前根本不会唱歌的人也会加入。每个人都在变得更加积极乐观，朝着新的生活方向出发。其中，刘哥（刘刚均）就是最典型的代表。他以前不喜欢唱歌，经常说："像我们这种情况还唱什么歌？"可是现在，刘哥也会在家里唱歌，有时候还哼着歌曲笑眯眯地和我们招手。有时候我们会一起在"全民 K 歌"里唱歌，那种欢快明亮的氛围总能让我想起转院时闻到的花香，那么美好，美好得让人想落泪。其实像我们唱歌，并不在乎唱得有多好，主要是要敢唱，想唱就唱。

我觉得我加入这个合唱团，是我这辈子做得非常正确的一件事情。每次做完活动之后，我都会非常满足和充实，有一种任何事情都无法给予我的踏实感，让我觉得自己也是一个有意义、有价值的人。当然，我现在也深刻地认为，加入青红让我的生活发生了很大改变。你看一下我以前的照片，你都不敢相信那个人是我，对吧？以前在板房的时候我很少说话。现在的照片中，我整个人精神多了。我现在会说话，喜欢说话，有些时候，我还会和朋友开一些玩笑。我现在变得开朗了很多，精神状态也有了很大的改善。

我有这样的改变，真的是全靠青红社工的支持。这 10 年下来，我记忆很深的就是陈涛老师经常对我们说："我们青红的成员走到一起，一定要团结，一定要包容，个人之间最主要的就是需要大度。"老马也经常这样说："我们这个群体能够走到现在，真的是非常不容易。无论何时，我们都应该宽容大度，互相谅解。”像老马、刘哥、春艳姐，他们3人对青红来说都起着巨大的作用。当然，这里面最累的还是刘哥，很多事情都是他在处理，需要他去组织。无论是去绵竹还是去德阳，都是他在负责。我经常对刘哥说：“咱们兄弟姐妹走在一起不容易，要互相体谅，也要注意身体。你是我的家人，累倒了我会难过的。”有时候我会对他说：“你可以把一些事情交给其他人来做，不用那么累。”他经常对我说：“别人做不放心，我还是自己做吧，我还能够做事情。”每次想到这句话，我都想帮刘哥分担一些工作，让他不要那么累。

同时，这些年来，国家的政策也越来越好，汉旺镇针对残疾人的关怀政策也逐步开始落实下来，每个月有残疾人低保补贴，可以免费去绵竹残联中心做针灸，还赠送辅具用来做康复，我们的日子过得越来越顺利。

负重前行，涅槃重生

10年过去了，我女儿也长大了。2008年3岁到2018年13岁，她现在读初一。地震在她的心中留下了不可磨灭的印象，她虽然肉体上没有受伤，但地震给她心理上留有伤痛。她努力读书，努力去抚平伤疤。

我们这些在地震中把命抢回来的人，基本上没有谁在心理或者身体上没有伤痛的。地震后我记忆力明显下降，2009年装上假肢后，我就饱受幻肢痛的折磨。我现在什么都不怕，就是怕这个幻肢痛。10年以来，那种疼痛像电钻一样往心里钻，也不知道何时发作。自那时起，心里就立了个哨兵，时时刻刻关注着身体的异动，感到痛意时，它就立马站起来拿起武器东张西望，全线戒严。随即，那种既熟悉又令人绝望的痛感死死地笼罩着我，心里害怕，神经全是紧绷着的，而且幻肢痛没办法控制。

特别是冬天，各种变天儿的时候，疼痛一跳一跳地震颤着神经。我现在能做的只有忍着。幻肢痛实际上就是一种神经痛，这个病因最主要的是你的大脑，就是你感觉自己以前的腿还在那里，甚至你能够清楚地知道它们在什么地方，但是无法医治根除。上次我去医院看医生，他们都说幻肢痛真的是没有办法。每次我的腿有一点反应，我的汗水就会直接往下掉。我疼起来，都会用手去揉伤口处。把伤口都揉肿了，它还是很疼。疼到什么地步？掉眼泪，在床上打滚，吃止痛药都不能止痛。有时候我使劲压着腿，它还是会跳起来。这个过程真的是比死都难受。

像我这种敏感的人，幻肢痛每次发作都非常疼。而且我的发病期非常不固定，有些时候一年都不会有，有些时候是半年发一次，有时候一个月发作几次。我现在的幻肢痛，一疼就是几天，最少都是两三天。我记得有一次饭后就开始疼，疼了5天5夜，都没有睡觉，那一次真的是把我疼得非常难受，觉得还不如死了，差点就想一了百了。

像刘哥他们也有这样的情况，但并不是那么严重。如果发作起来的话，最多也就一两天，而有些时候甚至就几秒。像春艳的话，她是尾椎伤了。老马有一次就对我讲："如果痛起来，你就用石头去打。"而我就说，本来就很疼，怎么还要拿东西去打？

后来再疼的时候，我直接去打麻药，但是打麻药都没有用。我现在不敢吃刺激性非常强的东西，甚至怕见血，有时候只要闻到那种血腥味，我都会非常疼。有时候在电视上、手机上看到那些血腥场面，我都会非常难受，心里空荡荡的。这种感觉一出现，我的腿就会有反应。我也问过其他的残疾人，他们都没有痛得这么厉害的。主要是现在的我对以前发生的事情还有很深刻的印象，还有很多痕迹在我心里无法剔除。到现在，我都还没有完全走出来。

我女儿最害怕听见我说腿疼。每次我一腿疼，她就立马跑到厨房给我煮花椒水涂抹在断肢处按摩，或者冰敷，还问："妈妈，你还疼不疼？"正常人很难理解幻肢痛，认为你腿都没了还有什么疼的。幸好我还有青红的兄弟姐妹们，我们足以理解彼此的伤痛，我们互相搀扶和支撑，我们努力一起扛下这些痛苦。有次幻肢痛发作，我丈夫和女儿都不在家，我疼得眼泪都流了出来。我给春艳姐打电话说："我好痛噢，我好痛噢！"刘哥和春艳姐他们立刻在镇上买了止痛药，来到我家陪我说话、聊天。他们还叫车把我送到绵竹残联中心做针灸。残联的朋友说："你们组织真好。"我听后，心里一下子开心起来，我告诉他们："这不是组织，这是我的第二个家。"

10 年，幸好有我家人的陪伴。我女儿非常懂事，努力学习，使家庭和谐。我老公一直都是我的精神支柱，他的睡眠和饭量还是挺好的，他的身体也很好，现在白天都会在家里陪我。他经常上夜班，在这里有专门接他去德阳的车。他已经在德阳那边上了好几年的夜班。如果厂里面活儿少的话，他就会早点回来。

有了家人，还有青红兄弟姐妹的陪伴和支持，面对这些伤痛，我还可以乐观地负重前行。我早已不像当初那么迷惘、绝望、无助。我接纳了我现在的状态，接受有很多事情我做不了，对自己的要求也不那么高了。我现在第一想的就是好好陪女儿读书，抚养她长大；第二，用我自己的经验去帮助更多的在地震中受伤的朋友走出阴影，回报这 10 年来我得到的关爱与温暖。

刘志全：有希望就要努力

口述人：刘志全[①]　记录者：邓椒[②]

当地震的重伤员从四面八方涌向华西医院时，华西医院急诊人满为患，都挤冒（挤满的意思）了。我疼得快要昏过去，但源源不断有受伤的人过来，重症监护室需要让出6个床铺。我对儿子说："把我的床位让出来，留给更加危重的伤员。"看着医院走廊里来来往往的伤员和家人……那个场面还有他们的神情我至今还记得，好惨！真的痛心！

地震记忆——"三碗萝卜汤让我活下来"

地震的时候，我在家里，汉旺镇中街一栋三层楼的房子里。地震来了，三层楼塌了。我从三楼掉到了二楼，楼板砸在我身上，我被埋下去两米多深，这条腿被整个楼板压着，一下子砸成骨折。我脑袋也被砸了一下，一秒都不到，整个人就没有血（可以流）了那种感觉，但我还是清醒的。我闻着那个

① 刘志全：男，青红家庭生计互助小组第一期组员。

② 邓椒：女，2018年暑期在青红实习，2019年为中国社会科学院大学政法学院在读本科生。

味道——石灰味、火砖味、水泥味、农药味，还有灰尘味，混合在一起，很浓的一股味道（我再也不想闻到那个味道）。但我一直是清醒的，虽被埋两米多深。救援人员找了好多东西把房梁弄断之后才把我救出来。

那时候天刚刚黑。他们就找担架把我抬到东方汽轮机厂的坝坝（平地）上。刚把我抬到东汽，就碰到一辆救护车，把我送到德阳第五医院抢救。做了手术之后，我的脸部开始浮肿，然后全身都肿了，只能转到华西医院。到华西医院之后，医生说："如果要保命，截肢才行。"据说那时我的脸已经肿得不像样子了，肾脏功能衰退了，必须截肢。截肢手术过后，我又被转运到了合肥的医院。那段时间，不分昼夜，我都在做检查，每天抽两次血，两条胳膊上全是扎针留下的血点。后来10多天，我的脸一直消不了肿，生命岌岌可危。

有一天天亮了，一个女的说她姓樊，问我想吃什么。她说是医院专门派她来问我想吃什么的，只要医院办得到就会弄来给我吃。我就说想吃甜的荷包蛋，吃4个。结果她真的给我做了荷包蛋，但只有两个。然后她又问我中午想吃什么。我就说想吃"韩国萝卜"炖排骨或者炖鸡，不要太油。她不懂什么是"韩国萝卜"。我就说"韩国萝卜"是一尺来长、碗口粗的那种大萝卜。我还告诉她，排骨焯一遍水，加上花椒、葱等一起炖萝卜。萝卜没得就看有没有那种农民种的天然冬瓜，越老越好的那种，拿来和炖萝卜一样炖。

那天中午我就吃到了萝卜炖排骨。我有一大碗排骨和萝卜，我儿子只有排骨萝卜汤。我把萝卜和排骨给儿子，喝了他那一罗汉碗的汤。罗汉碗就是那种大碗，一碗水大概能装八两或者一斤。我一口气把汤喝完，跟我儿子说："你去帮我问问，还能不能再给我一碗汤，不要排骨和萝卜，只要汤。"我儿子要来汤后，我又喝完了。我让儿子再去要。这样要了两次，我喝了三罗汉碗汤，吃了一小碗饭。

半小时之后，我浑身发热，热得发汗，睡不着。晚上7点的时候，我儿子让护士去睡觉休息，他自己来记录我的大小便。那个时候要求我每天的排便都要记下来，几次，哪个时间，多少量，都要有记录。我喝完汤一个小时后，就开始排便。排一次后，过一小时又排一次，就这样大概一小时一次，那天晚上我一共排便7次。第二天天亮后，我消肿了。医生查房时，特别惊奇我怎么消肿了。其他的病人都来看我，觉得很神奇。

我消肿之后就一直输液吃药。医生派护士长来和我说话，护士长说我精神好多了，说我是个奇迹，身体指标都恢复正常了。大家都说我命大。一位老教授问我怎么懂得冬瓜和萝卜可以消肿。我就说我是做饮食的，钻研、了解这些东西，所以我就想到这个法子。我还把这个方子说给他们，让他们以后碰到身体水肿的病人也可以试一下。2008年7月28日，合肥的医院就把我们这些伤好得差不多的伤员送回了四川。一直到10月底，我都在练习坐、起身，练力气，还要进行理疗。我每天锻炼、康复，从慢慢站起来到走几步，半个月之后，医院就让我出院了。

青红来了——“我们的春天真的来了”

地震突如其来，地震引发的一系列事情都在我心里，我郁闷得很。还在安徽的时候，我就接到电话，说回四川之后可以安装假肢。我当时想，我这条腿都快没了还怎么接得起假肢？这是根本不可能的事。2008 年 7 月 31 日，在四川省假肢厂，医生第一个喊的就是我的名字，问我想好了没有。我说想好了。其实我心里在打鼓，好好的一个正常人咋成了这样子?!我那时候心里面既痛苦又迷茫。

那时我真的没有想到自己还能装得起假肢。可人家把伤口一摸，名字一登（记），说第二天就可以取型。我问我以后还能走路吗？他们说：“能！你这个完全能，就是会有点跛。你要是能刻苦锻炼，走不成问题！”我心里想着跛没有关系，只要我能走，这就是最大的一个希望。

随后的 11 月，我住回了板房安置区。当时板房前面正在挖排水沟，我拄着双拐，刚安了假肢，不习惯，走路摔跤就怎么也爬不起来，根本就进不去板房。我儿子只好拜托他同学，在剑南春酒厂旁边干涸子那里为我们租了一处农房，一个月 100 块钱，我们爷儿两个就住在那里。当时里面没有床，我们花 400 块钱买了两张床，再有一辆轮椅和一个假肢，就这么过了一个多月。那段时间住得好恼火（难受），每天看着空空荡荡的屋子，心里面总有种说不出来的感觉。12 月底排水沟建好了，我们搬进了板房，住在 77 栋。

就是在那段时间，我觉得自己的生命里出现了很多贵人。

一个是剑南春酒厂的厂长、主要领导乔天明。他派手下的工长来看我，知道我吃饭只是吃些汤饭，家里连一双多余的碗筷都没有，就说："刘伯，你娃儿在我们单位工作表现是最好的，这个灾难当中我们第一个来看你。你不要着急，你需要什么就给我们开腔（说），我们会全力帮助。"我当时说自己什么都不需要，你们能看我、关心我就已经很好、很知足了。这位工长后来带着饮水机、微波炉、洗衣机等一整套家具来了，还说："你一个人在家，娃儿上班去的时候就用这一套做饭。"我当时谢了又谢，这份来自剑南春酒厂的关心让我们整个家暂时安下心来。

再就是带领我们创办青红、走出阴霾的社工们。我记得，当时是2009年3月的春天，陈锋老师带着安徽的肖老师过来。他们两人提着水果上门来看我，问我的近况。整个过程让我感觉如沐春风。大概过了半个月，陈涛老师也来了。他先是在社区了解情况，后来在板房里，他一见到我就喊出了我的名字，我们坐在一起聊天，我尝试说出了一些痛苦，他们开始帮我化解。陈锋老师亲自跑来征求我的意见，问我愿不愿意到技工学校去一下。我说："去干什么？"他说："学点东西，对你以后就业什么的都有帮助。"现在看来，真心觉得人在最艰难的时候，别人一句发自心底的好话，在精神上对我们都是莫大的支撑。来自社工们的这种无微不至的关怀，让我由衷地感谢。

2009年4月24日，我开始到东方职业学校去学习，孟颜进、杨万明等十几个人也和我一起去，总之，青红最初的10个人都参加了。刚开始时，职业学校领着我们学习了一个礼拜，后来青红（社工服务站）成立了，社工在那边进行小组活动，陈锋老师问我们愿不愿意去，继续接受上课和心理疏导服务。我一口答应了。在青红每周要进行两次学习。每次陈锋老师都会喊一辆车，把每一个参加小组的人接去。当时板房里面铺的全是小碎石，我们一个个拄着双拐，走起来恼火（困难）得很。陈锋老师他们在前面带着我们，牵着我们上车下车。想着有这样好的人从头到尾都在为我们着想，让我们感动得哭了。

只要是开会、学习或参加活动，陈锋老师看到，都会来扶我们去，一步步牵着我们走。这些行为看起来微不足道，但要把一个经历和遭受过那么大创伤的人从迷茫、痛苦中扶持起来，这是第一步。后来在青红的日子，又来了很多社工为我们讲课，感受着我们的感受，帮助我们把痛苦说出来……很多次说得我们眼泪直流。我们遇到这场灾难，内心中的苦楚在一次又一次的小组活动中得以释放，彼此之间相互扶持陪伴的感情，也在这样的过程中一点一滴积累起来。后来参加活动，我心里就有一种感觉，这些来自青红的、社工给我们的，以及组员之间的爱值得我用一辈子去铭记。

2009 年 8 月，我们萌生了做生计的想法。陈锋老师当时启发我说："刘伯，你还有手艺，你蒸馒头吧。"我摆摆手说："铺面都没有，在哪里蒸？算了吧。"大家有的讨论卖纪念品，轮到我发言时，我就说想到成都进货，回来摆地摊；我们没有地方，要不摆到板房那儿，或者摆到市场上去。当时我们中有人问："哪个拉得下脸？"我说："就是买一顶草帽把脸扣着，我都要去做！"当时，陈锋老师他们听了都说："刘伯，你把我们都说感动了。"

后来，我确实去了成都，进货后回来摆摊，还算是小有所获。青红也在我们大家的努力下成功申请到了项目资金。我当时特别开心，上街摆摊子，要跟形形色色的人交流接触；去成都进货，一路上也有青红社工们的关心和陪伴，我们大家团结起来，为一起让生活变得更好迈出了第一步。我感觉自己在慢慢地走出心理阴影，我们都在青红的帮助和扶持下有了各自的营生。后来，在个体协会的帮助下，我在东汽运业附近找到一个门面，自己一个人开了间食品杂货店。陈锋老师为我的店面起名叫“梦想启程”。后来陶老师也来了，帮我们记录下自己的经历，专门写成一本书，讲述了震后我们的故事。

每年过节，青红的伙伴们都会聚在一起谈心，交流这段时间以来的经历和感受，在相互的倾诉中，我们心里的压力或多或少都能得到释放。每逢八月十五、春节，陈涛老师和青红的社工、志愿者们都不远万里来看我们。每次看到他们远天远地地来，我们都止不住流眼泪。人家作为老师，对我们始终敞开心怀，笑脸相迎。我们这些人走路颠颠簸簸的，人家都看得起我们，丝毫不嫌弃我们，还为我们搭建起这么好的平台，这样的感情真没有办法去表达，更不知道怎么感恩。

重组家庭——“我们组成一个家”

我和现在的爱人熊素花是在震后结识的，她小我 19 岁，来自汶川。当时我们一起在德阳康复中心。有一天晚上，我到楼下的广场乘凉，大家在一起聊天。她说自己在废墟中被埋了 4 天 3 夜。当时为了躲地震，她老公跑到公路上，旁边山垮塌了，两个人一起被埋了。她被救出来的时候，丈夫已经去世。这让我想到自己的老伴，当时我们也是跑不出去，房子塌了，老伴在我旁边喊了几声就死了。我问她："你那几天是怎样的一种感受?"生命这么脆弱，被埋这么久还能活着，真的很幸运。

就是这一句话问出了缘分。她当时觉得我在关心她。后来，只要看到我在广场和朋友说话，她都会跑过来听。她问我要电话号码，我觉得不好意思，我只是出于关心，没有别的想法。我走了，她又跟到我寝室来。我问："你来干什么?"她说："我老公也去世了，你知道的，我们交一个朋友行不?"我想了想说可以。我问她有什么条件，她说她没有条件。我当时顾虑很多，她是什么样的人我不了解，她心里怎么想的我也不知道，我只晓得她对我有好感；我大她 19 岁，高位截肢，地震后什么都没得，康复以后我们怎么办，我也不清楚。

当时我跟她说，我要等到 2012 年才退休，而且退休可能只会拿 1200 块钱（果不其然，退休时就是 1250 块钱）的退休金。我就只有这么点儿钱，我家里没有钱，整个家就只有社会抚慰金的那点儿钱，只够买一套房子，家里什么都没有，就只有这个条件。她说她现在找到人，只要有口饭吃、饿不到、冷不到就行。我也想这个条件这么恼火（困难），人受了这么大的苦，那么大的难，心理上都是脆弱的。但是人家当时有爱心要和我结为夫妻，我也就不要太推脱。我把自己的条件给她说清楚了。我说："反正我条件也就这样子，你看能不能行？我觉得我们年龄差距大不合适。"她说她不图什么，找的是这个人。我也觉得这次灾难弄得家破人亡的，人的心都整得脆弱了，我失去伴儿，她也失去伴儿，只要她愿意我就接受。她当时让我跟她从德阳回去，我就说不着急，先处着看看。有半年的时间，我们就一直打电话、发短信联系着。那个时候不像现在可以用智能手机，只能打电话，一个月的电话费都是两三百元。在电话中谈着就觉得两人各方面，比如我们的认知、心态，都是能够融合到一起的。2011 年 4 月，我们俩就办了结婚手续。我当时住的公租房只有 36 平方米，只捡了两个公租房人家不要的家具，她也不嫌弃。但是她看到家里家具差，就跟我说，她给我拿 1 万块钱买家具。我说，我可不能用自己女人的钱，我自己有了能力我才买家具，没有能力我就不买。当时就是这个想法，所以我没有用她的钱。她用钱来买家具，我都没要。

后来，我决定拜访她家所有的亲戚，了解她的家庭。她的家族很大，娘家 5 个姊妹，我提着礼品上门挨家挨户地拜见。他们反问我："你也跛脚，她也跛脚，你们两个在一起到底是你照顾她还是她照顾你?"我当时立马回答："我照顾她。"素花还有一个 20 岁的儿子，和她原来的婆婆曾来到我们的住处。当时素花不在家，她婆婆一见到我就问我："我儿媳妇在哪里?"语气很是生硬。素花说，她婆婆说我再能干也是一个废人。素花一听这话，跟她婆婆说："这个人除了脚手不得行，哪里都得行。"她婆家还是不干，一直想素花回去。后面发生了许多事情。

2011 年，素花的儿子看不过，说："我妈都找了对象了，你们还这样骚扰她?!"边说边摔了手机。素花的朋友们都帮着劝她婆家，说只要素花喜欢又何必干涉，为这件事她后来和婆家的关系一直不太好。

好在娘家人一直支持我们。我当时到她家去要爬一个10米高的坡，素花问我："有没有信心自己走上去?"我说："有。"羌族人对人很直接，看得起就是看得起，不会在意你是不是残疾人。老丈母和我谈话、问话，她觉得我各方面都还可以，她家里面也没有哪个说不好。后来我再去，老丈母第一眼看到我就来迎接，我大舅子还亲自背我上那个坡。

继续前行

我们经历了很多事情，凭的是心底的硬气，凭的是生活的磨砺。我大哥退休之后在江油打工，2017年10月8日那天让人家把腿撞伤了。当时他给我打电话说他的腿受伤了。那时候是下午5点多钟，我和素花马上收拾衣服、日用品等装了一大背包，准备第二天出发去看他。晚上10点半的时候，我正准备出门，我大哥一个电话又打来，我听见嫂子在电话那头说话，大意是说我跛手跛脚的碍事，让我大哥劝我别去。我听到电话那头这样讲，就说："好，我不来。"我嘴上虽然这样说，但心里很不是滋味。

自己的亲哥哥受伤了需要人照顾，嫂子就是嫌弃我，我也得去。第二天我一个人带了点钱，揣着身份证和残疾证，简单带了两件衣服就走了。去了看到他一个人睡在床上，就他女儿在陪着，吃喝拉撒都没有个专人护理，我就扎在那里开始照顾我大哥。那时候医院要拍片子，做检查的地方又远又敞，我一个人扶不起我大哥，只好把我大哥抱着推出来，一直到进检查室，我实在撑不住了，喊旁边的医生搭把手，才慢慢地把我大哥弄到床上睡下。我当时很恼火（生气），把大哥治疗的照片，一上午要做的检查一股脑儿发到我们家的群里，心里想着明明大哥需要人照顾，为什么不让我来?!

我大哥住院的时候，嫂子还得忙着照顾1岁多的孙子，根本丢不下手，妹妹妹夫都在北京，就我一个人在医院全心陪他康复。我是个残疾人，腿脚不方便，但在康复这方面我是过来人，我晓得这段时间该怎么度过。一个月零两天，我待在江油照顾我大哥，每天给他擦洗、换药，教他怎么活动、怎么坐轮椅、怎么拄拐杖撑起来，教他怎么拄拐杖走路，一直照顾到他出院。后来青红合唱小组喊我回去参加活动，我对大哥说要回去。他一听就哭起来，拉着我的手和我说："兄弟，我60天下不到楼，我就在这楼上看不到外面的天空，全靠你一步一步领着我，这个过程很现实。"后来我大哥就随我一起到了汉旺，住到我这边，我继续帮他做康复。

这个过程真的很现实，以一个正常人的眼光来看，残疾人歪歪倒倒的很碍事。但对我们而言，我们经历了很多事情，凭的是心底的硬气，凭的是生活的磨砺。我喜欢上唱歌是在2015年。那时候各种力量开始介入，帮助我们进行心理康复和建设，民政局、残联包括很多机构都做了大量的工作。但我们心里头还是有说不出的痛苦，找不到出口。一次活动，带领者叫我们唱歌，我当时想，我家破人亡，哪里还有心情唱歌。我就坐在那里不吱声，轮到我的时候，我让李青梦（音）替我唱。后来大家又开始组织合唱，我始终觉得心里不得劲，不愿张口。

虽说康复得差不多了，可照例每个月都要疼两次，这让我很困扰。有一天下午，我实在疼得受不了了，就穿起假肢出去走，一直走到天黑，走到没有人的地方。我想转移自己的注意力，就开始唱歌，唱《一壶老酒》和《草原夜色美》……唱着唱着，伤口微微有点痛，但似乎没有那么严重了。唱歌的快乐真的能够平复心里的痛苦。从那以后我就每天早上坚持6点钟起床喝一杯酒出去锻炼，在没有人的地方唱歌。现在我唱歌已经不怕大家笑话了。伤口的痛苦只有一点点，心里的痛苦还要多一些，唱歌能把我心里的痛苦释放出去，为心底争取一片阳光。我们合唱小组在一起，身上的痛可以互相交流，心里的痛也可以互相交流，能够释放情绪，倾诉心声，真的很好。

我还喜欢上了旅游。先前的日子里我一直待在汉旺，连隔壁的茂县都没去过。我想去走走看看，用我的内心世界去感受这个真实的世界。在茂县，我刚好遇到了羌族人过节，那红红火火的场面，是生命的张力和精彩。前些日子我和素花带了一副拐杖去福建跟团游，旅游团走哪里我就走哪里。一路上很多好心人在帮我们，用他们的行动鼓励、支持着我们。我对素花说："别个推你你要往上爬，别个拉你你要往上走。我们要走遍好多地方，满怀希望地生活下去。"

孟颜进：艰难困苦，玉汝于成

口述人：孟颜进[①] 记录者：张书赫[②]

我儿子对陈锋老师说："陈老师，我妈正是因为参加了这个活动，我才能看到她的笑容，我一直看着我妈在笑。"

那时候我参加这些活动，我儿子都非常高兴，经常催促我来参加青红的活动。

地震记忆

地震的时候我在做生意，突然之间地就开始摇晃，越摇越凶。我是和一个好朋友在一起做生意，她做海鲜，我卖干杂货。我感觉到是地震时，就对朋友说："你赶快跑，发生地震了！"我让她赶紧跑，我没有跑，我也跑不动。有些卖水果的，他们和我关系比较好，我看到他们都在跑，我爬起来也开始跑。跑到半路被震倒在地下。幸亏我们做生意的那个房子很大，只撕裂了一个大口，没有倒下来。如果当时房子倒下来，

① 孟颜进：女，青红家庭生计互助小组第一期组员。

② 张书赫：男，2018 年暑期在青红实习，2019 年为中国社会科学院大学政法学院在读本科生。

就会把我砸趴下。对面生意摊子的一把伞倒下来把我盖住了，我就在伞下摇来摇去。有一个在同一市场卖水果的朋友，想把我背起来，但地震摇晃，他背不起我。我让他快跑，让他不要管我。我想的是，万一我被砸死了也无所谓，我本来就是个残疾人，何必再拉一个垫背的被砸死？人家能够跑的就让他跑。过了一些时间，我就站起来，慢慢走到我们那个桥头。

我儿子当时已经在土门实习。地震一发生，他就跑到安全的地方，他没有受伤，我们一家其他人也都没有受伤。我儿子2005 年进技校，2007 年毕业，2008 年就实习了。幸亏他那个时候已经毕业，地震的时候，（技校学生）大部分人都不在了。所以，我说我们一家都算是比较幸运的。地震的时候非常惨，很多都是像你们这个年纪的年轻人，在那里呼喊叫救命的，可是我们不敢去救他们。当时太惨了……后来我想着，我们应该去刨开废墟救他们。不过我还是救了一个人，是我们妹夫单位的一个人。那个人当时伤得有点惨，肉都露出来了，躺在那里，没有人救他。我说这个人不抬到广场上去肯定会死的，后来我老公、姐夫和妹夫还有另外一个人，他们4 个人把这个人抬到广场上去了。在广场上，当时正好有救护车把这个人拉走，把他的命救了。

玉汝于成

2008 年地震的时候，我以为自己前半辈子的所有努力都没有了，我觉得活不下去了。2009 年我遇到陈锋老师，他告诉我有什么心里话可以跟他们说。当时我思想压力非常大，觉得没有地方可以诉说，但陈锋老师说，你们有什么心事可以给我们打电话。晚上回来以后，我就给陈锋老师打电话，把我自己的心里话和以前的一些经历都跟陈老师说了。这次和陈锋老师通话一个多小时，我就一直哭，一直哭，一个多小时都在哭。

2008 年，我们家的房子刚修起来，地震来了，把它震垮了，我不知道以后怎么办。那时候我觉得自己的命怎么这么苦，去哪里找那么多钱来修房子？我也不能指望我老公能够挣钱修房子，他这一辈子，我就没有指望他赚什么大钱，他只知道在田里干活。我感觉心里的压力让我喘不过气来，所以我选择与陈锋老师诉说。陈锋老师安慰我说，以后会越来越好的，政策也会越来越好。他一直安慰我，所以我才能够一直走到现在这么开心。

我儿子对陈锋老师说："陈老师，我妈正是因为参加了这个活动，我才能看到她的笑容，我一直看着我妈在笑。"我妹她们没有参加这个活动，我每次参加这个活动都很开心。以前我认为我们残疾人不会有这种平台，没有人关心，我们只能忍受歧视。以前有人来我们家，我都不敢说话，躲在家里不出去。我不敢出来见人，从来没有上过街。我是后来做生意才上街的，没有办法，因为孩子要上学，家庭要生活，我必须出门。也是那个时候，我才开始面对那些事情。这些话说起来是比较麻烦的。我一直觉得自己是残疾人，非常悲惨。

我以前是非常内向的，我非常感谢我们青红社工，我现在有这么大的变化，天天能够开心地生活，完全是因为我们社工和青红。我以前从来不敢上台，从来不敢唱歌，上台唱歌给大家听，想都不敢想，而且我不敢跟别人说话，一点都不敢。社工们来的时候，费了好大的工夫开导我，他们说我要是不说出来，很多东西会积压在心里一辈子，但是说出来就好了。我听了社工们的话，把我心里面的东西说出来，一点点地和大家说出我的心里话，也多亏了有青红这帮人。青红营造了一个非常安全的环境，在这个环境里，我才敢把话说出来。现在我不那么难过了，以前我说一下就要哭，说不下去，现在都能说得下去了。

开始的时候，社工们找到我，要我去参加家庭生计小组。我也不明白什么是生计小组，就去试试看参加了一下。小组做活动的时候叫我们唱歌，我们不敢；叫我们说话，我们也不敢。那时候参加小组要做活动，做错了就要唱歌，自己不唱的就把家里的人叫过来代唱。我儿子陪我来过几回，他代我唱过几次歌。我儿子还和社工说："老师，我妈妈自从参加了这个活动，笑容越来越多了。"所以我参加这些活动，我儿子都非常高兴，经常催促我来参加。

我小时候就有残疾，一直比较自卑，在人前总是不敢说话，心里一直有别人歧视我的阴影。陈锋老师跟我们说，我们自己要坚强，叫我们要学会与人说话。你看我们青红的人，每次坐在一起谈话，总让人感觉我们是受过教育的人。

两个陈老师都很好，陈涛老师告诉我们做生意要明白自己站在什么角度。我就听从陈涛老师说的，做生意听从自己的良心。例如，我们开超市，不能坑蒙拐骗。我跟任何人做事情都是这样子的，不会坑蒙拐骗，都是凭着自己的良心去做。我做什么事情都会让自己尽力。我要去试一下，试一下自己做不了，我就打住；做得了，我就尽力去做。以前我家做生意，我拄着一根棍子走路，每次到成都进货都要走一天，现在想起来真的太难太苦了。幸亏我遇到了两个陈老师，我一辈子都忘不了两个陈老师对我的关心。

我还记得讲课讲得非常认真的王小兰，她给我们讲的道理都非常好。还有钟丹，我们经常见面。除了两个陈老师，还有很多其他的老师、医生，他们的名字我都记不得了，但是他们的长相我记得。那些人经常来看我们，他们很关心我们。我以前觉得这辈子没人会关心我们，哪晓得现在还有这些人关心我们。

还有刘哥（刘刚均），他经常关心我们，说最困难的就是我。有一次他跟残联的说，我这个人有能力、勤快，是一个很好的人，但是家里困难，需要残联的帮助。过后残联就找到我，帮助我们种了一些枇杷和藕，只是后来藕死光了，所以我们现在种的全部是枇杷。知道我很困难，刘哥就找我聊，还给我拨了 1 万块钱帮助我种这些枇杷。所以刘哥真的是非常关心我们，他知道我这个人报喜不报忧，除非有很大的困难，我一般都不找他。

青红真的就是一个大家庭，一般端午、中秋会给我们发礼品。有很多人羡慕我们这个组织，有一些正常人想加入，但他们加入不了。马大姐和我都是第一期成员，她对我很好，我们是朋友，我去哪里都是她把我背着。还有李姐，和我关系也很好。

2007 年我家刚好修起两层楼房，地震把两层楼房震坏了。我儿子是 2013 年结婚的，那时候我们正在修房子，没有钱结婚，可儿媳怀着娃娃，必须结婚。后来我想通了，有没有钱，这婚迟早都要结的。我跟儿子说："你有个妈在，什么事都有妈。"家里比较困难，我去借钱给儿子结婚。我自己借了五六万元，我儿子跟他同学和同事也借了几万元。这几年，我一家一家地还钱，从 2013 年一直还到 2018 年。

我儿子后来还是风风光光地把婚结了。结婚之后，2014 年就生了娃娃。现在我儿子 30 岁了，因为小时候总是受人家欺负，儿子跟我说："妈妈，我的结婚对象我对她就有一点要求，就是她一定不能歧视我妈妈的残疾。"亲家那边还不错，没有说过我什么。我儿子现在过得也还不错，有个女儿，长得很好看。他们现在在绵竹做生意，儿子一个月工资还好。我在家里种枇杷，每年枇杷能卖出去很多钱。有时候我忙不过来，青红的人就过来帮忙，帮我一起卖，我们就像家人一样。

昨天是我生日，我故意不开腔，看我儿子会不会忘记我的生日。结果他 7 点多就给我打电话说："妈，我们今天会回来吃饭，今天是您的生日。"我说好，然后我就去做饭，11 点多他们回来时，我就把饭菜做好了。吃过饭，他给我发了红包，发了 600 元钱。我儿子对我还是很可以的。

说老实话，没有青红这些人，没有社工的帮助，我很难走出来，很难走到今天，我非常感谢青红给我带来的这些宝贵经历。

马代蓉：我的龙凤呈祥

口述人：马代蓉[①]　记录者：张书赫[②]

现在我的孩子7岁了，我认为他们就是咱们的“青红二代”。我希望我的孩子们以后也能够继续发扬青红精神，能够去帮助更多需要帮助的人。在我们那个团队里面，他们都把我的孩子们当作“青红二代”。

地震记忆

我本来是在汉旺帮别人送牛奶的，因为家里有农田的活，我就给老板请假了。地震那天，早上5点钟我就起来去田里干活。那时候我有一个11岁的女儿在上小学五年级。我女儿非常听话，非常惹人爱，长得也非常漂亮。那天，她早上6点起床，自己洗脸、漱口，自己弄饭吃，自己去上学。我当时所在的那块田离她所在的学校没有多远，女儿在去学校的路上看见我，对我说：“妈妈，我去上学了，拜拜！”我说了一句：“早

① 马代蓉：女，青红家庭生计互助小组第一期组员，也活跃在合唱团中。

② 张书赫：男，2018年暑期在青红实习，2019年为中国社会科学院大学政法学院在读本科生。

点回来。”

我那天干完活儿回去的时候大概是中午。吃过午饭我在院子里剥胡豆。剥完胡豆，我家附近一个邻居就过来找我说话。天气很闷热，我和邻居在外面阴凉处聊天。2 点刚过，我突然觉得地摇晃了起来。那个邻居被摔倒在地上。我赶忙将她拉起来，她对我说：“地震了！”我很震惊，因为我没有经历过，也不知道什么叫地震。我把她拉起来的时候，地突然又摇晃了，我和她都被摔倒在地上。我看见所有的房子都倒了，满天都是灰尘。

我从地上爬起来，第一反应就是：“糟了，我的女儿！”我一边哭一边往学校跑。到学校，我看到的是一片废墟——房子倒了，孩子们哭的哭，喊的喊，场景非常可怕，是只有经历过的人才能够懂得的那种可怕！我女儿的学校中学部和小学部在一起，小学部那边的教学楼大概有三层，但这三层楼全部垮成了只有一层的样子，几乎被抹平。中学部那边的教学楼稍好一些，它中间没垮，但两边楼道全部都垮掉，楼梯都垮下来了。每一层楼梯间有几十个孩子，一直到三楼。这个场面是非常可怕的！

我不停地喊救命，不停地叫我女儿的名字。有一个孩子回应我说：“妈妈，我在这儿！”我知道这声音不是我女儿的声音，虽然如此，我还是答应了她，我说：“哎，我在这儿。你别怕，我去找人救你！”我来到教学楼后面，看见那些围墙全部都倒了，很多孩子都在楼道那儿挂着，有些孩子的脚被压着，有些孩子的手被压着。一个小孩受了轻伤，我把她抱起来，对着外面大声喊：“这是谁的孩子？这是谁的孩子？”但是没有人来领。我就对孩子说："你别跑，别怕，你在这儿待着。你爸爸妈妈一会儿就会来的。"然后我又去找我的女儿。我一直找，一直找，一直找……一直找到晚上七八点，都没有找到她。

女儿的去世，对我们来说就是晴天霹雳，我死的心都有了。那个时候我真的是不想活了。我的孩子已经十几岁，我都已经30多岁的人了，以后可怎么办？我还记得在板房的时候，我们两口子白天强颜欢笑，到了晚上，我们两个不知道在被窝里面哭了多少次。当时板房只有两个板子隔着，还是用泡沫做的板子，一点儿也不隔音。我经常听见旁边的邻居问："你们两口子又在哭，是吧?"我不愿意让别人晓得，也不愿意别人知道我心中的痛，我怕别人嘲笑我。

与青红同行

我是在2008年下半年参加青红的，算青红第一期成员。刚进入青红时，我灰头土脸，无精打采，根本就没有现在这个精神焕发的样子。记得在板房的第一次活动，我们有10个成员，有一些成员我认识，有些不认识，像刘哥（刘刚均）、马哥（马兴书）他们我就不认识，因为他们是天池的。刚开始需要进行自我介绍，我就记得那些大学生志愿者非常热情，他们给我们倒水；刘哥他们行走不方便，他们还会去搀扶，他们对我们照顾得非常周到。他们给我们疏导心理问题，也会组织我们做一些小游戏，比如像传话筒这样的小活动，目的是让我们的心情好起来。只有心情好起来了，我们才能够有一副更好的身体。我老公也经常对我说，现在我们最主要的就是要过好每一天，让自己的身体健健康康的，好好陪伴孩子慢慢长大，毕竟现在孩子还小。如果我的大女儿还没去世，她现在也已经20多岁了。现在我们的压力还是很大的，以前的你奋斗到50多岁就差不多了，而现在你要奋斗到60多岁。

当时我们都是在板房里面，是一些大学生志愿者过来邀请我们参加青红，陪我们做活动的。通过这些活动，我得到了放松，心情也好了很多。每当我放松下来时，我都会感觉舒服一点儿，压力没有那么大了。2009年，第二期成员加入后，青红更加热闹了，我的心情又变得好了很多。来到青红之后，我发现自己变得好了很多，这是实话。我们有时候不愿意在父母跟前说的话，不愿意在自己家人跟前说的话，都可以在这个团队里讲出来。我们愿意去交流自己的心里话，我们愿意说出自己的想法。我觉得我们这么多年走过来真的不容易，我到现在还深深地记着每一个核心成员的名字。

我们都是遭受了大难的人，因为这样我们才能走到一起。这真的是非常不容易，我们走到一起形成一个团队。以前不能说的话，现在都能够互相告诉对方；以前不能对其他人谈的，现在都能够在团队里讲出来。我的心理压力就能够释放出来，心情也变好了很多。我的问题主要体现在心理上，我的身体是健全的，没有残疾，但是我心里的压力非常大。我那个时候已经30多岁了，唯一的女儿过世了，我想死的心都有了。我心中的这种难受，别人是不能够完全懂的。

随着后面进一步进入青红之后，我的心情变得开朗了好多，压力也减轻了很多。我记得，最初关于地震的很多回忆，我都不敢去想，只在心里面安慰自己，顺其自然。我老公那时常对我说："怀（怀孕）不起，咱就不怀（怀孕）了，我们两口子继续过，以后总会比现在好。"虽说他这样劝导我，但是我心里面的压力还是非常大的。我周围的亲戚朋友们也都对我说："人都已经走了，就不要那么伤心了，你要好好地过下去。"但一个中年女人的丧子之痛，只有她自己能够体会！来到青红后，我心中的压抑释放出来了，心情也好了很多。

现在，我也参加了合唱小组，只要有时间，青红的活动我都会参加。我们合唱小组的宗旨就是"我唱歌我快乐"——不管我唱得怎么样，只要我愿意去唱、我敢唱。这样的活动是非常好的。第一期家庭生计互助小组有 5 万块钱的生计资金，需要把它分配给成员去做生意赚钱，用来维持生计。那个时候我和老公要去新疆打工，等我回来之后，他们给我留了 3500 元钱，让我拿这笔资金做一些小生意。我是从刘哥他们那里获得了这 3500 元钱的。当时我就给他们表了一个态："我不想拿这些钱做什么生意。我目前最主要的就是想要再生一个娃。现在的我不做什么生意，把身体养好就可以了。"

我说出自己的想法之后，陈锋老师说："带娃娃也是很重要的，这可是我们青红的二代。关于这个生计活动，带娃娃也是可以参加的。"青红的兄弟姐妹们也都建议我再生一个，并且他们也跟我说可以去做试管婴儿。我们试了各种办法之后，通过试管婴儿，才怀上了现在的一对孩子。这主要是国家的政策好，不然像我们这种家庭根本就生不出来。我们做试管婴儿全程免费，一路上都是绿色通道，我心里非常感激国家的政策。

龙凤呈祥

我老公从我大女儿5岁时起，就一直在外面打工。他在地震之前去了全国好多地方。他是他们工厂里的技术工人。他是烧窑的，就是山上的那种磷矿，他负责烧炼。如果他们的老板要去其他地方建厂，就需要他们技术工人过去传授技术。我老公经常一去就是三四个月，回来一次也就10～20天的样子。地震之后，我和他一块儿去新疆那边待了一段时间。直到2010年，我们才决定回家乡。当时主要是想要做一个试管手术。他老板知道我们的想法后，主动对他说："要做这样一个手术的话，你就别出远门，以后就别去外地了。"

于是我老公就在家附近工作，但工资少一些。我觉得少挣点儿钱也挺好的，日子能过就好。当时老公在家附近做了一段时间，后来又转到了高川那边的工厂，直到现在。他的老板知道他的情况后，也给了他特殊的待遇，就说你想回家就可以回家。老板对我们家的这种情况还是非常理解的，也非常同情我们。有些时候我也对老公说，整个工厂就给了你这样的待遇，但是咱不能够乱用。毕竟人家也是做生意的，我们应该互相理解。所以说有些时候，都是我一个人去成都做检查的。终于在2011年9月8日，我生了一对龙凤胎。

预产期要到了，我老公在2011年9月6日就开始请假。当时我们去的是德阳的医院，医院不收我们。医生说："我非常建议你去成都那边，你是高龄产妇，而且还是做的双胞胎试管婴儿，我不敢在这里给你做剖腹产。"我们转车到成都时，已经是晚上了。在成都的第二天，专家们给我会诊，决定中午就给我剖腹产。产后我一直在成都那边待着。从成都回来，又过了10多天，我老公才回去上班。

我老公经常对我说："该买什么就买，不要节约。""钱这个东西咱们够用就好，现在最主要的是把娃娃养好。"现在国家给我们买了社保，我们也买了30年的保险。等到我这两个孩子念中学的时候，我已经50多岁了，而50岁我们已经可以领社保金，生活至少不会像以前那样困难，最起码基本的生活费我还是能够拿得出来的。

很多人说我非常幸福，有一男一女两个孩子。但抚养两个孩子压力还是很大的——别人只需交500块钱的时候，我要交1000块钱；别人只买一套衣服时，我需要买两套。我家里还有老人，他们年纪也大了，又没有收入。我心里明白，只要老人把自己的生活弄好，身体健健康康的，就是我们最大的幸福。其实像我们家目前这种情况，向我们要钱，老人也开不了口，毕竟我们要养两个小孩，只有老公一人有收入，相当于一个人挣钱，4个人在花。为了挣钱，我老公现在常年在外打工。他虽不经常在家，但父子和父女的感情联络还是非常重要的。我会常常对孩子们说："去跟爸爸通一下视频，看一下他现在在干什么。"希望通过这样来联络他们的感情。

我的两个娃娃念幼儿园的时候，我买了一辆三轮车。我把两个娃娃送到幼儿园之后，就去跑三轮车，一天也能够挣三四十块钱。下午我去接娃娃，把他们接回来之后就在家里面陪他们，不去跑车了。我觉得这样还可以，我可以一面带娃娃，一面跑三轮车补贴家用。最开始带孩子的几年，我都没有做生计。但现在我加入了家庭生计小组，做自己的生计。2018 年，我检查出患了类风湿病后，没有再去跑三轮车。有时候我走在路上，有人叫我去跑三轮车，我才会去跑一下。如果没有人叫的话我都不去的。有时间出去一次，也能够挣十几块钱。这样也能够给小孩们买点小吃，买一点小菜，一天的家庭费用，还是够的。

这样的生活还是挺好的，我现在挺知足。今年我基本上都是在家买菜做饭，照顾孩子。我现在一心就是想让孩子们健健康康地长大。我这个病是风湿性关节炎，每当下雨的时候，关节都会很疼；有时候早上起来，双手还会浮肿；有时候双手都不能伸展，如果不吃药就会很疼。这个关节病是去年上半年查出来的。我记得有一次比较严重，我老公为了我请假在家里面照顾我和孩子。

现在我的两个孩子都 7 岁了，我认为他们就是咱们的“青红二代”。我希望我的两个孩子以后能够继续发扬青红精神，能够去帮助更多需要帮助的人。在我们那个团队里面，他们都把我的两个孩子当作“青红二代”。我还记得当时在青红第一次唱的歌是《五星红旗》《义勇军进行曲》，还有《感恩的心》。我们合唱小组有时间都会去练一练，像国庆节、中秋节、年会，还有国际助残日，我们合唱小组都会参加这些青红办的活动。我还记得去年青红在土门那边办活动，我也参加了。虽说我们可能唱得不好，但是我们敢唱。

青红这个团队给了我许多的鼓舞。从 2008 年一直到现在，这 10 多年当真是让我难忘，让我印象深刻。说实话，参加青红之前，我甚至没有听说过什么社会工作，什么志愿者。汶川地震大灾难，我们看到了世界上的好人还是有很多很多的。我们对这些好人心怀感激，把他们记在心中，一辈子也不会忘记。最难忘的还是陈涛老师那个时候对我说的话："日子一定会好起来的，一切都会好起来的。"这真的成了现实，我现在真的比以前过得好了很多。

我们以前都在农村，生活条件真的很差。现在我们到了城镇。我真心感谢社会，感谢好心人，感谢党和政府的政策好。2008 年大地震，国家第一时间派人赶来救援；对我们这种再生育的家庭，给予了许多优惠，我们的医疗费和路费全部都是报销的。像我家这种情况，根本就不可能靠自己的财力去做试管婴儿，我们这一辈子也不可能再养孩子。

2008—2010 年，每次看到有孩子去学校报名，看到一个孩子在叫别人妈妈时，我心里真的非常痛，就像刀割一样。我现在的两个孩子是 2011 年出生的，他们第一次叫我妈妈的时候，我的心里面无比高兴，因为我又能够当妈妈了，又有人喊我妈妈了。我真的非常感谢青红，如果没有青红这样一个团队给我鼓励，没有他们的帮助，我的精神面貌不会恢复得那么好，我的人生态度也没有那么的积极。

其实像刘哥，他的一条腿截肢了，他的孩子也过世了，但是他依然那么坚强。我当时心中就想，刘哥就是我的榜样，他可以做到的，我也可以做到。在这里，我真的获得了很多鼓励。当时修房子的时候，我心里一直在说，我一定能够重新生活起来，重新再活下去，我依然能够活得更好。所以说，我要重新修房子，我要把房子修得漂漂亮亮的，给孩子们一个非常好的家庭环境，让他们有一个更好的成长空间。

什么东西都有一个过程。对我们这种家庭，政府给予我们的优惠政策也非常多，比如，我家的孩子上学，能够在绵竹三家比较好的学校任意挑选。我把所有的材料都准备好，然后去报名，别人就给我报了。以后孩子上学，如果需要在绵竹租房子，我就去租房子，能够租到多好的房子，我就租多好的。我现在住的这个房子是政府分配的安置房。我们4个人的安置房就只有这么一点点大，里面都是我2010年装修的，我们到现在都没有添置什么东西。现在的生活能过得去就可以，也不图什么大富大贵，只希望一家人能够平平安安的、健健康康的，这比什么都重要。

自从经历了大地震之后，我对自己现在两个小孩的希望就是，不一定要成为多么成功的人，但我真心地希望他们能够平平安安、健健康康地成长，这是我最大的希望。

黄姐：人还在就有希望

口述人：黄姐[1]　记录者：宫中怡[2]

余震不断时，我进那个洞里陪我女儿，这肯定也危险。但我想的是，如果我女儿在，那我也在；如果她不在，我也没必要在了。地震发生后，我女儿唐建华想不开，她自暴自弃。她说："我反正都残疾了，哪个学校会要我？到时候我毕业了，我因腿受伤，哪个单位会要我？"说实话，当时我和女儿都自暴自弃。但就是在这个时候，刘哥（刘刚均）他们来开导我。刘哥他们这样都能来开导我，我真的很感动。

地震记忆

地震发生时，我和老公正在田里摘菜籽，地震时我看着房子不断地摇晃。我喊我老公说，地震了！我第一反应就是叫他一起去看我们女儿。后来我是一个人去学校找女儿的。学校离家很近。走到学校，我看到学校的旗子都没了，一下子就慌

---

① 黄姐：女，青红家庭生计互助小组第二期组员。

② 宫中怡：女，2019 年暑期在青红做志愿者，2019 年为成都信息工程大学文化艺术学院社会工作专业硕士研究生。

了。我就进去找我女儿唐建华，到处找，但一直没找到，我的腿走不动了，我只能瘫坐在地上。

后来我老公也从家里赶了过来，他看到我坐在地上，就问："你坐在这儿干什么，怎么不找唐建华？"我说我走不动了。我老公的妹妹和妹夫也来帮忙寻找我女儿，大概三四点钟时，我们找到了唐建华。那个大梁把她压住了，我们根本抬不起那个大梁。我们开始刨，当天刨开了一个洞，我就钻进洞里和女儿一起待着。晚上消防队过来了。消防队员让我出来，因为还有余震，余震会让那个刨开的洞越摇越紧，十分危险。很快唐建华的腿没得知觉了，她跟我说："妈，我的腿都没得感觉了，你帮我摇一下。"我过去又摇又敲她的腿，她都感觉不到。消防队员把我叫出来，唐建华说："妈，你过来陪我待下。"我就又进去陪着她待了一晚上，直到第二天中午，她一共埋了 22 个多小时。

随后我们去了绵竹医院，又在好心人的帮助下，来到了成都 416 军区医院接受治疗。医生说唐建华需要截肢，左腿高位截肢，右腿低位截肢，手术需要家属签字。我们一下子慌了，赶紧找我老公的师傅于哥，告诉他唐建华要截肢。于哥赶紧找朋友，把唐建华的一条腿保了下来。当时她爸爸都已经签字了。我到现在都特别感谢于哥，后续的很多治疗他也帮了很多忙。

2008 年 5 月 19 日，我们转去了上海的医院，每次清创手术都很难受，唐建华每天 12 点的时候就会情绪失控，我不敢当着她的面哭，只在她背后哭。医生和主任都鼓励唐建华，当时上海有很多志愿者陪伴着我们。9 月我们就回来了，因为我婆婆在收拾屋子的时候把手弄断了，在成都的省医院治疗。关于费用问题，唐建华治疗的头两天是我们自己掏的钱，后来的治疗费都是国家帮忙解决的。

回到家，我们在邻村李德全的帮助下，加固了房子。唐建华在学校的成绩很不错，但班里的同学嘲讽打击她，她成绩下滑，虽然这件事情向学校反映并得到解决，但一直影响着唐建华：她老觉得自己一条腿没了，不是健全人，心里无法接受，为此她后来还离家出走过。那一次我们整个家族都出动去找她，终于在警察的帮助下，在广汉找到她。但她的情绪一直很低落，直到我们与青红结缘，情况才有所好转。

结缘青红：比我们更困难的人，却还在安慰我们

2009 年，是我们镇的镇长给我们介绍的青红。那时候唐建华还没从地震的创伤中走出来，陈锋老师、刘哥、春艳姐他们很多人都来给我做思想工作。我觉得非常不好意思，他们都是非常不容易的人，竟然还来给我做思想工作。其间，还有各种学生志愿者给唐建华买很多吃的，陪唐建华玩耍，鼓励唐建华读书……这 11 年来，这些人对我们一直不离不弃。青红的每次活动我都会参加。青红做家庭生计小组时，陈锋老师喊我们去，然后我们就通过家庭生计小组开始养鸡——青红在经济上给了我们支援，我们镇长也用他自己的钱帮助我们。总之，帮我们的人有很多，我现在都记不得名字了，他们陪唐建华唱歌，问她需要什么，医生还来看她的腿。

遇到青红社工，应该是我这辈子最幸运的事，这个遇见改

变了我和女儿，让我们重新站起来。之前在上海住院的时候，我女儿由于年纪小经历了地震，心里留下了阴影，常说胡话，以致一位病友的家属说：“这孩子救活又咋样，现在都不是一个正常人了。”我听了之后，心里更难受了，忍不住偷偷抹眼泪。当时我整个人的情绪和心态都跟着女儿走，女儿伤心失望，我也伤心失望；女儿觉得生活没什么意义，我也觉得生活没意义；能活就活，活不了就……反正我整个人整个心除了女儿还是女儿。

陈锋老师他们来不像其他人那样，而是一直陪伴我们，帮助我和女儿疏导情绪，帮助我们走出阴影。钟丹每天给我女儿带各种零食，陪我女儿聊天，教她画画和唱歌。刘哥负责开导我。其实刘哥的情况比我还糟，他却来开导我，我心里又难受又惭愧。那个时候社工和志愿者每天都来陪我们，主要是陪伴我女儿，因为我女儿好了，我就会好。

我是第二期家庭生计小组的。地震后，我一直忙于女儿的事情，根本没想到其他的问题，是在陈锋老师介入后才想到生计问题。陈锋老师说，我在家照顾女儿，也可以弄点生计，一边照顾家人，一边补贴生计，让生活有个保障。

怎么想到开展生计小组？当时不是我们所有受过地震伤害的人在一起吗？大家坐到一起讨论生计小组该做点什么。所有的点子都是大家一起讨论出来的。当时我是咋想的，我就跟刘哥、春艳姐他们讨论，我说我要照顾女儿唐建华，她情绪不稳定；刘哥、春艳姐他们说，你可以一边做生计小组，一边照顾女儿和老人，然后就提出我养鸡。应该说这是我们大家一起讨论出来的。

加入生计小组有没有带来改变？在我们看来是有的。地震后有一段时间，我们要么钻牛角尖，要么什么事情都不闻不问，对生活没有什么期待，是陈锋老师、刘哥他们，还有志愿者、学生们介入后，改变了我们，让我们从阴影里走出来。特别是在心理上帮助唐建华，让唐建华开心，让唐建华好好读书……陈锋老师介入后，单独好多次到我们家开导我们，鼓励我们怎样把生活过好，鼓励唐建华把书读好。

唐建华拄着拐杖上课，在学校没得什么玩得好的朋友。社工钟丹他们就像姐姐哥哥一样，和她一起唱歌，一起画画，一起玩耍，让唐建华感觉很轻松。他们还劝唐建华用心读书，劝我们把家庭的氛围做好，给孩子一个好的家庭环境，带我们走出阴影，开启新的希望。同时，在生活上给我们带来生计项目，提供资金支持我们养鸡。真的很感谢青红的老师和社工、志愿者，他们帮助我们很多，可以说我的亲戚都没得陈锋老师、陈涛老师和钟丹他们对我们好，最起码他们知道我们心里的需要是什么，心里想要的是什么。和陈锋老师、钟丹他们在一起，我们心里特别开心、踏实。

孔姐：接受与重塑

口述人：孔姐[①] 记录者：张书赫[②]

我们能够一步步走到现在这么好（虽然还存在很多问题，但我想大多数的问题最终还是会得到解决的），我非常感谢青红。所以我就是希望通过青红，能够团结更多的遇难学生家长，大家在一起，能够摆摆条（聊聊天），无形之中对他们产生影响。我觉得我自己是个活生生的例子。

地震记忆

地震前我在城中心一家美容院打工。地震时，我正在给客人洗面，第一下震动的时候，我就说可能是地震了，但因为当时顾客在睡觉，我们不能去打扰别人，就没动。结果第二下震动又来了，我觉得不对，震感越来越大，越来越强，我就往外跑，还没跑出来就摔倒在半道，当时刚好跑到美容院中间的假山处，倒在假山的水池边，而美容院所在的整个三楼四周的玻

① 孔姐：女，春燕手工作坊成员。

② 张书赫：男，2018 年暑期在青红实习，2019 年为中国社会科学院大学政法学院在读本科生。

璃稀里哗啦开始垮。我怎么也爬不起来，感觉天塌地晃的，人的理智一下就失去了，不晓得该怎么办。

吓倒之后，还是得爬起来跑出去。我们不断朝着比较宽敞的地方跑，等跑到安全的地方，我第一时间想到我的娃儿。于是我朝后街走去，平时 10 来分钟的距离，我花了半个多小时，一路上全是房子垮塌和其他各种声音，我穿梭在慌乱的人群中，也给我老公打电话。

我到学校的时候，看了一眼就蒙了：学校中间的房子没垮，左右两边的房子全垮了，我的心顿时凉了。我女儿的教室在左边，就是那座最老式的建筑，它已经塌成了一个平板……我大脑里一片空白。

我不断询问跑出来的学生看到我女儿没有，他们都说没有看到。当时那个样子，我们只有守在学校，没得任何办法，因为有的东西必须要吊车才能搬得动，人工根本搬不开……当时就觉得自己好无力，人太渺小，看到孩子被压，听到孩子的救命声，我们就是救不到……实际上，如果在黄金时间救人，一半的人就能得救。我们女儿班上 40 多人，恐怕就只有十一二个活下来，死了 30 多个。

到现在为止，我们都不想进城，也不想提起那里。从我们女儿埋到山上到现在为止，我只去了 3 次。山上全是学生的照片，一排排，全是照片。我女儿的照片没贴，我不想去，我进去那里，头皮发麻……怎么说呢，这可能是我自我保护的一种方法，我不想去。去了只有揭伤疤，但不去并不是说我不想她，我太想她了。

我们现在住的房子都是江苏省援建的。原来的房子是板楼，楼层特别密集，都是红砖结构的、外层裸露的那种板楼，是单位分的福利房，老房子，地震中受损特别严重。汉旺像我这样的遇难学生家长很多。你想那个时间孩子都在学校，正上下午第一节课，都在教室上，除非上体育课还在操场上。说起真是很冤，我女儿那天下午第一节是体育课，但是他们老师调课了……如果孩子正常上体育课，她那个时间就该在操场上，所以说……人的命啊。现在像我们这样的家长有好多。尤其是那些高中生的父母，没法再生一个孩子，年龄都大了。

遇见青红

作为一个农村妇女，我会剪头发（理发），会做衣服（缝纫），也会美容，能够做的我都会去做，就是说，我还是能够靠双手挣钱过日子的。但是灾难一下子就把我们改变了，家莫（没）得了，房子莫（没）得了，娃娃莫（没）得了……一切莫（没）得了。住了 4 年的板房，置换了现在的这套单元房。我这个人还是比较顽固的，不轻易对这个社会表示肯定。从女儿出事后，我的抱怨特别多。

变化是从哪里开始的？还是进入青红后。我第一次见到陈涛老师，那是地震后第二年的春节。陈涛老师给人感觉比我娃的小学老师还和蔼，他很温和。我送我娃上小学，我感觉我和老师是有距离的，我不想和他交流，因为一交流他尽说我娃哪里不对不好。但是陈老师（我当时不晓得他是老师）说话，言行举止很平和、很友善。他从来不问你什么，他宁愿当听众，你跟他说一天他都可以听。我觉得好多时候就是我们在说他在听，你咋说他咋听。真的，我觉得很难得能有这么好的耐心，一点架子也莫（没）得的老师。有些当官的就尽是敷衍你，“我马上开会了”，怎么怎么样的，从来莫（没）得真心听你说几分钟话。还有陈锋老师，也是没架子。要是我的娃娃遇上这样的老师就好了。

遇见陈锋老师是在加入手工作坊之后。他到这个作坊比较多，我们见面的时候也就多了。陈锋老师很随和，书读得多的老师真的不一样。不管哪个残疾人，只要需要，他就伸手去扶，像朋友一样，很会照顾别人。我希望我们娃娃将来能考上这样的学校，不要只是老师帮你，你也去帮老师。我应该是从这个时候开始有变化的。

通过加入青红，和陈涛老师他们谈心，我们有一种释放的感觉，我们从他们的身上看到这个社会美好的一面，也相信社会肯定会越来越好，因为这么多人在关心、帮助我们，会影响一大片人。

有一次，一位重庆的医生，他曾医治过刘哥（刘刚均），来给我们合唱小组捐衣服。当时大家围坐在一起聊天，聊着聊着就哭得稀里哗啦。因为医生要了解每一个人，大家就讲每个人的故事。刘哥他们最大的问题就是幻肢痛，特别疼。我们正常人肯定体会不到。我每次听他们讲，心都扎得很。凡姐（凡昌菊）就一直有这种现象。她每次一摆到这个，就难受，没法，解决不了，我们也帮不到他们，只有和他们说说话分散一下注意力，只能做到这样。何姐地震时全身都是（被）打（砸）骨折了，做完手术抬到家里，脑壳都不能动，只有眼睛能动。她周身哪里都烦，哪里都疼，痛苦得无法想象，睡不好，吃不好，坐不好，站不好，躺不好，一身都是毛病。我们基本上是天天在一起穿珠珠，天天听何姐摆条。一看她今天不说话，就问何姐你今天又有哪里不舒服？她就会说。我天天听这些话，会把这些话传给我们家里人，提醒他们要珍惜健康，身体是最重要的。何姐一年 365 天有 300 天都在吃药，一直都是这样子的。你看她外表是多么健康的一个人，但她遭的罪，只有她自己清楚。何姐说得再多，我们也替代不了，帮不到，只能说“你想开点，自己多注意，多休息”。只能这样子。我们言语上能说，但身体上帮不到，没法帮，她的痛苦是终身的。我们的心理问题还可以靠时间（冲淡），但这些地震致残的人，他们身体上的痛，可以说一辈子都没法解决。唉，帮不到，确实帮不到，只能陪他们摆，给他们关心。我们这个群体为什么没散过，因为它就像一个疗养院，大家聚在一起疗伤，相互疗伤，有劝说的，有倾听的，这个疗伤的过程也是药物无法代替的，就是这样。

我记得还有一次在合唱小组，大家觉得自己可能唱不来。如果按歌星那些唱法，我们肯定都不达标，但我们唱歌是为了快乐，所以大家以自己的方式唱，只要自己能够接受，大家就能接受。不管唱得好不好，首先是要敢唱，这一点是最重要的。我们娃儿跳绳，我喊他跳 500 个，他说我肯定不行，我说你不要给自己设限，永远都不要给自己设限。首先你要认真，并付出你的努力，说不定你改变了，就做到了。人的潜力是说不清楚的，当你一旦爆发，你都不敢相信你自己。我跟刘哥他们说，虽然年龄在，但我们还是不要给自己设限。其实每个人都有本能，都会创造出奇迹。

手工作坊初期就我嫂子一个人在负责。女儿没了的那几年，我不想出门，也不走亲访友，我老公在外面打工。我嫂子进入青红后，她对我说，你得跟我去组织一个手工作坊，但是具体要做什么，没明确目标。那时候娃娃也还小，她说你还可以顺便带娃娃。陈锋老师带我嫂子她们到都江堰看刺绣。但是我嫂子这个人属于粗枝大叶豪放型的女人，让她做针线，她觉得难、麻烦，而且刺绣是一门精细手艺，需要功夫，所以最后她放弃了。

她回到德阳康复中心，那里有个残疾人做串珠。她说这个还可以，假如线穿坏了，珠子还在，还可以重新穿。那个刺绣锥错一针就整个报废了。我们选择了简单的串珠工艺。因为我会裁缝，她就跟陈锋老师推荐我去，就这样我才进了手工作坊。

我跟青红说有缘也没缘，因为他们接触的全是残疾人，我跟他们有点差别，我是遇难（学生）的家长，属于“心理残疾”才进去的。但是我还是有一定的作用。为什么？因为他们所有人出去，我还是要操心，他们的轮椅，他们的拐杖，他们上厕所，他们的安全，我都要操心。我是个肢体健康的人，不管他们走到哪里，我必须多操点心。我觉得他们还是离不开我的（哈哈，自夸一下）。稍微打滑的地面你就要去扶他们，我们那里有几个特别严重的残疾人，需要拄双拐，除非他们坐下来你才可以放心，他们站起来、走路这些你都要操心，就怕他们踩滑了。因为踩滑受伤对他们个人不好，对我们这个团体也不好，对陈涛老师他们来说更不好，他们就怕万一哪个出了什么问题就不得了。

珍惜现在

我们去年在绵竹智障学校，像夏令营一样，教娃娃串珠，和他们交流，每周去一次。接触那些小朋友，真的……有时候教娃娃就从正面教，那些残障学生多惨，脑子很聪明，但说发病就发病，有的嘴巴合不拢，淌口水；有的走路走不稳，但是都想学串珠。接触这些学校和孩子后，我就觉得我们的社会越来越好，对这些娃娃的照顾也比较周到；还有，要感谢父母给你一个健康的身体，所以说娃娃在学校成绩好不好没关系，健康最重要。

我后来对生命和社会看开了一点，不去计较什么，莫（没）得计较头，这些人比你还惨。像这些城里娃娃还可以进学校，那些农民如果这样子（指残疾），他哪怕跪着爬着也要去生存啊。青红这么多年一直陪伴我们，真的还是关注我们的，让我们感觉到一直有人在关心我们，有人在帮助我们。还有好多人没被关注到，我们在网上看到一些残疾人，用脚炒菜做饭、要出去打工，要生存，比我们还难，还很坚强，只是我们没看到而已。每一天过好，每一天就对了！

我现在就是想给娃娃带个正确的方向，想让他觉得这个社会是好的，有很多人在关心他。我总是跟他讲："你的出生，国家是花了很多钱的。"我们那时候生娃娃，国家减免了一切费用。还有那些爱心人士送的书包和文具，这都是人家帮助你、关心你，你要记住，你要感恩这一切。他写那篇作文，就是在《江苏日报》发表的，地震10周年纪念，感恩江苏人民的那篇作文。我就说你要记住这个，我们所有住的房子是江苏人民建的，你上的学校也是江苏人民建的，你有今天这一切是这么多人在关心帮助我们才有的。有时候我看电视上打仗，就说："你看这些小朋友活得好惨，吃不能保证，住不能保证，又莫（没）得亲人。我说你现在出门安全，教室又宽敞又安静，又莫（没）得什么枪斗。国家安定团结，老百姓才好。"

我不要求我儿子有多大成就，我首先希望他要感恩，能帮助哪些人就帮助哪些人。我告诉他："你身边的小朋友不管单亲家庭也好，残疾小朋友也好，你能帮助就帮助，他需要什么你就给他，如果需要什么你没有，你跟妈妈说，妈妈给你买，你首先就不要歧视别人。"还有一个我告诉他："小朋友越是孤单，你越要帮助人家，因为他们本身就莫（没）得爱，还被有些人歧视，你不要歧视。"

我儿子小的时候，幼儿园班上就有个残疾女孩，我就叫他多帮助人家。所以那个女孩到现在，在路上碰到他，就喊他名字。我就对他讲，你帮助别人，别人永远都会记得你；等你们长大了，她还会跟家人讲这个人帮过她。因为我就有这种体会，在你最困难或者最需要帮助的时候，人家帮了你，就算是一句话，你几十年后还会记得，你还会感谢一个人在那个时候帮助过你。现在的社会，独生子女娇惯的太多，我希望他不要那样。

我有改变还是从青红开始的。我想我娃儿这么大了，我要给他带到好的方向，不让他觉得这个社会这样不好那样不好。我们娃儿最喜欢那些大学生来我们家，他跟人家有摆不完的话。我希望我娃儿健康成长，书能够念到哪里就哪里，只要尽力，不去攀比，小朋友之间真诚待人，尽量多帮助人家。

比我穷的、比我难的、比我更需要关注的人多得很，他们比我们坚强得多，我们属于幸运的人。说老实话，青红这么多年一直都没放弃过我们，我一直觉得很幸运。每次有新人加入的机会，我都问陈锋老师能不能有更多的人加入青红，因为像我们这样地震后再生育子女的，虽然身体不残疾，但心理上一直都有没解开的结，我就是希望他们能在青红得到一些释放和帮助。他们如果感受到温暖，他们看待社会的态度就会更平和，他们看社会的角度就会不同。国家就像家庭一样，不可能面面俱到，把每一个城市每一个点都关心得很周到。我们可以体谅家庭，为什么不可以体谅国家？

我们能够一步步走到现在这么好，虽然还存在很多问题，但我想最终大多的问题还是会得到解决的。所以，我就是希望通过青红这样的组织，能够团结更多的遇难学生家长，大家在一起，能够摆摆条，无形之中对他们产生影响。我觉得我自己是个亲历者的例子。对社会不满的人不少，我觉得可以寻找另外一种方式让这些人来理解社会，体谅国家，毕竟国家也是个家，像你我的家一样，有困难，我们要面对，要积极地把这个困难缩小，我就是这样想的。你天天被那些仇恨压着，你自己一天都过得烦，对家庭也不好。陈锋老师说，有机会肯定要吸收更多的人，因为我们是个大群体。

张尚群：疾风磨劲草，凛冬发寒梅

口述人：张尚群①　记录者：邓椒②

地震之前那天上午，一切还非常平静。我们像平常那样，该做什么就做什么。结果就在我和女儿去割猪草的路上，地震来了。我听到三声巨响，然后就看见一片的坍塌，到处都在喊救命、喊亲人的名字，每个人都在喊。周围的一切都垮了，整个世界，全部都是灰蒙蒙的。

地震记忆

我以前一直在村里上班。上完班之余，我还总想做点什么。我们当时在村里弄了一个养殖场。平时待在养殖场的只有我一个人，我家里的其他人都在外面打工：儿子在云南打工；孩子的爸爸当时在井下上班；女儿在成都上班。那一天，我女儿在家里。她请假回来想帮我几个月，再出去打工。那个时候，我们每天 5 点多就起床去捡柴。

① 张尚群：女，合作社社员。

② 邓椒：女，中国社会科学院大学政法学院在读本科生，2018 年暑期在青红实习。

那天早上，我对女儿说："你去汉旺买一点儿猪饲料回来。"我喂养了几十头猪。每一头猪都有八九十千克重。我上山去捡柴，捡柴回来就打扫卫生。我叮嘱女儿："你必须在12点之前赶回来。"因为喂猪需要猪饲料。她那天12点回来了。吃完午饭后，我们准备到村头边割点儿猪草。刚走到村头，就听见"轰"的两声。我说："哇，地震了!"一把拉住女儿，地又摇晃了。等我刚把女儿拉到身边时，随着第三声"轰"响，周围的房屋全部倒塌了，村外的山也在垮。到处都是喊救命、喊亲人名字的声音。周围的一切都垮了，整个世界，全部都是灰蒙蒙的。

我们想回家看一下自己家的房子。我心想，都垮成这样了，我的家一定也垮了。我花了那么多年修的房子、修的养殖场，一下子全完了。但我更担心的是子女的安危，家人的安危。我对女儿说："你爸爸在井下上班，肯定遇难了。你哥哥在云南，也不知道那边是什么样的一个情况。"我心里一片哀伤。

过一会儿有人过来对我说："井下没事，他们都逃出来了。"据说，虽然井外面垮了，但是井旁边有个洞，他们从洞里面爬了出来。我儿子在云南，而云南那边只是地震波及区，没有受到很大的影响。我那颗悬着的心终于放下了一半：还好我的家人都安全。5月13日，我们开始自救。当时我们那个生产队，把党员都团结起来，把所有人都聚集在一起，等待救援。我们所在的村叫大天池村。5月13日我们自救的时候，曾看见直升机来过。

14日，直升机又来了。虽然说直升机停不下来，但它将一些救援物资放下来了。大概 14 日、15 日的时候，我们成立了自救小组，分好工，该做什么就做什么，每一个人都有各自的任务。16 日的时候，我儿子从云南那边赶回来看我们，说绵竹市政府出了一个通知：天池所有的居民都要下撤。他让我们撤下去。我们一个乡的人都撤到了体育场，在那边生活。之后天津那边援助的团队过来，在绵竹的马尾镇建了板房，我们在板房里面住了两年。

偶遇青红

我和刘刚均他们是亲戚，我们之前还一起工作过。2008 年地震，他也算是一个大难不死的人。如果我女儿那天也赶上他坐的那一趟车，可能我女儿也会遇难。刘刚均赶的那一趟车，开到观音牌那个地方，就遇到地震。山上的石头落下来，从车的中间砸下去，一辆车子只有几个人活下来。所以说，他算是一个大难不死的人。

我们在 2010 年前后搬到新房子。大概是一个偶然的机会，刘刚均对我说，他们要搞一个合作社，种一些白果树苗。我就说："这个树种子谁出？"他说不要我们出钱，有基金资助，大家一起集体劳动就行。他还说："我们要成立一个组织。"我问我可以参加这个组织吗？他说可以。我叫我家里的人、在当地的一些朋友申请加入这个合作社。我就是这样加入青红的，很偶然的机会。他后面也给我们讲了青红，讲青红的组织构成。加入合作社后，我们大家就一起劳动。

合作社是属于青红社工服务中心的。在合作社里，我们经常交流，可以聊天，也可以唱歌。在合作社里，我们做一些种植和养殖业，做一些活动。在合作社里的劳动是一件非常开心的事情。合作社的成员，有年龄大的，有年龄小的，大多数是天池村的。总体上，大家对这个组织还是非常认可，都积极地参加活动。现在合作社有相应的制度和规定，像产品卖了之后，利润怎么分配都有规定。

就像马哥（马兴书）说的，我们都是成员，没有谁是负责人，大家都对自己负责，彼此之间是平等的。如果有一些好的建议或者有些好的想法，都可以说出来共同商量。合作社里是相当民主的，比如日常的管理，看谁说得比较服众，大家比较认可，就听谁的。以前像老师、大学生社工，还有志愿者，在我们开会的时候，他们都会给我们提一些建议，让我们自己商量。他们每次给我们提的建议都具有发展性，都是对我们的宝贵支持。

合作社其实没有什么收入。毕竟当初我们的投入都在地上（指树苗）。按照现在的市场行情，树苗都是一块钱一株，价格比较低。现在我们都是在等市场。我们希望能够有一个好的收益。亏本是我们不愿意看到的。

我记得两个陈老师，2008 年地震后他们就到我们这个地方来做残疾人的服务工作，还有郭伟和老师，他们是看着青红长大的。现在每年只要有时间他们就会回来，像中秋节、年会，不管多忙，都会抽时间过来看一看。他们对青红非常有感情，也希望能够和我们一起走下去。像小兰、钟丹、霍亮这些志愿者，对我们非常好。他们当时在组织里都非常活跃，也非常关心我们，经常和我们聊天。还有刘磊，他一直都在我们这边。他随和、勤劳、认真，是一个非常有爱心的人，为青红付出了很多。

刚开始的时候，我一直不认识陈锋老师。那时和他一起劳动，我心里很纳闷：这个人是哪个（谁）？就问其他人。刘刚均说这是陈锋老师。我说："不会吧，他一个老师，居然干这么重的活儿。干得那么累，这一天够他受的！"刘刚均说："陈锋老师来做这个社区服务，是帮助我们脱贫的，也帮助我们做心理辅导。"

我记得那个时候在合作社的每一天都非常开心，大家经常一起聊天开玩笑。青红这个组织对我们的影响是非常大的。2008 年地震之后，青红就对震后受了伤的人开展心理辅导。我从心里面觉得青红非常好。我平时也会参加青红的一些活动。刚开始合作社的社会效益好，经济效益也不错。种了白果树后，虽然说树苗市场低迷，但是树苗还是长得很不错的。我们还进行了移栽，现在这些树苗都有两三米高了。

现在这些树有专人在护理，我们不常去。我们现在做种植、养殖项目，一个是要争取资金支持启动，还有一个是要等一个比较好的市场价格。我们现在只有静心等待。如果市场价格不错，就将它卖掉；如果市场价格比较低，就让它在地里再等一等，就当风景一样维持着。从内心里面，我希望这个组织能够好好发展下去。

总体来说，青红这个组织非常活跃。参与这个组织的人，都得到心理安慰，都很知足。这些残疾人也真的是非常团结、开心的。许多残疾人在这个团体里负面情绪得到了释放，愿意说出自己的压力。我和他们在这个团体里心情变得好了很多。

我们2015年还搞了一个合唱小组。我们在不断努力，希望好好唱，未来可以上《星光大道》，让全国人都知道我们。我现在也是有时间就会去参加他们的文艺会演。

青红得到陈涛、陈锋老师，还有很多的志愿者、大学生的支持。每年的中秋还有年会，我们都会做一些比较大型的活动。每次活动的时候，都会给大家发一些慰问品。虽然不多，但大家都感觉非常暖心。这些资金都是他们通过各种渠道争取的。我们组织的每次活动都办得有声有色。我记得有一次陈锋老师对我们说："和过去相比，你们现在组织的活动，更加专业了。"

我们合作社现在想养蜂卖蜂蜜，希望能够为青红进一步打出品牌。我心里面就这么想，任何一个东西的发展都需要一个过程，急不得，要慢慢来。但是不管最终能不能走下来，我们都要大胆去走。

其实2008年地震之后，像青红这样的组织，在四川这边有很多，但是能够像青红这样一直走下来的却并不多。我们整个团队的目标，还是希望继续往下走。每次开会，老师们都会将外面的一些经验带给我们，建议和支持我们接下来怎么走。我们愿意一直走下去。像刘刚均他们都非常努力，我们也都看得到他们为整个团队的付出。通过各方面的努力，通过大家的帮助，无论是手工作坊、合作社，还是家庭生计互助小组，我们都相信我们能够继续走下去。

我经常对刘刚均说，咱们虽说身体残疾，但咱们心不残疾，只要我们努力走下去，就会好起来。我曾经也对他们建议，两位陈老师他们挺忙的，咱们能够内部解决的，就自己解决。我们这个团队一直都在努力，我们也有信心继续走下去。

我现在想的就是，我们这个家能过好。我希望我两个孙子能够健康成长。但我家里也确实花费挺多，我家里还有一个病人。我儿媳妇和儿子在一家厂里工作。儿媳妇是化验员，我儿子是一个普通工人。我儿子以前在武警部队服役，他也读过职高。这次事故（指口述者儿子 2018 年在工作中受了重伤）后，厂子过来想要调解，我对他们说："我们家的情况你们也看到了，我们不会为难你们。但是他这两个孩子，咱们要想办法养大。不用说要把他们培养得很有能力，至少能够让他们自食其力。我没有其他的要求，我也知道办厂有办厂的难处，家庭有家庭的难处。我儿子他倒了，我们这个家就面临许多困难。我不会提出过分的要求，最主要的就是想要让自己的两个孙子茁壮成长。"

我儿子一只手残疾了，这对他的打击非常大。我儿子今年才 36 岁。我知道我儿子心里非常难受。但是我跟他说："你光难受不行，生活还是要继续。难受过后，你还是要面对现实。"

现在我儿子已经能够站起来面对生活。我儿媳妇在上班，我主要是照顾两个孙子。生活就这样继续走下去。我对生活仍然抱有希望。我儿子这次出事，社区的很多领导，还有很多邻居都过来看我们。我很感谢他们。乡政府也为我们争取了一些可以得到的国家补贴。

我儿子出事后，他们厂里的许多人都过来看他。我没有太多表示感谢的话，只能一遍遍地说"谢谢你们"！从组织层面上看，大家还是非常关心我和我的家庭，但我也明白，人最主要的还得靠自己。我一直对我儿媳妇说，咱们这样走下去，还是有希望的。后来村上有一个精准扶贫项目，他们都准备给我一个名额，但是我说我不要。我想靠自己把家维持和经营下去。我这个人，和刘刚均一样，比较有尊严，自尊、自强。

从地震之后到现在，我家里经历了很多事情，尤其是近一两年，我家里经历了太多的磨难。无论怎样难，我心里一直在想，生活要走下去。不管别人怎么说，自己走好自己的路，不违反国家的法律法规，过自己的日子。其实我的心中有很多美好的目标，很多时候现实当中实在是有很多困难，难以实现。现在我告诉自己，踏踏实实地走下去，好好过日子。嗯，我们需要的就是踏踏实实地走下去，踏踏实实地做人。如果以后有能力了，能够帮助别人的时候，那咱们能帮就帮。如果帮不了，那最重要的就是把自己的生活过好。这些也是我这么多年在青红悟出来的道理。

成姐：痛苦和悲伤都是我的力量

口述人：成姐① 记录者：沈蕊②

过去的就这样过去了，像人家以前说的，把过去的悲伤忘了，化为现在的动力，快乐起来。开心活一天，不开心也是活一天，我就开开心心地活好每一天。钱乃身外之物，生不带来，死不带走。地震了什么都没得了，有人在才有一切。人，你要自己劝自己，别人劝你是对的，但你还要学会自己劝自己。

地震记忆

我从20世纪90年代就在外省打工，常年离开家乡。2007年12月，我出过一次重大事故，当时我沉浸在我老汉儿（父亲）去世的悲伤中，心情不好。我跑到阳台上去收衣服，踩滑了，从楼上摔下去了。一个回族小伙子及时帮我拨打110，又遇到好心医生给我担保，在朋友替我押了10万元手术费用

① 成姐：女，青红合唱团重要成员，并活跃在青红组织的各项活动中。

② 沈蕊：女，2018年暑期在青红实习，2019年为中国社会科学院大学政法学院在读本科生。

后，我才顺利做了手术，活了下来。2008 年地震，经历过的人都晓得，我们这些人就不想提起过去的事了，提起过去的事心里伤感，心痛得很，说起眼泪都出来了。所以平常这样子忙碌着，就逐渐把过去的悲伤忘掉。

地震死了那么多人，老的、小的，我也是在地震中好不容易活下来的，算是经历了第二次生命。我曾想过自杀，痛苦了好多年才走出来。人要学会坚强。我不是表扬我自己，可以说我还是算坚强的，我在屋里随时摔倒，自己爬起来就是了。我没出去的时候，天天把门开着，不然摔倒在屋里是没哪个人晓得的，人家不可能天天盯着你。不过邻居确实对我好，我今天买菜，这些邻居说，外面没得人你吼一声、喊一声就是了（意思是我只要叫他们一下，他们就帮我）。邻里关系还是最重要的。

我原来在绵竹残联做过康复，那里的好多人都是有精神残疾的，像我们这些受外伤致残的经常帮助他们。我老公休假的时候也会陪我做康复，他在绵竹残联做义工。那会儿我们做手工，中午就在那儿煮饭，我老公煮饭，把饭舀到残疾人跟前让大家吃。我老公一直都在陪伴我，我的身体也在慢慢改变，当然，转变最快的是在青红期间。

遇见青红

去年，春艳说："你来参加我们的组织吧。我们组织的人有点少，你多叫几个残疾人来。"我这个人平常就爱帮忙，最后就叫了几个残疾人。她们参加了觉得这个组织好，结果绵竹的残疾人都跑到这边来参加活动。我自己开始是抱着试试看的心态去的，结果第一次给我的印象就特别好！真的，青红这个组织的人让你觉得比自己的家人还亲，看到需要帮助的，马上就有人来帮你，我感觉特温暖。我一开始不晓得马兴书没得脚趾，我以为他是个正常人。他每次都高兴地来接我们。春艳也有个假肢，也在那儿迎接我们，提醒我们“小心点、小心点，地滑”。

参加青红的活动，心情特别好。我最看重刘刚均、刘春艳这些带头人，还有我们这些姊姊妹妹。回家我就跟我老公摆青红的事。老公说：“要得，那你天天就去。”我老公那会儿还在德阳上班，我娃娃在成都读大学。家里基本就我一个人，我一去那里，心情好得很。大家一起排练节目、唱歌，开开玩笑，就把过去痛苦的事忘了，感觉轻松多了。我们有个群，只要在群里说什么时间要做活动，我们就都报名去。头天通知的，第二天一早起来就高兴得很。就是从那会儿开始我明显改变了。反正现在组织上有什么活动，只要说一声，不管天晴下雨，我都要去报到，脚就想往那个地方走！

我老公回来，我就爱跟他摆青红，他也不问我，只要我高兴，他也高兴。我就喜欢跟他摆，也跟我妈摆。那次我们做活动，有个高阿姨和叔叔带着他们的女儿和孙女儿从香港地区那边来给我们捐表演服。我们虽然一直在表演节目，但没表演服，他们决定给我们捐助点钱买表演服。那天真的把我感动得眼泪止都止不住。现在他们还经常和我们联系，微信上经常问候。我跟我妈摆这事儿。高阿姨是退休教师，我妈也是退休教师，一个月几千块钱退休金。我跟我妈摆：“你看人家高阿姨，做的事多有意义，你也可以像她这样做点有意义的事。”

第一次参加合唱小组活动的时候，我不紧张。以前脚好的时候，公司里有时也会举办活动，我也是其中很活跃的一个。虽然说我的歌唱得不好，但我喜欢唱。在青红合唱小组里，“我唱歌我快乐”是宗旨。我们在排练的时候，哪个哪里没唱对，都可以直接说出来，谁也不生气。

我加入这个组织是前年。前年我们还在天池表演了节目，时间过得好快。在青红，我们想开开玩笑就开开玩笑，想摆什么就摆什么，不说怪话、粗话和伤人的话，大家之间多和睦啊！我给刘刚均他们说，这个组织确实可以，我现在心情都好多了，青红把我改变过来了。

感恩生活

我没得正式工作，现在在街上跑车子（开三轮车拉人）。才跑了没一个月，多少有点收入。跑起车来，时间就过得快。虽然我残疾，但那些顾客挺照顾我的。不过，我也要保证人家的安全——虽然我脚可以踩到车刹，但为保险起见，我还是花钱去装了一个手刹，把脚刹改成手刹。要保证人家的安全，这是最大的事。

我会跟人家讲清楚，不然有的人说，你看她脚瘸了，还在开车，好危险。我是地震后才买那种三轮车的。那会儿没拉人，一个月前才出去拉的。反正一天有几十块钱的收入，把自己的生活费挣出来，也可以。人要学会自立。这么多年，全是我一个人在家里，我老公一直在德阳上班，娃儿在成都念书。

家里我一个人洗衣服、煮饭。外面的葡萄架、花园都是我自己一个人在种、在修理。

唉，好死不如赖活着，要这样想。人心情一好什么都好。你看我们隔壁那个邻居，1972 年就得了癌症，一次她坐公交车回家，坐在小区门口，走不回来。我刚回来，她女儿就跑过来喊我，我门都没来得及关，就去把她拉回来。我在路上还是很爱做好事的。那会儿我没跑车的时候，看到娃娃、老年人，只要他们不嫌弃我，我还是爱帮助他们的。做好人好事是对的，人家帮助你，你要感恩，去帮助别人。坐我的车，刘刚均说："我给你拿点车钱。"我说："你给我拿钱，咱就不叫一家人。"你在帮助别人，别人也在帮助你，都是相互的，这样子也算在感恩。所以说（我）爱唱《感恩的心》，嘿嘿。

今天我 5 点多就出门了，送我老公上班，转来我再拉人，一天收入还可以。我拉半天，一方面时间过得快；另一方面感觉生活也充实。不像以前整天在家里，把电视都看腻了。在外面人家坐你的车，跟你摆摆条，心情多好。

我有架电子琴，都好多年没摸过，谱现在差不多都记不得了。那是我第一年在新疆打工的时候，买来自己弹的，后来想给娃儿弹。那时娃儿才两三岁，我没在家里管他。我现在最后悔的是什么？就是我人成这个样子，挣钱盖的楼房没得了，钱没得了，还没陪伴过我娃儿。

现在我就想，人只要生命在，该拼搏就拼搏。我小时候没怎么吃过苦，长大后去打工才开始吃苦。你晓得我第一年去找工作有多难吗？那会儿，90 年代，我在乌鲁木齐找工作，人生地不熟的，买了瓶香辣酱，一顿一个馕饼，吃了一个礼拜。

青红的那些活动，我每次都在，刘刚均他们组织多少次，就参加多少次，从没缺席过，我非常珍惜，我这人做事是有原则的。

开心活一天，不开心也是活一天，我就开开心心活好每一天。钱乃身外之物，生不带来，死不带走。一场地震就什么都没得了，有人在才有一切，对不对？人，别人劝你可以，但你还要学会自己劝自己。跟我身边伤得严重的人比，我还能拄起棒棒（拐杖）走得动，那些躺在床上的一直躺在床上。这样子想我的心态就逐渐转变过来了。

地震那年我在农村，我想脚快点好，常把鞋子脱了，在废墟里头来回走，脚后跟磨起很大的血泡，我妈都哭了。我妈也有地震伤，腿骨被砸坏，但我妈现在不用拐杖能走。我妈那时就哭，她说："幺幺，你看你脚都走成那样子了，你不要太急于求成了。"那会儿就是那样子想的……唉，过去的都过去了。

我 2007 年就是那些小娃儿说的残疾人。地震过后，社会变得不歧视我们了，这给了我们残疾人多大的帮助啊！原来走亲戚，我都不去，怕人笑话，现在我哪里都敢去。去了，他们看到我，会来帮助我，这帮助就是一种爱。虽说如此，但提起过去，我还是有点伤感，只是心情比以前好多了，以前是绝对不敢跟别人说的。你们这种访谈要得，治心理病真的好。要走出来，不走出来会恼火（难受）。我原来没走出来，每天想起来就哭，都快要得抑郁症了。正常人都有得抑郁症的，不要说我们这些人，是不是？幸亏我们有青红。

熊素花：素花蒙尘，仍显芬芳

口述人：熊素花[①] 记录者：邓椒[②]

到现在我还是不怎么喜欢出门。汉旺这边我也来得少，有机会就来，没得机会我就在汶川。

虽然那个时候我心里确实不好受，但是整天总是想着那些事情，想也想不出什么结果，整天难过也没有用，我就慢慢劝自己。这些医生、护士对我也特别好，专门来陪我说话，我对他们有种说不出的亲近。这一路上基本上都是好心人来帮我们，一直都在帮我们。

地震记忆

2008 年 5 月 12 日，我和我以前那个老公去上班的时候，地震来了。我们两个就跑到外面公路上，结果地震把山震垮了，我们两个瞬间就被埋了。我被埋了四天三夜才被救出来，是被一个过路的人救出来的。他是都江堰一个做建筑的老板。

① 熊素花：女，汶川羌族人，合唱团成员。

② 邓椒：女，2018 年暑期在青红实习，2019 年为中国社会科学院大学政法学院在读本科生。

当时因为地震，路全都震没得了。他翻山越岭地往外走，结果他路过的时候踩到我的头，听见我在地底下哭，喊救命，然后他赶忙喊路过的人一起把我救了出来。我前夫当场被砸死了。我前夫的兄弟姐妹来找我们时，我已经被别人救出来了。现在每年5月15日下午3点，当年救我的那个人都会给我打电话。

地震当中我受伤被救出之后，是军队的人把我抬到汶川的。在汶川的医院里，情况比较恼火（严峻），医院没有药。没有药，但我的脚又必须得锯。一名重庆的军医，他在汶川下了飞机，帮我做的手术。我是那家医院当时第一个被锯脚的人。锯完脚我又被送到成都，最后又去了浙江温州。这些事情当时我自己都不晓得，我们家的姐姐、哥哥知道，他们后来才跟我说的。我那个时候一直在昏迷中，直到5月二十几日才清醒过来，醒来时，我已经到温州了。在温州，一住就是两个多月。当时我脑壳被砸了，意识不清醒。等清醒过来时，发现脚都已经不在了，就是这么恼火（糟糕）。我虽然活下来了，但也是个残疾人。一提到这个事情，怎么说呢，我心里还是……

我在温州那边医治了两个多月，2008年8月十几日回的成都。然后就在成都的四川省骨科医院待了两个多月，做康复，慢慢地走路。我前夫死了，房子也垮了，什么都没有了，我的脚还残疾了。当时我儿子才初三毕业，毕业以后就被接到广州去读书。我女儿在汶川当幼师。我很难受，伤心得很。一看到脚上的伤，我就特别伤心，寻死觅活的。“我好好一个人怎么变成这样，成了残疾人。以前我什么都能干，现在什么都干不了。”反正整天，其他人做康复，练习走路，我就不走，只想在屋里待着，没出过门。

地震前的事儿，我都能记得，地震以后的事儿我根本记不起来。5 月 12 日上半天的事情，我现在都还记得。那天上半天，我们那儿有个年轻人结婚，我们还一起去那儿吃了饭。但是地震后的事情我就记不住了。这主要是（因为）地震时，我被砸了头后昏迷了。从德阳回来，我和女儿一起住在板房里。我和女儿修房子，很多人来帮忙一起修。在板房里住，只要不下雨就还能过。我一直在德阳康复中心做康复。做这些都是国家出的钱，要是自己花钱的话，我根本就花不起。国家花这么大笔钱在我身上，我还是很感激国家的。

相携前行

地震之后，我和刘志全在德阳康复中心认识了，慢慢地就在一起了。我们两个算是半路夫妻。我从成都过来，到德阳康复中心来装假肢。有一天下午，我和其他人（病友）一起到广场耍，摆条，就碰到他，认识了。后来我们就经常电话联系，几个月后，就觉得可以组成一个家。当时是我主动说："我还是想嫁给你。"但是他说他大我 19 岁，大得太多，不行。而且，我们一个在汶川，一个在汉旺，来回走也不是办法。我就说（岁数）大那么多也没关系，主要是你这个人心好。

我们过日子，两个人互相扶持就可以了。现在，我们就是经常住在汶川。汉旺那边是农村，有很多事情不像这边小区里事儿简单。在汉旺农村有他的很多家人，家人都说他腿不好，我脚也不好，我们不合适。我家里人也不高兴，说我脚不好，又找个腿不好的，将来怎么生活？但是我就想人不好（不健全）心好就行，哪儿管那么多！2010 年，我们在一起了，2011 年就结婚了。

你刘伯伯这个人还挺对的——他虽然一条腿都没了，但是对我挺好的。我们俩虽然都是残疾人，但是我能做到的事情，我就尽力去做，做不了的我不勉强。以前在工厂里上班，可以走来走去，干活什么的都得行，现在腿脚没那么便利了。

遇见青红，知足常乐

生活每天饿不着、冷不着就对了，我就觉得现在（生活）还是很可以的。我现在是青红合唱队的（成员），是他们（你刘伯伯、刘刚均等人）喊我去的。有时候就和他们一起去耍。他们这群人特别好，经常喊我和他们一起去耍、唱歌。合唱小组刚开始的时候，他们都不好意思开口唱，我也不行，我怎么都不行。

我有时候一想到我的脚，心里就很不舒服，有点放不开。我那个时候主要是帮他（刘伯伯）拿茶杯，有时候主动搀扶他一下，只听他们唱歌聊天，我也是多（很）开心的。我在合唱队没有唱过歌，也没有表演过，我只是跟着他们，他们喊我照相可以，不唱歌。大家一起玩，开开心心的。大家都是残疾人，你一句我一句地聊天很好，就只是腿脚有点不方便而已。

在青红，大家都是残疾人。青红让我们这些人走到一起，有什么困难就互相帮助。大家也经常组织起来聚会，特别开心。人一多就说说笑笑的，感觉生活很充实。我觉得他们人都很好，很关心人。虽然我和他们接触不是特别多，他们和刘志全接触得多。虽然我现在还是有点不愿意出去，觉得在哪里都不自在，不过如果到时候我想唱歌了，我就和他们一起去唱。

我现在在做羌绣、十字绣，其他没什么事儿，我就这双手还挺灵活的。房间里墙上都挂上了我的羌绣作品，就当装饰品也挺好看的。我是在汶川学的刺绣，有人来培训的。我以前自己就会羌绣，政府就说，既然你有这个手艺，你可以去刺绣，就做这种羌绣、十字绣。刺绣的销路是我们自己找的，有时候政府也会帮助我们。有专门的人负责来收作品，我们就用羌绣、十字绣换钱。

我现在有一个儿子、一个女儿。儿子在广东读书，实习出来就回汶川了，现在在汶川工作。女儿和我一起生活。现在这生活，每天饿不着、冷不着就对了。我觉得现在的生活还是很可以了，我很满足。其他什么我就不想了，走一步看一步，走一步想一步吧。

张艳：一群人、一条心、一件事

口述人：张艳[①]　记录者：汪龙鑫[②]

在青红这个大家庭，大家始终秉承着“一群人、一条心、一件事”的理念逐步实现助人自助的目标。大家齐心协力，热情似火，劲往一处使，扎扎实实地做好青红的每一件事情。从青红的破土萌芽到现在的参天大树阶段，我都亲眼见证了它的成长。在大家的支持和共同努力下，这群残疾人朋友用他们坚韧的毅力和乐观的心态让自己破茧成蝶。他们不仅用行动重塑了自我，也在用一言一行感染着其他社会群体。作为青红的一分子，我也会和大家继续一起奋斗，谱写青红美好的明天。

临危受命，初识青红

我就从“5·12”开始说起吧。我当时在妇联系统工作，

① 张艳：女，汶川地震期间任绵竹市妇联主席，震后临危受命负责汉旺地区的灾后救援工作。在青红社工项目落地建站和青红项目具体开展的过程中，她也力所能及地提供各种帮助和支持，随时关注服务站的运作状况并且为青红注册后的长远规划出谋划策。

② 汪龙鑫：男，中国社会科学院大学政法学院 2017 级社会学专业硕士研究生，2018 年暑假期间在青红做志愿者。

是绵竹妇联主席。我在妇联工作的时候，社会建设已经在向基层延伸。民政、妇联两个系统都在四川林业学院的教学楼上复习社会工作师的考试。妇联就我一个人，民政系统的基本上全是年轻人。我们每个人交了500元的补习费。因为做基层工作很多年，我当时就直接报了中级社会工作师考试。“5·12”的上午，我们就到了四川林业学院，下午正好在教室里学习。人刚坐下就地震了。我们接受社工师培训，想好好学争取考一个社会工作师证，为以后从事妇联工作做准备。我们是自己开车去上课的，地震后就一直往回开，在绵竹政府的指挥部报到。报到的时候，我被分到了汉旺灾区。汉旺是整个地震比较严重的灾区。

在汉旺救灾这段时间感触太深了，我接触到各种社会组织。来得比较多，有40多家。印象最深、联系得比较密切的就算青红了。陈涛老师来的时候，想通过妇联、工会、团委、民政这些部门来了解能够给灾区人民做些什么，他们当时通过教育部门已经了解到一所叫富新二小的学校。富新二小地震的时候，遇难的学生比较多，陈涛老师和陈锋老师来了以后，就一心想做富新二小的灾后哀伤辅导工作。因为他们也是最需要帮助的，包括遇难学生家长，身心都非常悲痛。我们政府也投入了很多的人力和物力，并得到了许多海外团体和媒体等机构的帮助，甚至还有宗教机构想介入。

给我印象最深的是一个老外，背着一个很重的包。地震之后，我们这边的通信设备，比如手机就像废铁一样，找不到地方充电，也找不到信号，所有绵竹基站的信号塔都毁了，因为当时救援形势比较严峻，还顾不上维修。老外把他包里所有的东西拿出来，就像一个机械架一样撑起来，跟卫星衔接上将照片文字传输出去了。他背着的那块电池就像一块板砖那么大，我是头一次看到。他在那里拍照，马上就传走，然后就把这些东西收起来走了。总之，一切情况都特别复杂。

链接资源，落地生根

震后一周，有很多家长在学校废墟上烧纸、送鲜花，还有在那里磕头祈福的，周围的人特别多。陈锋、陈涛老师来的时候，一心想介入富新二小的工作，也找到了我，希望我能提些好的建议。我说这事情太敏感，你要做，只能侧面地做。他们后来也关注跟踪了一些家庭，但是后来做青红社工站项目的时候，没有在富新二小做。青红社工站那会儿是红十字会（中国红十字基金会）和（中国）青年政治学院一起做的，落地在汉旺的板房。我也跟陈涛老师说，不建议在富新二小做。

我们也请过一些专家来服务。杨渝川老师也到这边来过。她是做心理方面的，给学生们做了一些咨询、心理抚慰这些比较专业的工作。当时志愿者可多了，我都有些弄不明白，他们戴着各种标识和牌子的帽子、背着背包。我是妇联主席，我考虑就是要给政府做事情或者帮助政府做事情，不能给政府添乱子，所以我们给每一个来的机构或团体备案。当时青红社工站在板房。建板房是多么难啊，当时我们机关的人一不能住板房，二不能住帐篷，只睡单位的简易帆布床，5 月天气很暖和，也不需要盖什么棉被，我们铺一张席子就可以睡觉。建的有限的板房，都给那些无家可归的人。

为什么青红社工有机会住在板房呢？当时东方汽轮机厂有一所小学，考虑到余震等不安全因素，迁到德阳去了，东汽小学的板房就空出来，交给了绵竹市东方职业技术学校。为什么都交给东方职业技术学校？因为东方职业技术学校就在汉旺，地震后要重建家园，灾后重建中的职业培训很重要。东方职业技术学校与红十字会等合作，开展包括厨师、家政等各个方面的职业技能培训，可以很好地帮助受灾群众恢复生产生活，所以东汽小学的板房就交给了东方职业技术学校。

当时我在妇联当主席，跟东方职业技术学校合作做手工培训，主要是刺绣、家政服务、普通的编织等。我们当时还有绳编，就是用绳子系扣做成精美的东西，培训了很多期。当陈涛老师来找我时，我就整合资源，叫陈涛老师直接去找东方职业技术学校的校长孙斌老师。青红社工就这样在那儿落地生根了，也就有了场地和牌子及后来发展的项目。这也算是青红社工的起源或者缘起吧。

多方助力，共谋发展

有了项目的支撑，青红社工走过了 10 年，开始在汉旺，后来延展到天池。我想青红成功的因素有以下几点：第一，有好的项目。第二，有强大的专家团队支持。我也因为青红认识了很多社会工作领域的专家，包括杨渝川、中山大学的周老师，还有香港理工大学的老师、政法大学的郭老师。因为有陈涛老师这个团队，我们又得到民政部、四川省民政厅、红十字会、扶贫基金会等单位和组织的支持，项目得以不断拓展。第三，有你们这一群社会建设的志愿者。不管是各位老师的学生，还是其他大学生志愿者，他们都利用假期源源不断地来做一些具体的事情。像小兰，一直坚持到她毕业后工作了，放寒暑假还会过来。青红拥有一支强大的志愿者队伍。第四，有我们本土的热心成员，包括春艳、刘磊、朱秋红等。由于想有更好的发展，他们现在转到德阳，建立了德阳市培力社会工作服务中心，刘磊是法人代表，朱秋红担任管理人员。我要说的是，青红能够坚持10年，这几个群体的支持和坚守是不可忽视的，每个人都付出了辛勤的汗水。走过10年，非常来之不易。

另外，青红所做的事情也是对我们政府工作的支持，它做了许多我们政府做不到的事情，群众也比较认可。比如，像你们，如果着青红的标配服饰走进社区，如在集贤社区或是天池的一些居民区，都还是挺受欢迎的。

我曾经代表青红团队为天池的老百姓上了两堂课，第一堂课讲的是“献我爱心”，第二堂课讲的是“家和万事兴”。那些老百姓非常爱听，喜欢学习，喜欢通过受教育把一些社会关系连接起来。人本来都是社会的人，如果只禁锢在自己的小圈子里，特别是残疾人，会感到孤独或无助的，因此通过项目的介入，以科学的、专业的理论为支撑，用社会工作的专业术语来说就是“赋能”，赋予残疾人能力和能量，他们可以将自己的家庭经营得更好，同时为社会造福，也提升自己的价值感和幸福感。

鼓励创新，奋力征程

我觉得青红可以走得更好。青红现在已经走过10年，这10年大家在情感上付出了很多，希望未来10年能够走得更好。比如，增加他们的经济收入，让大家的生活保障有所改善，这样才能不违背初心，大家所有的付出也没有白做。我是做群众工作和妇女工作的，看问题的切入点侧重实践体验。

例如，家庭生计小组的一些产品由于没有挂品牌，没有注册商标，我们也可以说是“三无”产品，只能通过内部消化。如果想以后走得更好，可以注册一个商标，在绵竹注册商标不需要花费大量的资金；或者通过“互联网+”的方式，制作一个二维码销售；此外，如果青红可以联合一些社会企业，按照市场经济的准则，完善进入市场，也可以推动这些产品的销售。

再如，春燕手工作坊，之前我家儿子结婚用的那个“囍”字、“福”字以及装水果的盘子，都是在春燕手工作坊购买的。因为我们不可能直接给她们拿钱，通过购买商品的方式帮她们会让她们感到很舒服。后来我还请我们绵竹设计学院的设计总监贾军老师专门跟她们联系过，跟春艳商量过一些产品的设计方案。我对春燕手工作坊那边的一些产品有一些自己的想法和建议。因为串珠所用的珠子主要是塑料成分的，如果长期高温，时间一长之后还是会对环境造成污染的，万一绳子断了怎么办？

习近平总书记说，绿水青山就是金山银山，社会主义核心价值观对人民的价值观具有引领作用，优秀的传统文化能够起到推动作用。

恰好我们这里中国绿色传统文化的东西特别多，如中药、中医、京剧、戏曲等都是需要传承的。但是我们做的东西，除了是文化的东西，还要是老祖宗传下来的东西。因此，春燕手工作坊的一些产品也可以与传统文化挂钩。比如手工制作布口袋，这种袋子比较环保，也类似于中国古代人的钱袋子，中国古代人用的铜钱，就可以反复使用。我们把它做成卡包，装钥匙、唇膏之类的小物件，人带着方便，还可以吸汗，人也舒服，不污染环境，大不了用完之后剪吧剪吧用来擦地。

这种布口袋也可以再附上一个东西，如配上装有艾叶、除湿气之类的中草药粉末的小布袋，这种小布袋既可以套在手上，还可以挂在脖子上。比如，针对小孩子的小布袋，可以做成挂坠、手链，如果出汗了，可以像手绢一样用来擦汗。所以做产品开发要做得既实用又环保，还让人感觉舒服。春燕手工作坊的东西不是说不好，但是，如果我买很多送给朋友，我不知道送给谁，消费目标不是很精准。我们在产品设计上的确要有懂得的人去设计。

又如，夏天大家不喜欢喷香水，觉得香水是化学合成的。汉旺有黄果兰，如果把黄果兰放在布口袋里，可以帮人除汗。绵竹有一位中医学院的老中医就是做这种的，他的包装全是纸质的，用起来很舒服。这也是传承中医文化。

我以前看见过别人在超市购物的那种帆布包。我到超市里买东西，假设我只需要一个口袋，然后 10 元 20 元钱可以背回去，然后可以反复使用。我们现在的限塑，不是限制了，反而是拿钱出来买这个塑料口袋，3 毛钱 5 毛钱地买，拿回去之后倒垃圾桶里了。以前中国人买肉就用一个麻绳子捆着提回家，这种麻绳可以降解。然而现在可降解塑料袋的成本非常高。如果我们做手工，能够把传统文化的东西融进去，就很适合作为礼物送给朋友。

串珠可能更多的是放在家里。我儿子就曾经问我："妈，你买这么多塑料放屋里干什么?"我说是帮别人买的。手工制品的实用性值得考虑一下。

总的来说，生计小组、春燕手工作坊现在有一群人在做，但缺乏顶层设计。希望有更多的人能够支持他们这些残疾人朋友，帮他们设计谋划。九寨沟以后修通了，可能会拉动汉旺整个地区的旅游业。青红社工目前所做的许多事情也与精准扶贫的目标是一致的：一方面通过做项目、发展生计小组，让他们在劳动中缓解自己身心的伤痛；另一方面能够增加他们的收入，使每个人能够得到社会的认可。从这个角度来讲，青红社工或多或少地做到了精准扶贫。

针对青红社工整体的发展来说，由于项目经费和人员经费有限，项目只能区域性开展，例如在土门、天池、汉旺地区开展。我建议青红可以往社工师的培训方向发展，可以对学员进行分享、培训、拓展训练，利用寒暑假进行集中的专业培训。青红可以考虑往教育培训方向发展。

情谊相伴，谱写辉煌

我与青红的成员算是一起战斗过，互相学习、互相进步的伙伴和战友关系。让我印象比较深刻的是，他们在汉旺板房居住的时候，大家同甘共苦，吃的是盒饭，住的是上下铺，就像战友。（还记得）我去中青院培训学习的时候，大家一起学习，一起在课堂上听课。给我印象最深的就是刚进校门，（看到）好多学生蹲在地上找自己的快递包裹。因为那时自己对网上购物还不懂，对支付宝、微信更是一窍不通，慢慢地在那里待久了，感觉自己从大学生身上学到了很多网上购物这些新型的知识技能，也感觉自己年轻了很多。我们毕业离开时，大家互赠小礼物，我就是通过网上购物在绵竹买的小年画、书签等礼物赠送给大家的。

青红的许多老师在我考社工师的道路上给了我很多教材、资料的帮助。我现在的工作主要是乡村教育，包括留守儿童的夏令营、拓展训练、家长培训等。现在鼓励我继续做下去的动力就是“5・12”地震之后，包括青红在内的机构给我的一种情怀上的支持，能够帮助别人自己感到很快乐。

我对青红的整体感觉就是：一群人、一条心、一件事。一群人，指青红受到帮扶的一群人，专家志愿者团队。“5・12”地震之后的几年，绵竹社会工作的发展至少进步了 10 年，“5・12”之前绵竹社会工作的发展主要是通过专家授课获得的。一条心，举例来说，青红社工举办一次活动，大家都是愿意来参加的，并且大家都是开开心心的，把青红当作一个大家庭，一起聊聊天，互相诉说心事，大家的心慢慢就近了。一件事，指的是从国家层面，要建设富强、民主、文明、和谐的国家，社会建设是不可或缺的，它犹如空气一样无处不在。我们发现，因为这一群人的社会建设，也推动了汉旺甚至是绵竹社会建设的发展。社会工作理念的引入和发展，鼓励人们不依赖“拐杖”，学会如何与自己、与他人相处，联结人际关系，促进家庭和睦，促进社区邻里关系的和谐。总之，大家齐心协力，劲往一处使，一心一意把青红的事情做好。我也会一直作为青红的一分子，继续跟大家一起奋斗，谱写青红更好的明天。

刘磊：我与青红共同成长

口述人：刘磊[①]　记录者：沈蕊[②]

我觉得这10年让大家接纳了过去，这是我的一个感觉。有一部分肯定还是会存在着接纳（问题），怎样去包容和面对自己的生活，我觉得这需要未来10年或者说未来一生不断地进行心理建设。

初识青红

跟青红的认识应该是2008年年底，具体时间已记不清楚了，那个时候我在绵竹市妇联工作。当时是去绵竹市富新镇的一个家属那儿看一看，我也不知道是什么情况。当时我开车，和陈涛老师、陈锋老师还有几位研究生，反正都是中青院的学生，去镇上看一看。地震之后镇上特别乱。这算是第一次和他们见面，认识了最早的青红团队。当时我不知道他们是做什

① 刘磊：男，1985年生，早期参与了青红机构的服务活动，陪伴了青红的成长，后在青红团队支持下创办德阳市培力社会工作服务中心，担任机构主任。

② 沈蕊：女，2018年暑期在青红实习，2019年为中国社会科学院大学政法学院在读本科生。

么的。

再次见面的时候，是在汉旺镇的武都板房区。那个时候举办了一个青红的启动仪式，好像是这样的。因为我当时在妇联，像这样的对外接待或者去看、去帮助、去协助的事情还是很多，社工站这一块也算是其中的工作之一吧。当时没有社工的概念，对志愿者比较了解。

我最早接触的社工就是中青院社会工作专业的同学和老师。灾后印象比较深刻的是在城区的社工团队——我之前接触过北京师范大学和另外一个基金会的人，他们在剑南镇板房成立了剑南镇社工站。因为去详细参观了他们在板房建立的社工站，有板房的地图，还有一些比如他们的工作服这样的社工标识，就印象比较深刻。他们也在板房社区里开展了很多活动，他们是一帮年轻人，我跟他们也有一些接触。那个时候我对社工做的事情，也就了解一些。

2009—2010 年的时候，我断断续续地参加青红的年底志愿者活动。2010 年底又具体地参与青红的志愿者服务项目——那时候有一个项目是在民乐村阳光社区进行，是上海恩派的阳光社区农村服务项目。

在那之前，我已经和剑南镇社工站的老师们一起参与了板房区的专职工作，有专业的带队指导老师。那位指导老师不仅有心理和社会工作两个专业背景，还是执业医师，跟他学习和工作感觉蛮充实。到青红社工站正式工作之前，我获得成长最多的是和香港地区的一些督导老师及我们本地的一些团队一起工作的时候。相当于我是实践了一年的。因为同青红的联系一直都在，也觉得青红做的事情蛮有意义，我决定从志愿服务转为参与项目工作。那一年，陈锋老师常驻社工站，平时我们有一些交流学习，与陈涛老师也会交流分享，受大家的影响，我正式地以项目工作人员的身份进入了机构。

进入机构之后，一直都在做民乐村的阳光社区项目。青红之前的残疾人服务，我也参与过。有一年因为没有项目经费，我就离开了。但是这期间，青红每一年中秋节和年底的聚会，我都以志愿者的身份来帮忙，并参加活动。

初识社会工作

2014 年年底的时候，我又正式回到青红做四川省民政厅的社会工作专业服务项目。而这次的项目是集中做残障康复服务，目标非常明确。我觉得这是难得的一个机会。从 2014 年年底一直到去年年底，4 年的时间吧，我一直都在青红做专职社工。

认识青红团队对我选择社会工作职业有很大影响。或者说，我对社会工作者这个职业以及社会工作这个专业的理解，也是在与青红团队的交流和合作中不断加深的。刚开始我不理解什么是社工，觉得社工就跟志愿者一样，没有什么区别。后来发现社工做的事情有可持续性，而且它讲究方式方法，有专业技术支撑……就目前德阳的工作来看，我觉得社工的工作是无可替代的。如果说志愿者要做些热心的事情，那社工在热心的基础上，考虑得更多，包括理论支持、专业价值取向、专业技巧等，就是更专业化。青红所做的事情改变了我后来的一些认知。

后来我跟参与青红工作的老师和同学成立了德阳市培力社会工作服务中心，也是为了实践一种价值理念，实现自己的一个理想。我觉得既然国家在倡导，大学又有这个专业，我们就可以像对待法律专业一样去推动社会工作事业。在这个过程中，我也有很多矛盾和纠结，最后让我坚定地去注册德阳市培力社会工作服务中心，跟青红机构有一定的关系，当然也包括服务对象对我们工作的认可、老师们的榜样引领、同学们的支持。

坚持下来还有一个很重要的原因，是在老师的推荐下，我参加了全国的一个灾后重建社区行动网络，在这个行动网络 3 年的学习成长过程中，深受中山大学张和清老师团队及其同伴们的影响。这 3 年，开阔了我的眼界，还坚定了我要去推动和做点社会服务的决心。在做服务的过程中，大部分人都会有利益导向，用经济指标看待一切服务和项目，而社工做的事情，很多时候是不能完全用金钱来衡量的。支撑我们做到现在的，我觉得主要是价值观或者说做事情的意义。

服务对象个人的变化也还是蛮大的。青红的服务对象，大多数在地震之前是肢体健全的人。最早他们用“残废人”说自己，后来用“残疾人”“残障人士”，再后来才认为自己的肢体只是不方便了一些，他们跟正常人没有什么区别。这些改变，就是这些在地震中受伤的人修复心灵创伤、不断调整自己的过程。

那些年我一直在做的就是残障康复——肢体康复和心理康复。在社会工作专业这一块，学得更多的是老师们提到的发展性社会工作。现在来看，我对社会工作专业的理解，好像在肢体康复这一块实践得相对少一点，比较多的是从侧面提供一些支持，如物理康复需要做的就是资源链接，而心理康复支持这一块，老师们都是通过社工们的方法去开展的。我们的服务对象中，有一些是遇难学生的家长。这样的服务对象除了要面对家庭，调整心态接纳过去，还要面对再养育孩子带来的压力。这个过程很长，所以我觉得，10 年他们只是比较好地接纳了过去，怎样去包容和面对未来的生活，需要未来 10 年或者说未来一生不断地做心理建设。

关于共情这个话题，我也有一些感受和提升，也算是我自己的一个成长吧，但我到现在也不能完全去理解和感受受伤的残疾人。在小组工作过程中，大家每讲一次或者说敞开心扉说一次，都会红眼、擦泪、停顿，就是空气凝固的感觉，应该说这里还有些没办法面对的事情。

做了这么多事情，经过了这么多年，大家的康复服务，到最后还是换了一种方式鼓励大家互相取暖、互相支持，在社工的引导下去治疗心理创伤，预防 PTSD（创伤后应激障碍）的发生。我觉得这个过程对我的冲击很大，周期很长，会有反复，真心不易。除了机构工作人员，更多的是要本地人和大家相处。最直接的感受就是本地人挨得近，乡里乡亲的，大家一起可以走得很远。

这 10 年，大家做事有一个明显的转变：从最早的去做家庭生计工作坊，到后来集体去做合作社，到现在通过项目去服务其他的残疾朋友，我觉得整个过程就是老师们最早提出的：从陪伴者、支持者到同行者。这个过程中经历的还是蛮多，一时还真的不好讲清。

伴青红成长

刘叔（刘刚均）说自己是社会工作的“土八路”，大家比较认同。其实我也是社会工作的“土八路”。我觉得这10年有老师、社工们的陪伴，大家理解了社会工作的价值。大家是这个专业、这个服务的受益者，也是体验者，所以也比较认同，觉得可以去做这样的一件事情。但在做这件事情的过程中，因为缺少专业知识和技巧、财务管理、机构管理的能力，大家会凭自己过去的经验去做事。从机构的长远考虑，学习是大家必须要面对的问题，从服务对象转变为本地社会工作者实属不易。这也是我从志愿者转到社会工作者的感受。但不管从哪个角度来看待未来的发展，一定要不忘初心，积极面对未来。

成长不会那么顺利，但有老师们、社工们陪伴，青红总体还是在稳步前行。所以，这么多年发生了很多事情，有一些纠葛，有不同的意见，但整体来说，大家的能力一直都在提升。春艳姐的“春燕手工作坊”是有收益的，也还不错。通过这几年的“土八路”经历，管委会的这些成员也可以去做助人的事情，而且他们在做，只是在助人的时候，他们要先把自己照顾好。

我觉得青红取得的最大一个成效，就是早期对20个家庭的辅导服务，使他们震后感受到温暖——他们开小组活动的时候交流得多。这些家庭彼此之间认识后，在小组中开展游戏，互动聊天，还有中秋节和年底的时候聚会，大家像大家庭一样彼此关心。现在他们的居住地不一样，大家的联系方式主要用微信，在群里聊天，也有彼此帮助。比如，有服务对象幻肢痛，会在群里诉说，大家会相互关心。从早期到现在，我觉得这种支持对他们非常重要，他们应该是最大的一群受益者。

现在来看，能够看到成效的就是通过管委会成员的努力，青红有一个家庭式的合作社、一个春燕手工作坊、一个家庭生计互助小组，这 3 个是大家都看得见的服务，也是本地化的项目。

机构遇到的困难，老师们会更有感触一些。作为一个做事的人，我知道机构有很多困难。比如，有一两年项目没有经费，机构怎么运转？老师们很操心，因为 2008 年汶川地震后的 3 ~5 年，社会服务资源比较集中，第六年、第七年的时候最难，第八年，随着国家和省民政厅在社会工作服务上的推动，又有了点经费，可以继续推动机构往前走，做一些事。这是资金方面的困难。

人员方面主要是社工这一块也有困难。说到专业社工，像我这样的社工，早期都是以志愿者的身份去参加服务的，是没有什么费用的，后来有了省厅的专项项目，我才能作为一名专职社工去做事。困难还是蛮多的，因为我们追求的是本地化发展和人才培养，不是去追求机构要发展成多大，要有多少人，要有多少资金。所以我觉得人、财、物这方面都不是多大的问题，最大的问题是服务对象和老师们对未来机构发展本地化的思考。青红应该没有在这方面去思考。

我们后来以青红为中心开展社区活动，管委会成员也就是刘叔、马叔（马兴书）、春艳姐、杜姐（杜成艳），还有几个受伤的残疾人以及他们的家庭，他们发挥了很大的作用。早期的项目，他们已经知道和当地的一些小团队和小组织做链接。去年管委会的成员还去链接天池乡的政府资源，请他们支持场地和安保等资源，还邀请其他社区召开一系列的会议，做社区活动。他们现在完全能够去承担这样链接资源的角色，动员社区开展一场非常有意义的活动。

青红这些本地的社会工作者也是我们的服务对象。他们对人、财、物的控制完全没有问题，他们的小组工作能力像开展兴趣小组，应该也没有问题。但是要为机构拓展开来，吸引新的成员加入小组，他们还是需要专业支持的。个案服务他们也在做，只是用的是他们自己的方式方法在做。比如，谁发生了不愉快的事情，管委会的成员商量一下，哪两个去看望一下，去陪伴一下，也就是传统的民间支持方式。至于说行政社会工作这一块，我觉得目前还不能从专业的角度去要求，能够让机构每年通过年检生存下来，他们已经很了不起了。

“一群人、一件事、一条心。”青红的这一群人基本上比较固定，虽然“一群人”人数在增加，但都坚持在路上走着；至于“一件事”，我觉得有必要明确下来，除了残障康复，机构未来10年的发展该有哪些事？“一条心”，我们大部分人的初心没有变，但是在未来的发展上，还是会有不同意见的。未来10年，怎样面对分歧？大家一条心，坚持一个方向是最重要的。前段时间我们也和老师们讨论了这个问题，我是这样理解的。

展望未来

未来10年，青红要怎么走？我们最早是做残障康复。汉旺这边，残障康复的需求很大。一旦服务的对象多了，残障康复又不可能局限于这些残疾人，否则他们会有被隔离的感觉，但当你要做更大的范围、更多人的康复服务时，又是需要谨慎考虑的。

另外，现在外界对我们的支持稍微少了一些。老师们也曾考虑过做发展性社会工作，未来10年如果要继续走得更远一点，除了发挥本地的力量，还需要外界的支持。老师们这边、青红机构这边、核心成员这边都要考虑，我们到底有哪些资源？这是要在一起讨论的问题。未来10年有一个刚需，就是这群残疾人的康复要继续做下去，至于发展性的东西，需要有外界的支持才能走得远。我的建议是，机构可以保留残障方面的服务内容，至于发展方面的工作，还是要谨慎。

首先你养不起人。开创新的业务，必须保证有2~3个全职员工，而录用2~3个全职员工，需要很大的勇气和决心来作出决定，因为目前项目资金不到位，要走下去，肯定要有资金和项目。如果外界没有足够的资源，我觉得还是认真把残障康复本土化、专业化地做下去，能够多服务一个受伤的残疾朋友是一个。发挥本地残联、民政的作用，就做残疾人康复这一块服务，还是可以持续做下去的。

管委会的刘叔、马叔、春艳姐等要有一个思想的转变。要做一件事，谁来做？这个执行的人很重要。外人提了很多理论，很多方向，大家觉得很“高大上”，但今天刘叔身体不好，你让他上街去开会，行吗？今天要去注册商标、跑公司手续，明天要上山采蜜、保存蜜，这些工作谁来做？成本谁来控制？我觉得这个人真的很重要。没有东西是卖不出去的，做市场，价格也不是问题，目前真的是人的问题。要先把要做的事情定下来，未来10年要做的事情一定要定下来，中间有什么改变我们再说。所以我觉得未来的建议其实大家通过这10年的摸索，思路还是比较明确的。

我最低最小的一个希望，就是机构能够伴随大家——最早的那一帮人，或者说是一些汶川地震中的朋友——不忘初心地做好陪伴，坚定地走下去。这是最小的希望，也是比较难的希望。未来10年会有很多不确定的因素，但陪伴康复是可以实现的，而且是没有风险的。

步入社工行业

当时我对志愿者没有什么概念，比如当时做活动，有什么聚会需要帮忙的，我刚好有时间，也认识这一帮人，觉得这个事情还比较有意思，我就去参加，做一些力所能及的事情。

后来跟老师他们的志愿者一起参加一个项目的培训，才知道他们要去做社区活动，都是有团队、有方法和目标的。那个时候还有香港地区的老师、督导过来作交流，印象比较深的是那个香港老师，他与人交流的方式、方法让人印象很深，感觉沟通能力和交流能力蛮好的。

服务对象的感受怎样我没有办法体会，但香港老师在工作技巧和技能方面给我留下的印象很深，他会很快地熟悉和了解情况。在我对社会工作处在很懵懂的阶段时，我就觉得有专业的东西和方法进来，效果会不一样！后来再通过实践专门去做一个项目的时候，我又有一个转变：会开展社会工作专业的思考和学习。在几年的社会工作项目实践中，对督导、评估、计划执行、财务等方面，都有一个很深刻的体会——原来做社会工作项目还是一门学问，也发现做专业社会工作者跟志愿者有很大的区别。我有一个反思，就是社会工作者说话一定要接地气，你一定要用志愿者身份的语言和思维去讲社会工作的理论——就是你的工作技巧、你的语言和沟通方式要老百姓化、日常化。

我印象比较深的是，有一次跟青红最早的团队去富新镇一遇难学生的家里，一进院子，就见倒塌的房子，大家很自然地都生出一种悲伤的情感，想去安慰人，但那会儿说再多安慰的话也没多大用。当时在桌子上吃饭，满满一桌菜，没几个人动筷子吃，主人说："不要这样，来来来吃饭，吃饭，吃饭。"就是没人动筷子，喝酒也是喝闷酒。大家围在一张桌子边，那位大姐哭得不行，我们女社工，挨着她坐，偶尔拍一拍她的背，那位大哥和陈涛老师坐在那儿喝酒，眼睛都红了。到后来我才知道具体发生的事情。

另外一个印象比较深的是，为了讨论做这样的事的价值、意义和方法，听老师和春艳姐他们聊，聊到晚上十一二点——嘿嘿，我觉得没什么可聊的。我对大家熬夜聊一些我听不懂的东西，印象比较深刻。在我的印象中，青红年轻的社会工作者来一批走一批的人特别多。来了之后，他们就一起做做青红的项目，跟社区互动，跟居民互动，都是很热情地投入工作，很有责任感。对，实际服务工作跟专业水平高低无关，主要是态度。

他们跟服务对象接触的态度影响了我，我觉得我要去做这样的人，做这样的人活着才有价值。我自己经历了“5・12”地震，我家也受灾了，虽然我家里没有人因地震变成残疾人，但是那会儿我们也住帐篷，也是东拼西凑地找生活用品，享受其他人的服务；还有，当时国家的救灾政策比较好，正面的东西特别多，这对我灾后选择职业有一定的影响。应该说，我不仅仅是受青红这个团队的影响，而且也受社会工作专业这一帮人的影响，还有心理学专业人士的影响，他们都是在做助人的工作。在这样一群人的影响下，我没有离开满目疮痍的家乡出去工作。当然，中间我也有困惑的时候，有些东西想不通的时候我会跟陈涛老师交流。中间单独交流的时候，我对专业的领悟有所提升。任何实践在理论的指导下去做都是最好的，不然的话你会经常碰壁。这么多年我在社会工作上没有走偏，我觉得跟几位老师，还有同学们的帮助有很大的关系，这大概就是我的专业成长吧。

蒋斌：从实习到成长

口述人：蒋斌[1]　记录者：宫中怡[2]

其实和服务对象相处久了，你会发现人与人之间的感情真的很奇妙，相处久了感情自然就变得非常深厚。

特别是服务对象，从最初的受助者到自助者，再到助他者，最后自己独立运作青红社会工作组织。

它真正地实现了社会工作专业的价值理念和宗旨，这跟那些短期的、临时的、表面的工作有本质的区别。

初遇青红

从自助到助人，并非一个简单的过程。我现在是青红的成员之一。我进入青红的时候，已经是汶川地震一年以后。

香港地区的一批老师要做社工师培训实习，派我到青红实习，我就和青红走到了一起。当时受伤的群众已经从全国各地的大医院转送回来，我们的任务就是对这些地震伤残人员进行

---

① 蒋斌：男，1981 年出生，2019 年为绵阳师范学院社会工作系讲师，青红社工服务团队成员。

② 宫中怡：女，2019 年暑期在青红做志愿者，2019 年为成都信息工程大学文化艺术学院社会工作专业硕士研究生。

入户调查，了解他们的情况。我印象很深的是，他们回来之后，这里根本没有一个专业的医护指导，很多康复工作都只能靠他们自己。

这样的康复效果当然不太好。在板房区有一个专门做康复的机构，叫香港复康会，我们就联系了这家康复机构，把伤员转到那里，帮助他们了解、学习专业的康复知识，找到适合自己的康复方法。和他们建立联系后，我们就要督促和指导他们做康复训练，情况比较严重的还会送到这家复康机构接受专业指导。虽然当时青红想做地震残疾人的生计重建，但最开始我们做的是康复，先让他们康复起来，才能开始生计重建。

我印象比较深刻的就是当时有一位老人家，他从大医院回来之后，因为和家里子女关系不好，没人管他。他的踝关节、膝关节打了很多的钢针，有时候没注意，他自己会把膝盖上的螺丝卸下来弄着玩，这让我们很恼火（难办）。当时我们还有一个任务，入户了解他们以前是做什么的，现在还有哪些资源，在现有的身体状况下，他们以前的谋生技能还实不实用……我们主要是以小组的形式做家访，至于地震伤残人员的生计小组成员，我们是逐渐筛选出来的。当时还有一个工作就是进行震后心理支持。震后受灾群众的心情和心理都不是很好。总结起来，我们当时的工作，第一个是身体康复，第二个是精神支持，第三个是生计支持，帮助他们找到自己的优势，恢复正常的生活。

后期也有一些变化，我们开始正式做生计小组。选出成员以后，具体要做的事情很多。除了康复和生计，我们也要关心他们的家庭状况和面临的特殊困难，比如，有的家庭小孩在地震中去世了，有的就想生第二个孩子，有生育需求。总之，就是有很多细节需要我们去关注和留意。当然，我们最主要的就是进行康复训练、心理辅导和生计小组。生计主要是看他们有什么资源，他们自己能够做什么，教给他们一些方法，相当于一种再创业的知识培训。这一类的工作就是后面所注重的。

助力青红

我们当时在青红主要就是以团队为单位作战，个人没有特别具体的分工。我待在青红的时间相对来说还是比较短的，集中的时间接近 3 个月，后期服务主要是青红的其他成员开展的。做小组工作的时候，我们每天要接送他们（他们身体不方便，每天我们很早就要去接他们）开展一些活动。每次我们会提前进行团队讨论，这次小组工作要做什么。而且我们经常谈论到夜里两三点钟，谈论的时候有分工，有的人负责记录，有的人负责说，还要准备第二天怎么样去消化内容。

第二天带小组工作是轮流带。团队作战给我的印象非常好，当时有很多高校老师和研究生在一起，氛围很好，大家都很平等，谈论到很晚都没觉得累和困。并且，我们的小组工作和教材上所说的小组工作是不一样的。教材上的小组工作多半规定了一次小组活动由多少节组成，每一节多长时间，具体做什么。我们的小组工作以达到我们的目的和效果为主，如果目的和效果没有达到，我们就会适当延长小组工作时间。所以我们不是预先设计好所有小组工作的内容，而是做一节计划一节，如果出现突发情况，例如小组成员之间闹矛盾，我们就会停下来，解决完问题之后再继续。因此，我们的小组工作和书上说的小组工作不一样。

我们的生计小组会涉及经费——他们做生意要有一笔启动资金，这笔启动资金会给到每个人，最后有的人会单干，有的会几个人一起干。比如说，有的人开超市，一个人负责，其他人当员工，这种就是集体创业。还有的是个人创业，比如，有的人烤酒，他觉得自己可以干就自己单独干——当时每个人有一笔钱，有自己领取的，也有团队一起领取的。但对这个钱的使用以及领了钱的后续情况我们也会有所顾虑，主要怕有的人领了钱就跑了，或者说担心参加生计小组的人就是为了这笔钱才来的。我们慢慢地调解了矛盾之后组员之间就相互信任了。我在青红待的时间比较短，陈锋老师待的时间长，将近 3 年，因为很多人来这里都是待几天就走了，而青红与他们接触的时间是非常长的，他们根本没想到陈锋老师他们会待这么久。

后来大家之间相互信任了，知道了这个钱的用意，也就不一样了。我这 3 个月主要就是做这些工作，从康复到支持，再到对他们进行一些简单的创业知识培训。后来我又断断续续去过青红，因为我觉得和大家关系很好，尤其是刘叔以及其他组员。还有那个酒厂，就是那个烤酒的。在天池乡，开始做银杏的种植项目，这些也属于农村社会工作的项目，我也时不时地参与过，但了解的细节比较少。综观整个团队，他们是真的在里面下了功夫，大家之间都有了感情，陈涛、陈锋老师他们每年还都会去那个地方。每年的年终聚会，他们也都会邀请我。

年终聚会我参加过一次。我是很受感动的——我很久没有见到他们，他们的生计小组成立了管委会，没有社工他们也能够自己聚在一起，然后这个青红的负责人也交给了生计小组的组员刘哥（刘刚均）。实际上这就是一种在地组织的培育，由当地人自己运作起来。听他们讲，自己有能力谋生之后，他们还把组员的范围扩大了，接收了不是地震伤残的人员，比如一些先天性身体残疾的人。老师的团队已经是一种资源支持的角色。他们真正实践了社工从自助到助人的过程，这个是很难得的。

这个组织从2009年到现在已经10多年了，由最初的一个生计小组到后面整个青红的组织和运作，现在都是由一群残疾人在运作，我们和陈涛老师他们所做的事情，基本上都是后台的支持。

在服务中遇到的困难还是有的。首先，刚开始成立生计小组的时候，小组成员之间比较陌生，小组成员之间、成员与我们社工之间信任度不够。我们担心个别组员进小组就是为了那笔项目资金，而组员对我们也是不敢相信的，以为我们有什么不可告人的目的，是为了这个钱才参加这个小组的。

实际上我们当时、后来想了这都不是，也不应该有这样的想法。因为当时我们就觉得这些村民，尤其是个别的组员怀有这样的动机，那么就是说相互猜疑的话，就存在不信任。那么他们开始对我们社工是否信任？到底我们能在这个灾区待多久？他们没有想到会有这么长的时间。

他们可能因为地震致残后，也没有其他多少事情可干，就参加了这个活动。大家都是相互猜疑。但通过我们长期、周到的服务——每次活动，无论他们离得多远，我们都去接他们过来参加，他们就觉得我们是真心地帮助他们，慢慢地这种信任关系就有了。当然，是大家一起努力建立的信任关系，因为人与人之间的这种信任关系不是一时半会儿就能建立起来的，肯定是大家能够感受到对方都是真心的，才会慢慢改变的。我们当时不应该（有那样的想法），尤其是对个别组员。

当时组员里也有这种情况，有些组员就怀疑个别组员有这种情况，因为他参加活动不积极，其他组员就对他有意见，有的甚至闹矛盾，出现了很多组员不愿意让某一个组员参加的情况。就是这种组员之间的矛盾，实际上是第二个很困难的问题。我们做了很多工作，后来他们自己也做了更多的工作。组员之间也闹矛盾，有的组员有自己特殊的想法，在小组讨论的时候闹矛盾，这种情况也会引起猜忌——不仅我们猜忌，有些组员也会猜忌，怀疑他来这个小组是不是为了那个钱。冷静下来一想，这种情况也是很正常的，毕竟每个人都不一样。

至于后面怎么处理我有些记不清了，因为这是他们事后跟我说的，当时我去的时候他们正处于闹矛盾的阶段。但我在想，如果能够长期地陪伴这些地震伤残的人员，你真心、认真地跟他讲道理，然后真的关心他，他还是会慢慢理解的。这个组织到底是什么样，会不会跟其他救援组织一样，发了物资或者说发了一笔钱就不管了？但很快他们发现我们对资金的使用和管理是比较严格的。这时有些组员就改变了最初的心态和对这笔钱的态度，重新思考要不要跟着青红一起走下去。

小组工作的规则讲清楚了，就是小组的规范了。清楚了这个运作规则后，他（组员）认不认同这个小组，这个小组的发展趋向他能坚持多久，这个小组到底是干什么的，符不符合自己的诉求……他都要自己考虑清楚，如果在这个小组里，不认同小组工作规则，跟着小组走得越远，时间成本可能越大；一点都不认同的还会自动退出。那些真正认同的，大家就可以拧成一股绳。社工、小组成员知道整个小组的目的是什么，为了什么，大家才可以一起努力做这个事情，相互理解、相互支持。

通过长期合作，我们消除了很多隔阂，现在大家都知道青红是干什么的，方向非常明确。当然，地震伤残人员因为家里有事，也有断断续续退出的或中途回来的。这个过程中，就知道了这些人之间感情是比较好的，大家都是一起从地震中走出来的，还有青红一直陪伴的，为了同一个目标在努力。我觉得这个达成共识是很重要的，尤其是这种小组认同是第一位的，这能决定小组能不能走得长远。有些分歧是可以有的，如果大家都肯定这个目标和服务，那大家的分歧和冲突也会慢慢消失、化解。

展望未来

青红是我的实习点。进到青红后，我发现吸引我的地方挺多，主要有以下几点：一是团队的意识和氛围。我当时是以实习生的身份进去的，青红里有本科生、研究生，还有很多高校的教授和老师，大家能够在那么艰苦的环境中——经常有余震，住板房——一起平等地讨论、交流，氛围非常好。这种氛围很吸引我。

二是觉得这是一个利用自己的专业为受灾群众做一些实事的机会。这些地震中伤残的人从医院回到板房后都非常忙，他们各自都有自己的需求，比如康复、心理支持、生计发展等。很多伤残人员以前都是家里的经济支柱，根据他们的需求，为他们未来的生活考虑，我们制订了生计小组服务计划，这是社工的价值和意义体现。这也是吸引我的一个很重要的原因——我们所做的事情必须能帮助（到）他们。

三是我们和服务对象之间从相识到最后感情深厚让我非常动容。和服务对象相处久了，感情就变得非常深厚。特别是服务对象的改变，从最初的受助者到自助者，再到助他者，最后自己独立运作青红社会工作机构，它真正地实现了社会工作专业的价值理念和宗旨。这跟那些短期的、临时的、表面的工作有本质的区别，它用了专业的方法而不是纯理论帮助服务对象，如在生计小组活动中运用了小组互助、小组动力、小组讨论等，让他们真实地感觉社会工作是一个专业助人的职业。

四是青红是真的在做社会工作服务。首先，青红与那些做表面工作的机构完全不同，青红是长期陪伴，根据服务对象的实际需求实施计划，而不是机械地做小组工作，事先把每节小组活动的内容策划好，像演剧本一样，演完就结束了。我们的生计小组成员前前后后开了很多次会议，讨论怎么解决小组工作面临的各种问题，没有具体的结束时间和规划，一切按实际情况设计小组工作内容。大家都是为了最终的目标和效果，只要目标和效果没达到，小组工作就会一直进行。

我对陈锋、陈涛老师的印象都很好，他们两位是很有社会责任感的人，真正地为社会做实事，为困弱群体服务，为他们发声。他们的这种品格让我动容。他们对我们和服务对象都是平等的，心平气和，充分尊重，是真心帮助人。

他们做服务不是直接照搬书上的那一套模式，而是结合服务对象需求，该做个案服务就做个案服务，该做小组工作就做小组工作，该做社区工作就做社区工作，方法都是融合在一起，根据需要灵活运用的。他们身上所体现的这种价值和精神是最重要的。虽然说青红现在是由自己的成员运作着，但是陈涛老师他们依然在支持青红的成员，如帮他们链接资源等。这个是难能可贵的。

我们这个团队不仅对服务对象的帮助很大，对团队里的成员、学生、老师等人的帮助也是很大的，形成了一个很大范围的相互帮助、团结的氛围以及互助的精神。我们也从服务对象身上学到了很多东西，他们的转变，不仅让我们看到服务的效果，他们对生活的积极、乐观心态，解决问题的态度也都值得我们学习。

我希望现在机构的负责人及机构的核心成员可以把机构更好地运行下去，帮助更多的人，实现社工精神的传递；希望青红的每一个成员都能健康、开心地生活，依然像以前那样团结！我也会在幕后支持他们。

陈锋：一个人走得更快，但一群人走得更远

口述人：陈锋[①] 记录者：宫中怡[②] 庞慧燕[③]

一个社会，如果大家都崇拜强者，每个人都想做强者，都服从强者，弱者没人关心和支持，那么这个社会就会有很多极端的事情出现。通过青红这些组织化的行为和活动，能给社会带来很大的影响和改变。

初遇青红："你的家乡地震了"

2008 年汶川地震的时候，我还在云南大学读硕士，地震当时，云南大学那里有震感。我知道家乡地震了，但没有想到那么严重。我记得很清楚，6 月 1 日要毕业答辩，我们都忙着修改论文，准备送外审。当年我还要考博，学业压力特别大。地震时我正坐在椅子上看书，感觉房间在动，地也在抖。我租

① 陈锋：社会学博士，绵竹青红社工服务中心副理事长兼执行主任，现任成都信息工程大学文化艺术学院社会工作系主任。

② 宫中怡：成都信息工程大学文化艺术学院社会工作专业硕士研究生，2019 年暑期在青红做志愿者。

③ 庞慧燕：成都信息工程大学文化艺术学院社会工作专业硕士研究生，2019 年暑期在青红做志愿者。

的房子在二楼，附近有小火车铁道，每天下午3点准时有小火车通过，时间很固定，它通过的时候房子会动，地也会轻微地摇晃，但不会那么严重。我就纳闷，今天怎么2点过小火车了，而且震动很大？

我忙着修改毕业论文，还要考博，压力特别大，加上云南本来也是一个地震多发的省份，就没有太在意这个地震的影响，更没有去关心震中在哪里。傍晚吃饭的时候，有同学就跑过来跟我说："锋哥，你家乡地震了。"我回了他一句："你家乡才地震了。"我们平时就经常开玩笑。"真的，你家乡地震了，而且很严重。"那位同学严肃地说。后来我们去看电视，电视在滚动播放地震信息，我才知道四川地震了。

我赶紧向家里打电话，电话不通，心里开始着急，着急也没有用。有些老师和同学给我打电话，关心问候我家里的情况。当天比较晚的时候，电话终于打通了，我的家乡不在震中，只是地震受波及县之一。家里的许多东西都掉下来摔坏了，房子成了危房，也不敢住，家里没有准备应急物资，到晚上，小孩不敢在家里睡觉，就在外面跟亲戚朋友挤同一个帐篷挨过一个晚上。

当时导师问我"需不需要回去?"我问过家里的情况，有些财产损失，没有人员受伤，房子没有什么大的影响，而且家人也说不用回来，回来也帮不上什么忙。但我在电视上看到地震灾区破坏确实很严重，心里就想着为灾区做点什么事情。我就和陈涛、张网成、郭伟和、钱宁以及云大的一些老师讨论有关地震灾后救援和社会工作服务的事情。我们都觉得汶川地震造成那么大的灾难，从事社会工作的人员必须作一些专业的贡献。

6 月 1 日我的论文答辩顺利完成后，得知考博失利，我开始办毕业及离校手续。6 月中旬我就回四川了。我当时先回家，因为孩子比较小，担心她在地震中有创伤后应激障碍（PTSD）。

我的孩子他们当时在学校 5 楼上课。地震影响严重到什么程度？教室上的大风扇摇着摇着掉了下来。他们老师也不知道如何应急处置。地震的时候，我女儿和同学们站起来就想往外跑，老师大吼一声："不准动！"他们就乖乖地听老师的话，没往外跑。但教室的一台电风扇"砰"地砸下来，差点砸到人。我女儿和一些同学不知是胆子大，还是吓坏了，不理会老师说什么，直接往外冲，一口气跑到了楼下。其他同学看有人往外跑，也不管那么多，跟着就都跑出去了。这场恐怖无助的经历对他们还是有较大的影响的，孩子们痛哭不止，寝食难安，噩梦不断，因为从小都没有受到那么大的惊吓。我回去就陪伴了女儿一段时间。刚好陈涛老师和其他社工老师放暑假到了四川，大家一起去灾区走了一遭，到都江堰、彭州、绵竹、安县、北川、江油等地，看了很多板房，看了很多灾区社工服务团队。

我记得比较清楚，我们是一个团队，陈涛老师带队，有张网成老师等，还有一些研究生，一共十几个人，在地震灾区实地走访。走访完后，就想在绵竹市富新镇二小开展遇难学生家长服务。实际上主要针对遇难学生妈妈提供专业的社工服务。为什么要在这里开展服务？因为之前我们都知道，这所学校里有比较多的学生遇难，伤亡很惨重，涉及的家庭和人数较多。

这个哀痛是非常需要有人提供专业而持续的服务和支持

的。震后陈涛老师是受国务院妇女儿童工作委员会委托，带了一个专家团队在那里驻扎过一段时间。那里老百姓的应激情绪很大。我们那个时候去做家访，到那些在地震中遇难的孩子家里，他们把孩子（多数都是独生子女）的照片拿出来……你可以想象一下他们的伤痛和绝望！

这些家庭大多是丈夫去外面打工，赚一些辛苦钱改善家庭生计，妻子在家操持家务、养育孩子，地震前日子还可以。绵竹这个地方计划生育政策实施得非常好，这些家庭几乎都是一个孩子。他们通过照片寄托哀思，看着照片就嗷嗷大哭。面对这样的情况，我们真的做不了太多的事情。这是一种非常强烈的创伤后应激障碍，因为他们都接受不了这样的事实：就这么一瞬间，孩子就没了。好多家庭不仅自己的孩子没了，他哥哥、姐姐或者弟弟、妹妹的孩子也没有了，这个打击对一个家族来说是非常大的。有一户人家，家里有两个儿女，两个儿女的下一代都在地震中遇难了。有时候我们能做的就是陪他们喝闷酒（酒是他们自家酿的玉米酒，度数很高），听他们把憋在心里的苦痛说出来，缓解哀伤。实际上他们是非常需要帮助的，但这是长期的过程。

我们这个调研团队跟当地政府协调、沟通后，他们都同意我们在那里建服务点。考虑到很多遇难学生家庭都散居在乡村，没有集中在乡镇，我们团队还商量好，买两辆自行车，方便入户做家访。但这个事情始终没有办法落地。是什么原因？主要是政府内部的意见不统一，有些官员觉得这个群体很敏感，不想让我们与这个群体有过多的接触；而且，英国《金融时报》等外国媒体有记者长期驻扎在那里。

虽然这个服务没有办法落地，但是我们还想在那里开展社工专业服务。陈涛老师带领国务院妇女儿童工作委员会的专家团队过来，在这个地方住了那么长的时间，他们对这个群体有深入的了解和专业判断，对他们遭遇的不幸深感同情，他也非常有责任感，想为他们做一些事情。后来有人给我们提了一个建议："你们为什么一定要在富新镇开展服务？绵竹汉旺镇也有几千人遇难，而且那边板房里面有 4 万多人，他们当中有很多人都需要服务和帮助，你们可以过去看看。"

我记得很清楚，我们的服务被反复拒绝、拖延到第二年。2009 年春节过后，我们就赶紧到汉旺的武都板房区去看，真的是非常大的一片板房区。它建在 2000 多亩的平地上，这里原来是农田和沟渠，政府派部队的工程兵到这里，快速地推平农田，做一些简单的工程处理，盖起了板房，让老百姓快点住进去。

2008 年 8 月 8 日开奥运会，要求在 8 月 8 日之前让灾区老百姓全部搬进去，所以很匆忙地把板房建成，设施大都比较简陋。相对比较齐全的，是医院、学校（小学、中学）、邮局、银行，还有一个自来水厂，因为这个水厂要供应 4 万多人用水。这个板房区是由 3 个乡镇组成，汉旺镇、清平乡和天池乡 3 个乡镇的人口和驻在当地的国有企业、火车站、东汽集团部分家属等，外加汉旺镇、清平乡、天池乡等政府官员都住在这个板房区里。这个板房区当时号称"亚洲最大的板房区"。我们去走访的时候，老乡卖菜都是在唯一的一条沿山公路的主干道旁边摆地摊交易。

我们去了之后，政府把我们安排在东方职业技术学校。为什么安排在东方职业技术学校？这个东方职业技术学校所在地原本规划的是东方汽轮机厂小学。当时想的是4万多人的居住区，应该会有很多小朋友。但四川人有个习俗，认为那里死了那么多人，阴气很重，不利于小孩子的成长，很多人就把小孩子送到外地亲戚朋友家，就是宁可投亲靠友，也不去这个地方。有一段时间还出现群体恐慌症，他们还没有搬进板房的时候，就经常有人在半夜三更出现幻想症，狂喊："有山蛮子（少数民族人）来抢孩子啦！"

所以他们非常惊慌，都把孩子送出去，东汽小学的板房里面几乎没有孩子，只好空置在那儿。这个板房需要利用起来，刚好政府在做灾后重建解决老百姓的生计问题，就把这些板房交给了绵竹市东方职业技术学校。很多老百姓之前在山上是种地的，当时这边的地震次生灾害很严重，老百姓没有办法在山上种地，他们就需要学习其他的技术，比如厨师、电焊、建筑、装修等，学习一些技能，（让）他们比较容易谋生，推动他们生计转型。但是存在一个现实问题：生源不足。第一是有些老百姓经历地震后有创伤后应激障碍综合征，状态还不稳定，没有想清楚自己要做些什么，不愿意离开家，走出来；第二是很多人需要在家处理一些家务事；第三是政府有些补助款发下来了，很多人暂时没有太大的生计压力，没有太多人来参与这个培训，学校空余的教室比较多，政府就出面协调，让我们住在里面，利用空余的教室开展我们的工作。

当时我记得很清楚，之前陈涛老师和当地政府协调好了我们利用东方职业技术学校空余场地开展工作。我是4月初正式跟东方职业技术学校的管理层联系的，把这个事情的具体细节确定下来。之后我们去买铁床，因为我们团队的老师和学生开展服务需要住在这边，所以需要去购买一些床上用品，比如被褥、蚊帐等。除此之外，我们还买了一些其他的生活用品，比如洗脸盆、水桶、扫帚、拖把等，还有活动物资，如白板、碳黑笔、大白纸、彩笔等一些基本的办公和活动用品，当时忙了很多天。我记得是2009年的4月9日，陈涛老师他们带着团队过来。成员主要有陈涛老师、中青院的党委副书记、副院长，张网成老师、郭伟和老师、第四人民医院的院长和医生一起过来参与，此外还有政府领导。我记得陈涛老师做国务院妇女儿童工作委员会专家工作团队的领队时，四川省委、团省委也派有团队，当时两个团队合在一起，形成一个工作组。

四川团队这边是四川省总工会的党组成员、副主席纪晓玲，团省委副书记刘惠英，绵竹市当地领导。大家一起做了一个启动仪式，正式把"中国青年政治学院红十字基金会灾后重建项目绵竹青红社工服务站"这个牌子挂在东方职业技术学校的大门口。我们开始亮出自己的身份和招牌，正式开展服务。当然那个时候的条件是很简陋的，因为四川夏天来得早，天气很热。我记得我们凌晨两三点之前都没办法进板房睡觉，因为板房都是金属铁皮板，里面温度特别高，散热性也很差，深夜之前没有办法在里面睡觉。所以我们就在办公室继续工作，因为办公室周围房子的距离较大，稍微透气些，我们就在里面开会讨论第二天的工作。有的时候办公室也热得受不了，我们就在露天开会讨论。那里的生活条件很艰苦，经常停水，我们就跑到外面找农家乐，这附近有很多农家乐，我们跑去接水，用桶去提水用于晚上洗澡。

我们基本上是在厨房用煤气罐烧水，然后拎到150多米远的卫生间，没有专门的洗浴室，因为这里是学校，厨房和卫生间隔得比较远，需要把水拎到卫生间里洗澡。（这里）还经常停水停电，我们都没有办法洗衣服，一来水和电，大家就赶快洗衣服。不过，大家情绪十分高涨，因为觉得终于可以落地开展工作了。但当地政府仍然不允许我们接触遇难学生家长这个群体，他们都觉得这个群体比较敏感。

后来我们了解到板房区旁边有所武都小学。实际上那里也死了很多师生，包括校长。可是，政府明确跟我们提出来，不允许我们接触这个敏感群体，不希望这个群体聚集起来，怕形成不稳定因素。但是我们又想开展这方面的服务，那怎么办？我们通过社区行——这是我们社工的看家本领！我们每天晚上走路或者骑自行车，因为几万人住在这个板房区，这些板房建得都是一模一样的，我们只能靠上面的编号记住板房的具体位置和分布。比如我们住在B6组，B6组实际上是一个村的村民都搬到这里来了。我们是十几号，但是还有很多号码，比如汉旺镇有100多号，这就要走很远。在这个巨大的板房区里，我们走一整天还不能走完。这里的板房太多了，你可以想象一下，这里有几万人，一天很难走得完。但是我们乐此不疲，天天去走，去跟那些老百姓打招呼、聊天。

特别是晚上他们有放坝坝电影的地方，有人群聚集，我们就去跟他们聊，听听他们的想法，看看他们有什么需求和困难。后来才发现这里有人数不少的残疾人，他们的服务需求非常之大，迫切需要帮助。健全人可以适度走动，但是残疾人，第一是公共交通不方便；第二是这里道路不好走，他们出行不方便。我们是怎么找到突破点的？东方职业技术学校培训部有一个女老师，她男朋友的父亲就是在地震后高位截肢的，男朋友的母亲在地震中遇难了。她男朋友情绪不稳定，经常发脾气，唉声叹气，觉得生活没有希望。因为他觉得妈妈在地震中遇难了，爸爸又是高位截肢，家里房子也倒塌了，他很不幸。

那个女老师叫张娜，她就希望我们能帮助她男朋友，帮助她男朋友的父亲。后来，我们跟她男朋友交流，随着关系的逐步建立，她男朋友对我们很信任，觉得我们的的确确可以在情绪上和心理上对他进行疏导、宽慰。后来他邀请我们到他家去，看望他父亲刘伯。我们就带着小礼品和水果去看望他的父亲。他的父亲是一个很友善的人，我们去的时候他父亲很热情，之前也听他儿子说过我们的情况。他父亲也把他们家里面的水果削给我们吃，给我们倒茶喝。他们家里经济条件较好，因为他儿子在剑南春酒厂当工人，剑南春酒厂在绵竹算是经济效益和社会声望很好的企业之一，儿子的女朋友在东方职业技术学校培训部当老师，也是知书达理的。刘伯原来是供销社的，在餐馆里做管理，后来他自己承包了餐馆，做一点小生意，家庭经济条件还是可以的，只是地震带来的毁坏和伤痛的确很大。

他老伴在地震中遇难。他跟我详细描述他老伴是怎么遇难的。地震的时候，他们是在家里午休，他们有午休的习惯。刚地震的时候，他们几乎和所有的老百姓一样，都没有当回事，因为他们那里之前经常有小的地震。后来有 6 级以上的大地震，他们就觉得需要跑了。跑出来的时候，整个房子就塌了。刘伯说房子塌了以后他头顶上刚好被一盆兰花的土盖住，躲过一劫。但是他老伴就没有那么幸运，被重击后就没气了。他捡回一条命，但腿在地震中被重物压折了。这些遭遇对他打击很大。我们后来就跟他谈，你天天在家里看电视，看地震这些灾情惨重的报道，心情很郁闷，要不出来我们一起找一些朋友做些活动，一起聊聊天，谈一下心，可能会开心点！

他说挺好的，他就愿意出来。后来我们就组织这样的群体。刘伯也向我们推荐一些人，因为他是本地人，了解哪里有哪些地震伤残人员。通过他的关系，像滚雪球一样，加上我们自己出去做外展社区行，了解一些残疾朋友，我们就去跟他们谈。包括我们说的刘哥（刘刚均）、马叔（马兴书），他们都是我们通过这种方式找到的。当然，在他们的生活经验当中，没有那么好的事，所以一开始马叔还留了一个心眼，我们派面包车去接他参加活动，他还专门把面包车的车牌号记下来，告诉家人，怕我们是欺骗他们的，如果他没有回去就让家人报警，他认为车牌号是作不了假的。

当时我们住的那个地方很大，租的那辆面包车是东方职业技术学校附近一个姓罗的师傅的。为什么我们租他的车？因为有时候我们需要去购买物资用他的车，慢慢地我们觉得这个师傅不是那种唯利是图、敲竹杠的人，他给我们的价格都很公道，所以我们都愿意租他的车。此外，他很负责任。我们跟他说从家里接残疾朋友的时候，特别是下雨天要搀扶他们，有些残疾朋友自己有拐杖，有些是没有拐杖的，在路上摔了就不好。还有就是上下车的时候要搀扶一下，有些伤残比较严重的就要坐在靠车门的地方，上下车比较方便，因为他往车里挤的话假肢不好挪动。师傅是比较认可我们这些做法和价值观念的。

然后我们把他们组织起来开展活动。了解社会工作的都知道开展服务都是比较常规的一套，先是建立关系，彼此相识。然后对他们做一些专业服务。我们买了一些茶歇物资，比如，糕点、水果、茶水等，因为天气比较热。我们是 4 月正式入驻，5 月底 6 月初正式开始小组工作，之前都是一些个案，做家访。所以那个时候开展小组工作恰逢夏季到了，比较热，我们就给他们买了一些茶歇物资，给他们改善一下。那个时候我们条件很差，经费比较有限。你想一下，房子很小，又热，只有两台电风扇，转来转去，不停地挪动，让他们感受到凉风，同时也要给他们准备水果、茶水、糕点。

他们中有些人没有在家吃早餐的习惯，来后可以吃一些糕点填一下肚子。中午的时候就安排他们在东方职业技术学校吃午餐，资金都由我们这边出。因为我们想到很多残疾人回到板房后都是自己一个人在家，他们的孩子和家人都出去谋生了，他们自己回家一个人准备吃的很不方便。学校里面有厨师，而且是个特级厨师，人也特别好，弄的菜也很好吃，所以中午在学校的时候，我们就请他们在这里吃饭。实际上吃饭这个环节比较重要，他们可以进一步相互了解。东方人的习惯就是这样的，能够在一起吃饭交流的，大家的关系会更亲近、紧密一些。

开始在小组活动的时候大家还是有些放不开，交流没有那么深入，但是通过吃饭、聊天，大家的这种感受越来越深。做第一期的时候，我们讲得很清楚，我们是以家庭为单位，不以个人为单位。因为我们都知道对于残疾朋友来说，最大的支持是来自他的家庭以及周边的邻里关系和他的亲戚朋友。如果仅仅是以个体为目标的话，他的社会支持网络不健全，那么他后续自我的康复、社会关系的重建、自我能力的提升，包括自信心的恢复等这些效果都不会很好。做小组活动虽然是服务对象作为个体参加，但是在整个活动做服务的时候我们都是以家庭为单位，比如说，有些小组活动我们可以进行扩展，小组活动后期我们可以准备社区活动，邀请他们带上自己最重要的家人参与活动。

在这个过程中，让他们体会到社工是干什么的。当然我们开始服务时很清楚，我们不急于告诉他们社工是做什么的。由于历史文化原因，他们有很多人都弄不清楚社工和志愿者是干什么的，有什么区别，他们就觉得都是来做好事的。最重要的是通过我们的服务活动，让他们明白社工是做什么的，社工和志愿者有什么区别，有哪些不同。的确是这样，因为我在机构做服务、做小组工作的时候，一个主要工作人员一个辅佐工作人员，他们一定是专职的社工，经过严格社会工作专业训练。而且很多都是老师亲自带小组，像陈涛老师、郭伟和老师、蒋斌老师，包括我。我们还有观察员、摄影者、负责后勤的人员，这些就可以安排志愿者去做，他们可能也是社会工作专业的，但是他们的专业训练还没有达到老师们要求的程度，经验不足，就先去观摩、学习。

还有的志愿者是学其他专业的，他们也是想到灾区来为这些民众做服务。慢慢地他们大都会明白，社工和志愿者区别到底在哪里。当然，我们做完第一期小组工作后，效果还是不错的。我们做小组第二节活动时，他们就感觉我们是真心在帮助他们，他们在这里也有很大的收获，所以他们私下就会通知他们的伙伴（来加入），有些是在地震中伤残的，有的是之前有伤残的，如小儿麻痹症。他们都很厉害，自己开着三轮过来，跑到小组活动室的后面坐着。我们都知道这个小组活动室很小，之前是给小朋友准备的。虽然这样，我们也不会赶他们走，他们都坐进来了，我们只能再去加凳子，也让他们参加活动，给予应有的尊重，一起分享食物——中午的时候增加碗筷，饭菜不够，再添再加。

因为厨师是东方职业技术学校的，和我们关系都比较好，愿意付出更多辛劳配合我们。但后来我们跟他们（中途想加进来的残疾朋友）澄清，这个小组是相对封闭的，每一节小组活动之间都是有相互联系的，前面没有参加的话，后面的活动可能接不上；另外，我们这个活动房间只有那么大，天气很热，之前定的小组成员是 10 个人。如果今天来几个，明天来几个，小组二十几个成员，是没有办法开展下去的。所以我们就跟他们说明："你们放心，我们这是发展性小组，后面我们还会做小组，你们下期来。"他们听后就依依不舍地离开了，说："你们一定要做！"我们说："你们放心，我们已经申请资金了，一定会做的。"

后期开展社区活动，为了平复他们渴望的情绪，我们也会邀请他们参与活动。春燕手工作坊那里还有两张照片，都裱在墙上。有张照片我是穿着沙滩裤，实在是热得不行，就穿着短裤和大家照了一个合影，当时大家都不舍。我们的目的很明确：我们不希望他们一直依靠我们，什么事情都听我们的安排。实际上我们在开展小组活动的时候就有意识地引导他们改变自己的观念和意识，让他们自己学会什么事情都依靠自己，独立自主。他们原来生活当中没有过这样的体验，但是在社会工作小组中要有这种体验，他们自己要学会独立自主。哪怕是说我没有文化、家庭子女没有见过什么世面，但是这不代表不可以参与进来，不可以发表意见。每个人都可以发表意见，在这个过程当中，从观念、态度到行为习惯的转变，这是一个非常明显的重要指标。这个转变完成之后，我们就想最终让他们自我服务、自我管理，就是我们常说的“自强自立，自重自爱”。

从自助到互助，这个小组我们做成互助小组，到最后助他。当他们的能力增长、意识提升后，他们就能帮助他人，而不只是小组成员。因为他们的社会支持主要来自血缘支持，来自地缘关系，或者业缘关系。那么我们怎么学会让他们超越自助互助，达到助他？这个效果还是比较明显的，2010 年玉树地震，他们主动提出来向玉树的受灾群众捐款。这是很了不起的举动。他们觉得 2008 年地震的时候受到别人的帮助，现在别人遭受灾害了，虽然自己能力有限，生活很困顿，但是多少也要表达一下自己的心意，帮助那些受灾的群众。

这是一个很了不起的转变。后来我们说成立一个管委会，管委会成员也是由他们自己民主投票，一人一票选出来。在这个过程中我们特意强调要选一名女性。像刘伯（刘志全），年龄最大，为人特别善良，人特别好——他自己在国营单位做过，在供销社做过，在餐馆里做过，开餐馆生意那么红火，他一定是为人很好，如果为人不好，客人就不会来。的确他在组员中的人缘很好，因此他被选上的可能性很大。刘哥是断腿英雄——当时人称“当代关公”，有奥运火炬手的光环，而且他之前在村里做过团支部书记、煤矿的管理员，能说会道，管理能力还是比较强的。马叔原来做过村主任，做过煤矿的管理员，做过乡企办公室主任，在这里他文化程度是最高的，字写得也很漂亮，为人很忠厚，所以他被选上的可能性也大。我们想这个小组成员女性比较多，女性6个，男性4个，如果一人一票选举时我们不去引导的话，可能会选刘伯、刘哥、马叔这3个人。

另外一位男性是郑明军，他有小儿麻痹症，说话不是那么流畅，但是为人非常善良。他住在什邡，离得比较远，所以他被选为管委会成员的可能性不太大，他比较年轻。但是前面3人被选的可能性比较大。我们制定了一个规则：必须要选一名女性。最后杜成艳被选出来了。开展活动时她经常做主持人（她有只手是残疾的）。管委会就是这样产生的，它的制度设计很重要，如果没有一个强有力的制度设计，女性就没有参与的机会。为什么我们要给女性一个机会？虽然说从能力上比，她比刘伯还弱一点，但是要给她一个能力成长的空间。

后来我们成立了一个3人的管委会，希望小组的事情由他们3人讨论决定，自我服务、自我管理、自我发展。当时我们跟红十字基金会申请项目的时候，陈涛老师对定位很清楚，青红的理念就是“团结社区，发展生计”。团结社区是社工的理念，去包容、去接纳所有的社区的人。虽然我们是困难群体，在地震中受到很大伤害，这不代表我们就没有用了，我们还可以做很多事情。除了我们自己自立自强，解决自己的问题，帮助社区其他需要帮助的人，回馈社区，通过公共服务，重建公共空间，我们可以贡献自己的一份力量。

一个人走得更快，但是一群人走得更远

第二期开展小组的时候，我们在第一期的基础上，（继续）做家庭生计小组。为什么发展生计？生计不是说让他们赚多少钱，而在于通过做生计项目让他们重新找回自我价值感和生活的意义，不只是要赚多少钱。当时他们有很多明确的生计项目，但是最后成效并没有那么显著，而这个过程是我们更看重的。当时一个集体生计项目，以刘伯为主，刘哥、李先凤是成员。李先凤在地震中伤残了，她丈夫失踪了。她丈夫是开大货车的，几十千米的山体都垮塌了，不知道被埋在什么地方了。他们在板房开了一个“梦想超市”，很红火，有很多人来帮助，这是一个。第二个是马兴书和孟颜进他们合作想开一个卖地震纪念品的店。孟颜进有炒板栗的技术，所以她想卖板栗，再卖一些水果。我认为，首先他们要动起来，有改变的勇气和力量。郑明军他就回家乡，在家乡做养殖。还有一个张婆婆，她的条件差一点，年纪大一点，她也愿意跟别人搭在一起，合伙找点事情做，有生活的动力。

杜成艳和她姐姐两个人开水果店。遇难学生妈妈马代蓉想卖烧烤（她之前也做过烧烤，确实有基础），大家一起和她讨论，认为她还年轻，身体还好，可以再生一个宝宝，她自己也想再生育。那时我们还跟她开玩笑说，你最大的生计项目是再生育孩子。当时他们夫妻俩一是比较着急，一是他们俩都比较胖（可能是地震后创伤应急障碍综合征导致的），所以之前一直没有要上孩子。我们就帮她链接资源，做各种产前检查，利

用现代科技帮助他们生宝宝。他们还是很幸运的，生了一对龙凤双胞胎。记得我们还准备了一个生计项目启动仪式，中国红十字基金会理事长王汝鹏先生专门过来参加这个活动。当时我们拍照的时候还在想，一般领导都是坐在前面，坐在正中，老百姓都是站在后面。后来我们跟领导商量，王汝鹏先生很干脆地说："肯定是我们站在后面，因为他们都不方便，请残疾朋友直接坐在前面好了。"那张照片大家都很开心。

第二期也是以家庭为单位，找了 10 户，大家都踊跃参加，包括春艳。第一期开展时，春艳正在康复，她的身体受损状况比较严重，是脊椎受损。那时候她身体已经康复。我记得她第一次来参加我们的活动，特别阳光，她自己也说我们特别不错。我们搀扶着她，过一个桥，那个桥的斜坡上有青苔，有点滑，我们包括志愿者都帮她。她当时很感动，就说一定参加我们的第二期活动。第二期的时候她就如约来了，来了之后她确实彰显了自己的本色——她非常能干，非常阳光，也爱做事情。她本来在国营企业，在煤矿做女工组的组长，她为人很正派。在第二期小组中，很明显地看出她的能力，不说是个领导，也可以说是骨干，是个带头人。她活跃度很高，有自己的主见；关键是她乐观，积极向上。

后来第二期结束了，我们想第二期不用再选一个管委会，就想把两个小组的管委会合在一起，增添合作的力量，前面的 3 人不动，后面再增补 2 人。第二期女性更多，表现也更突出，春艳也自然而然当选了管委会成员。还有朱兆霞，她是高中毕业，经历很丰富，也有自己的一些见解。后来选出了一个 5 人的管委会。我们希望青红继续运作下去，（但）中间有出现过断裂，资金没有了。中国红十字基金会受“郭美美事件”等影响，它的资助力度变小，而政府购买服务政策还没有出来。青红要继续走下去，我们怎么办？我们就去与其他基金会联系，就联系上中国扶贫基金会，他们就给了我们一个项目，当然这也有个机缘巧合在里面。

当时中国扶贫基金会在民乐村有个小项目，是我在做，同时青红社工在那里做恩派的阳光社区项目。中国扶贫基金会就请我去当他们的顾问，进行一些交流。他们同意我们写一个项目申请，给我们资助。关于这个项目，他们就提出一个指标，就是要有组织化。组织化？我们当时想乡村的组织化就是合作社，我们就想以合作化的形式开展。那时候我们就在想，如果要做养殖的话，如黄金琼她就做养殖，养鸡，一开始赚了很多钱，但后来一场瘟疫，前面赚的钱都赔进去了，风险很大。我在民乐村也看到合作社养兔、种蘑菇，风险也都是很大的。这些养殖精细化程度高，技术含量也很高，要求有一定的技术与管理基础。我们想着能不能做一些种植，种植不像养殖——安置房所在地没有地方做养殖业，要发展养殖业，只能在他们以前住的山上养，但在山上养猪养牛，山上经常断路，洪水季节猪牛和人都不能上去。那怎么办？养的这些猪、牛不吃东西就会死掉，而且它们也会生病，会跑掉。所以我们一致决定选择种植，风险会小一点，成本也低一点，就想种银杏。为了确保将来的银杏树苗是健康的，不是给城市带来危害的，因为将来它们会成为景观树，所以我们跟他们说一定要找这种公孙树、老品种的树，不能找现代转基因的树。当时跑了很多个地方，听到哪里有古老的银杏树，就去了解，最后买种子，育种。

我们后来就成立了一个合作社，主要是刘哥、马叔他们村子里的村民，都是年龄偏大的，还有女性，因为缺乏技能，他们出去找工作也找不到，地震后又有很多次生灾害，他们都没了其他的收入来源。种银杏树主要原因是考虑到种树的风险会小一点——树种在山上，不用管很多，成树的经济价值比较高，也不像养殖，每天都要喂东西。

但这也是一个技术活。我们去周边找那种老的树，选种、储藏，学了很多技术，比如说种子里有破损的和霉变的都要被扔掉，然后还要用沙子把它埋起来，而且这个沙子不能太潮，也不能太干，否则会让种子霉掉。

很好的一面是刘哥、马叔他们的自主性被激发出来了，我们一起上网找资料，一起去问一些有经验的专家。我们在山上做了一个苗圃，就是开荒地。当时是震后3年多了，草已经长很高了。夸张到什么程度？比如我一米七几，进去都看不到人。我们要先把这个草除掉。还有我们要尊重当地文化习俗，就是拜山神，这是一种仪式性的东西，所以我们也尊重他们。当时我们把杂草清理干净之后放火焚烧，就当肥料了。他们参与性非常高，因为当时我们设置的这个制度就是合作社的所有成员都要参与活动。如果劳动那一天你家里真的有很特殊的事，那原则上就是要先请假，然后找一个人替代你来帮忙，也就是你得找一个亲戚或者朋友来帮你，或者说以后有除草施肥这种农活的时候，你再把你请假的这个劳动补回来。

我们强调要平等。因为我们这个合作社里有年龄大一点的、年龄小一点的、身体素质好一点的和身体素质差一点的，或者说是干活麻利的和干活不怎么熟练的，但是他们每天计的工作量都是一样的，就是说没有分成你是几等我是几等，谁多干了谁少干了。中午，我们就一起聚餐交流。因为当时山上的自然灾害很严重，怕发生意外，我们每天用面包车把他们送上去。有时候社工也会邀他们做活动，比如唱歌、跳舞，然后社工会把他们唱的山歌都记录下来，所以每次都很热闹，他们就特别开心。我也去帮忙干了几天，都是特别开心的，特别融洽。而且他们做得特别仔细，在锄地的时候有一些碎石头都会很小心地挖出来堆在一边，不是那种随便扔的。

合作社是很幸运的，由于之前相关的技术都掌握得比较周全。当时头两年是非常辛苦的，因为头两年树长得很慢，还有一个就是它很怕一些动物进去破坏，比如鸟、老鼠，周围也有一些农民散养了一些牛羊。所以当时有个建议就是大家把自己家里的竹子和树枝捐出来，弄成一个围栏，来避免一些损坏。第二个就是非常怕洪水，因为树很弱小，所以洪水淹一天没事，但是淹两三天就不行了。因为这个洪水都是从周围的高山上倾泻而下的，往往夹杂着一些泥沙和杂树，这些东西冲下来到了苗圃里面损害也是很严重的。所以当时主要就是建造围栏来防止动物入侵，还有就是修好排水系统。

所以头两年特别辛苦，下暴雨的时候他们都要去巡查，为此，他们还在旁边搭建了窝棚，方便值班。他们都很爱护合作社的财产。后来因为树逐渐长大，有几十万株，密度太大，必须移栽到现在的山坡上。合作社把树卖了（一些）以后，就把那块地租下来，租了 10 年。因为那块地都是凹凸不平的，我们就把一些树枝铺在上面，我们也把它叫作“青红小道”，第一，方便他们上山劳作。第二，青红社工有很多是城里人，到乡下走这种比较湿滑的泥地不太适应，所以我们就用树枝铺在这里。

这条路要穿过竹林，生态环境非常好。现在银杏树苗最高的已经有3米多，我到里面去都会完全被遮蔽，必须爬到比较高的地方才能看到这种气势，非常壮观。从最近这几年来看，养护得比较好，长得也比较高，它们遭受病虫害的可能性也越来越小了，因为它们的抵抗力已经比较强了。当然，山上还有很多山老鼠，到了冬季它们缺吃的，就啃这个银杏树的树皮。银杏树没了皮就会枯死，不过，只要它下面的根系还在，还会从旁边发出新芽，也就减少了损失。我们也一起讨论，我们人与自然要和谐相处，不会去设置陷阱或者用老鼠药来弄死老鼠，这是没必要的，因为它们并没有造成大规模的破坏和损失。

之前银杏树市场特别好，全国各地都觉得这是一个很新奇的玩意儿，很多城市都去抢这个树种。后来因为一哄而上，导致供大于求。银杏树本身的意义还是很大的。一是银杏树有“活化石”之称，是一个很古老的物种；二是它是景观树，夏天可以遮阴，秋天可以赏景；三是它的果实可以吃，银杏果可以煲汤、入药，它的叶子还可以做成保健茶。只是现在市场不好，合作社讨论决定现在暂时不卖，做成一种长期的投资，就是做长线。但我们还是需要长短结合。所以我们种完银杏苗圃以后接着又申请了中国社工协会的一笔资助，当时我们就讨论山上种魔芋比较容易赚钱，后来就为了种魔芋又租了一块地。做事是没有一帆风顺的，因为之前我们就从网上查找资料以及问一些资深的专家，他们都说种魔芋最麻烦的就是感染细菌，而且它们之间的传播也很快，因为这个细菌是从地下走，是看不见的，通过土壤传播的。虽然当时我们也意识到规避这种风险，但最后还是不幸遇到了。

当时我们到外面买魔芋种子，因为比较便宜，所以就跑到阿坝州那里去买的魔芋种子，买的过程中由于运输没有把握好，正好遇到洪水季节，交通阻断了，魔芋种子在路上耽误了几天，发霉了。当然合作社也很清楚发霉的不能用，就把发霉的处理掉了，把看上去还是很好的魔芋留下来育种。之后，魔芋苗都长得挺壮实、挺茂盛的，似乎丰收在望。

其实里面已经被感染，细菌已经从土壤里面传播了，魔芋苗最后大面积地枯死，只有很少量的魔芋得以存活。总体来说，这个项目是失败的。所有事情不是想做就能够成功的，这中间的因素太多。我们就在思考这个魔芋是运输过程中霉变导致的传染还是周边其他农户的魔芋传染过来的？这个你没办法去实证。它是多种可能性的一个东西，也说明了做这些都是风险很高的。

除了这个项目，家庭生计互助小组项目也是我们的集体项目。我们也在考虑要根据每家农户自己个人的技术条件和生计欲望与能力来进行小组合作，后来我们培育了一些个体的经济行为，通过种植和养殖来改变他们的生计状况。大天池海拔大约 1002 米，这个海拔高度污染少，最适宜种药材。山上的煤矿都关掉了，也没有其他工业，大部分居民，除了少量在山上有养殖行为，都在山下居住，所以山上的生态环境非常好，当时就有农户自己育种中药材的。后来我们也鼓励当地农户去种重楼，重楼就是云南白药和好多重要的中药里面都有的中药材，它的根茎可以入药。

还有就是黄连，具有消炎作用。我们都说“黄连苦口利于病”，它是生长时间越长越利于病。再有就是有条件好的院坝，地势比较平，周围的生态环境也比较好的农户，我们就支持他们做“农家乐”，然后让他们养一些土鸡和牛。但是养牛一年多最后算下来挣得不多，为什么？因为牛的体形比较大，吃的东西比较多，你每天要么喂它们饲料，要么喂它们山上的一些草料，总是要费很多精力。但是养鸡不一样，鸡吃得比较少。后来就没有再耗费精力去养牛。再后来合作社决定养蜂，因为山上的自然环境比较好，一年四季都有鲜花，蜜蜂主要就是采集鲜花蜜，或者采集中药材的花蜜，所以蜂蜜的品质也很高。

合作社最重要的是怎样把这 23 户农家团结起来，让他们凝聚起来，这是很重要的。我们之前也讲了，首先要在制度上有一个机制，把社会工作的一些价值理念用进去。比如平等，大家要以 23 户家庭为本，把他们作为最基本的主体。合作社的成员原来有的做过村支书，有的做过村主任，还有的是一般村民。但是你不能说你原来是村主任或者是村支书和村妇女主任，或者是你家庭条件比较好一点，语言表达能力好一点，文化程度高一点，就有更多的话语权。你表达自己的想法是可以的，但是在作一些重大决策的时候，以及一些集体行动的时候，大家都是平等的。

另外，要激发他们的自主性，不要让他们什么事情都依靠我们。像种银杏树，就是在他们的能力范围内和他们的本土经验以及山上生态环境相适应的一件事情，并不是一件“高大上”不接地气的事。因为原来想过要种红豆杉，包括鸽子花树以及一些其他奇珍异木，后来讨论后觉得可行性不高，他们也没有这些经验，就没有执行。最后还是觉得要做一些和他们实际生活经验相关的事情。所以平等、自主、接纳和尊重这些原则与理念，都是很重要的。按照他们平时的生活经验，一言不合就会吵架，用吵架这种方式来解决问题，但是我们一再强调，不要以吵架的方式解决问题，大家都应该是心平气和地一起讨论，一次达不到统一意见，那就下次再讨论，没必要某一次开会一定要得到一个强制性结果。在大家讨论以及相互之间发表意见的过程中，大家也都在学习，都在改变，这是很重要的一点。

还有一点就是，合作社本身有经济功能，要考虑它的付出和收益。我们当时得到中国扶贫基金会的资金支持的时候，里面也有一项是劳务费，那么我们就要和大家讲清楚，比如，在外面做小工一天，当时是灾后重建，人工费都很贵。有一定的技术、身体素质好的，一天就有100多块钱，差一点的或女性，一天就八九十元。但是我们要跟他们讲清楚，要留一部分基金用于以后集体发展的支持。同时，我们也会跟他们说清楚，我们会保证大家每天有肉吃，以及一天四五十块钱的补贴，这样的话也可以对他们的生产、生活有一个帮助。

我们要求的是要有一种机制，就是你每次的参与率（当然有个别家庭有事情来不了，那就找亲戚朋友换工）。亲戚朋友也来不了的，那就是缺勤，并做相应的记录，在以后分红的时候就有所差异。每次都参加劳动的和中间参加不充分的人如果都一样的话，就没有一个正向的激励了。这个资金量还是很大的，比如说我们预估如果这个苗圃里面的树都能够卖出去的话，这个是上百万元的。所以我们就说，卖了银杏树的钱大家都分掉是不行的，必须要留一部分，比如留一半或者 60% 作为社区发展基金。为合作社后期要做的事情做准备；比如说银杏树卖完了之后觉得中药材市场很好，那就种重楼，或者种黄连，还有很多东西可以种，包括以后要做集体养蜂合作社，也是要考虑前期的一个投入，基金就是要用来做这些事的。所以我们就和他们讲，挣的钱不能全部分掉。当然，我们合作社除了经济功能，还有一定的社会功能，比如说，大家可能会集体讨论，参与山上的野生动物保护、环境整治，他们如有这个意愿，就可以通过他们的组织，向家庭成员等灌输这种理念。原来他们在山上，真的是靠山吃山，会有私自捕猎野生动物、国家保护动物的习惯。合作社的一些教育和倡导活动，就是让大家学会保护这些野生动物和生态环境。

同时也让他们学会更好地去处理与家人、邻居、政府的关系，这是非常重要的。大天池村是由两大家族构成的，人数最多的一个是高家，还有就是刘家，其他都是小的家族。原来的时候，这些家族之间，会以大欺小、以强凌弱，形成小集团开展利益争斗。

我们通过合作社以及青红家庭生计互助小组（来改变）这些不好的习惯或传统。家庭生计互助小组是 20 户家庭，大多都是残疾人，主要以当地村民为主，和合作社成员有少量的重复，比如说这个刘刚均既是 20 户家庭生计互助小组最初的成员，同时也是合作社的成员。马兴书也是这种情况。有少量的交叉，但是大部分是没有交叉的，合作社成员要下地干活，大部分都要身体健全。但是也存在其他问题，比如说年龄问题以及技能等其他问题，这些人出去干活是找不到活路的。合作社让他们达成了以平等、尊重、包容、接纳的方式去看待周围的人和事，而不是我受到欺负、吃了亏，就找与我有血缘关系的亲戚朋友抱团去闹去斗。原来有一些人经常去上访，现在都没有这个现象了。因为通过青红社工服务活动学会了可以用其他方式去和政府交流、表达诉求，而不是动不动就用极端的方式去解决问题。

当然，后来我们也发现家庭生计互助小组的成员，比如说春艳，因为她身体伤残程度比较重，她是脊椎有损伤的，所以她活动能力差一些，没办法到地里去，再加上她也不是山上的村民，她的生计原来是做窗帘，她是一个很敏锐的人，有经济头脑，她知道灾后重建人们从板房搬到永久住房需要买新的生活用品，并且装修房子需要窗帘，她就开始卖床上用品，后来就扩展到做窗帘，叫居帘布艺，一年多以后大家都陆陆续续搬到新家里去了，对窗帘的需求不大了，生意就有点不好，窗帘店也就关了，她天天在家里面，情绪很低落。

有一次我和她聊到这个事，我就跟她说，春艳，你觉得你的状况不好，实际上还有人比你状况更不好，他们也没有放弃。我建议她去都江堰看看新启程的黄姐。她的伤残程度也很严重，双腿截肢，只能坐轮椅，有一只手也是伤残的，她自己带着一帮残疾朋友在都江堰做社会组织，做得很棒。她看了以后就很受启发，因为黄姐带着一帮残疾朋友在做刺绣、电脑包、小姑娘喜欢用的小布包以及小的物件，还做了一些其他形式的手工艺品，开了小餐馆。

回来以后大家就商量，一开始也想做刺绣。因为春艳的几个关系比较好的姐妹，比如孔祥蓉、周贵红，年龄比较大，眼神很不好，刺绣需要眼神好，很费眼力，要求也很高，弄不好你这个东西就不好卖。其次觉得刺绣到处都在做，可能市场已经饱和了。很多社会组织都在做刺绣，包括北川的很多人都在做羌绣，还有成都这边的社会组织在做蜀绣。这毕竟是个工艺品，我们不能老是打着什么受灾群众、慈善的旗号让别人买你的东西，如果你的东西很难看，使用价值也不高，别人买一次两次还可以，老这样让别人买，就会有点道德绑架，别人心里也不会舒服。

所有项目最终是要与市场对接的，不能总打悲情牌，希望别人做公益慈善买你的东西。后来我们看到别人做工艺品就是把木头加工成什么形状，上一些颜色写字，但女性身体不方便，力量和耐力也不强，需要投入各种各样的磨具，也不适合……我们就讨论说不要只考虑挣钱，而是要让大家找到一个努力的方向，从低沉的状态中走出来，这也是很重要的。陈涛老师、郭伟和老师和我们商量的意见，就是给她们找个事做，找到自己的价值和尊严感。

后来她们就自己上网查资料，发现可以做串珠，就是用鱼线把玻璃珠子串起来，或是用玉石做的珠子串起来做成一个摆件。她们的兴致很高，但是这个过程很痛苦。第一，这个市场很复杂，同样的东西价格和质量都不一样，还要去成都找原材料。我们派了很多志愿者陪着她们去打听，最终找到了价格公道、质量也有保障的地方，供货也比较稳定。第二，对她们来说，这是一个从来没有接触过的东西，看似很简单，但是很辛苦。鱼线有弹性，你绑得太紧，就会变形，绑得太松，就会垮掉，力道的把握是要经过很多训练的。而且也不能戴手套，因为戴手套你就不好使劲，所以就会把手勒出血、勒出口子、磨出血。

刚开始她们技术不够熟练，经常会做了之后觉得不好看，就又拆掉，反反复复地练习。我们现在看她们的产品，都是4.0版了，原来那些1.0版的都很难看，穿的猫、狗、羊都是差不多的，没有美感。一开始做一些垫水杯和碟子的垫子，要不就是做个果盘、花篮，要不就做十二生肖，但是做得很艰难，也不好看。后来就慢慢去找人培训，去拜师，我们这边后来也给她们提供了一些建议，就是颜色怎么搭配比较好，慢慢就有了改进，升级到2.0版和3.0版，现在的就越来越好看了。

另一方面你也要考虑到市场需求。买一些玉的珠子串在一起虽然好看，但是你要想一想，汉旺就是一个乡镇，没有多少市场，而且都是普通百姓，你卖那种很贵的没有人能够接受。在产品的定位上，也经历了一些摸索和挫折。后来慢慢就找准了自己的定位，就是以乡村基层为主，当然也会做一些较高档次的东西，因为有一些外地来的爱心志愿者和朋友过来看，过来了直接捐钱什么的也不合适，所以就买一些小摆件，表示支持。

还有一些志愿者和老师们来，她们要送一些东西，但是志愿者和老师们说不要，或者一定要给钱，因为不能白拿她们的东西，这是她们劳动的成果。所以这个就很重要。当然也有很多外部的帮助，比如说上次中央电视台《焦点访谈》的导演就跟我说，听了我说的春艳的故事以及手工作坊姐妹们的情况之后，特别感动。因为当时我是把板房里面的做小组活动以及后面的社区活动转录成了视频，拷了一套给他看。所以他就说，春艳我一定要帮你做宣传，后来在节目里，就是连带着帮春艳做了宣传。

早期她们在学的过程中要反反复复拆了做，很辛苦。但是后来有了改观。一方面，手工作坊在社区里面，社区给她们提供了场地，不用租金，水电费也是象征性地交一点，成本压力会小一点；另一方面，她们有一定的市场，加上政府有少量的支持，包括妇联，每年都会去买一些东西，像她们做的笔筒，可以放笔和剪刀，妇联就会买一些送到各个办公室，支持她们一下；网上也慢慢有一定的销路。现在的春燕手工作坊经济功能开始发挥了，可以补贴家用，改善一点她们的生活。

最重要的是，她们几个姐妹能够天天在一起，聊聊天，可以舒缓情绪、减轻压力。比如何金蓉，地震后被埋在废墟里，身上有很多处骨折，头盖骨也受了损伤，身体的各种指标不稳定，精神压力很大。通过几个姐妹在一起每天互相疏导、安慰，加上志愿者的陪伴和疏导，她现在的状态是越来越好了，前天我还跟她聊，发现她也越来越开心了。还有马代蓉，她是遇难学生妈妈，她再生育了。她老公在外面打工，她自己抚养两个孩子，压力很大，总是担心两个孩子的健康和未来的学习，她现在也变得越来越开朗了。

青红生计互助小组的其他姐妹也会经常去帮忙，比如有时候订单来了忙不过来，就需要青红家庭生计互助小组来帮忙。暑期时，她们还和社区一起给小朋友、留守儿童开展一些活动，发挥了小组的社会功能。有些地方地震受灾，她们也会捐款。比如这次西藏妈妈达珍的两个患病双胞胎姐妹来华西医院治疗，她们也通过“轻松筹”捐钱了。我们觉得这是社会工作的理念得到了实现，团结社区，发展生计。每个人都有求生的本能，每个人都有追求美好生活的原动力，问题在于我们怎样去激发他们，协助他们、陪伴他们、支持他们，在这个过程中让他们突破一些限制和障碍，让他们能够自助、互助最后助他。

我们在社工同学中做过实验，去体验残疾朋友是怎么不容易的——把他们的眼睛蒙起来，去体验一天什么也看不见的感受。一实验，就会知道这是多么不容易。还有在做某些活动的时候，把你的腿绑起来去做，让你感受生活多么不容易。你想，一天你都觉得很不容易，长时间的话肯定会让你觉得更难受，很崩溃。所以他们需要互助，就像我们经常和他们说的一样，“你是我的眼睛，我是你的拐杖”。最后是助他，自助是人的本能，但更重要的是要能付出助人。做社会工作的人都想得很清楚，没有人会永远陪伴在他们身边，我们总有一天会离开的，所以他们只能自己帮助自己。陈涛老师就经常说：“一个人走得更快，但是一群人走得更远。”

放眼未来：“你们都是没有社工证的社工”

社会就是这样的，如果大家都崇拜强者，每个人都想做强者，都服从强者，弱者没人关心和支持，那么这个社会就会有很多极端的事情出现。通过青红这些组织化的行为和活动，的确给他们带来了很大的影响和改变。

现在乡村里的残疾朋友群体也不小（有地震、交通事故、工伤事故或是疾病以及先天性疾病致残的）。城市里的残疾人生存状况一般来说会比乡村要好些。城市里的无障碍设施多一些，生活也会方便一点，一般情况下收入状况也比乡村会好一点。乡村真的就要糟糕得多。我知道一些成都的残疾朋友，因为成都有很多特殊学校，他们从小就可以接受相对正规的教育，有一定的文化基础，出去找工作相对容易。我知道一个残疾朋友就是做录音转录的，他转录的质量非常高，他获得的报酬也比较高，可以养活自己。这在汉旺是一个根本无法想象的事情——有多大概率会有人跑到乡村去做访谈，然后知道一个残疾人会做高质量的转录？社会服务讲究一个规模性，西方有专业分析说，两万人才能养活一个牙医。在成都可以养活很多牙医，因为人多。青红能运作起来最重要的就是我们的价值观一直很清晰——我们到那里要干什么？如果连这一点都不明白，就必须要非常谨慎。因为很有可能你不仅帮不了别人，还有可能给别人带来更多的困难。所以价值观必须要很清晰，有积极的价值观和强烈的使命感，并且也要接受各种挑战。比如说，我们当时住在板房里，第一个挑战就是生活的挑战。很多人根本受不了，太热，夜里两三点钟之前没办法睡觉，白天也没办法睡午觉，而且每天有那么多工作要去做。租房也有困难，要有充足的经费啊。有一段时间我们经费紧张得很，那段时间我们的志愿者没有补贴，其他的工作人员一个月就拿几百块钱，有的甚至还要自己贴钱。

同时你要学会自己做饭，自己照顾好自己。我记得有一个重庆来的同学，每天除了吃食堂，就是吃方便面，也不会打扫卫生。我就跟他讲，你不能老是让姐姐妹妹们帮你做饭，你不会做饭可以学，可以择菜、洗菜，也可以擦桌子，这些基本的总可以学会的。还有你是一个集体中的人，那你至少要自己注意公共卫生吧，如果自己都不能够照顾自己怎么去服务别人？

做社工首先要考虑好你的使命感，如果你不愿意付出、不愿意投入这种热情，你就会坚持不下去。但是我们也要对人性的复杂性有足够的认识，不要觉得你做过服务，跟他们建立了一定的感情基础，有一定的专业关系，他们身上的人性弱点就会消失，那是不可能的。我们自己本身也有很多人性的弱点，但是我们可以通过我们的服务去影响、去改变人性中软弱的、黑暗的东西，让它们变得越来越少。这样他们人性中正向的、光明的、有力量的东西就会越来越多，这是我们希望达成的。也是社会工作经常说的赋能、增权——当他们身上的自我动力发展出来之后，他们就会焕发出更多力量，有各种力量和各种途径去调动各种资源来解决他们自己的事情。他们需要我们协助的就协助，不需要的时候就陪伴或者退到一边，留出空间让他们自己讨论问题。争论都不要紧，因为很多东西越辩才会越明朗。不要因为和他们有分歧、有争吵就慌乱，就觉得失败了。有一定的争论、有一定的分歧反而是一件好事，让他们在争论中理解平等、尊重、包容的意义在哪里。我想谁都不愿意天天生活在一种大家相互争斗、不和谐的环境中。有时候也有必要把大家之间的差异性表现出来，所以我们要尊重他们的差异，同时鼓励他们在求同存异的前提下达成共识，形成集体行动的群体，这是我们的共同目的。我们想培养的就是一帮在地的、不走的社工，就像春艳、老马、刘哥以及我们合作社的成员、家庭生计互助小组的成员、春燕手工作坊的成员、青红合唱团的成员，包括今后我们可能还要培育成立的社区发展性质的联合组织的成员。实际上，我们基本的思路已经很清晰，就是青红既有经济功能，又有社会支持功能，当然，更重要的就是有没有可能激发他们共同讨论下一步的计划，建立起一个理想社区，向一个比较美好的、大家向往的社区形态努力。

青红已经开展服务十多年了，但是我们还有很多课题，很多东西要去探索和实践，这对我们来说，对中国本土社工来说都是一个全新的课题，没有任何经验可以借鉴和模仿。中国的国情、中国的历史文化传统跟西方有很大的不一样，不可能把西方的一套完全照搬过来。乡村社会工作为什么说挑战性更大？因为它面临的问题比城市更多，乡村贫困的程度、个人遭受的苦难以及资源调动的能力，包括人与人之间相处的方式和能力，都是与城市不能相比的。现在很多所谓的乡村成功人士，包括挣了钱的，或者是考上大学、文化程度高一点的，都搬到城里去了，乡村成了留守老人、留守儿童、留守妇女所在的地方。我们现在真的要以弱者的视角来看待乡村的一些问题才行，要考虑弱者在想什么、在思考什么。我们不去关心他们，这个国家就好不了，这个社会也好不了。

没有理论指引的社会实践是盲目的。我相信社会工作需要理论支撑，社会工作也是一个实践性很强的学科，我们一定要到实际生活中去体验，你没有体验到地震伤残人员在乡村遭遇的痛苦，你就永远不明白他们在想什么。如果你不明白这种家里经济条件不能说是一贫如洗，但他到县城看个医生，都要考虑跟谁去借路费的状况，你就不能想象贫困对于他们意味着什么。我在板房里见到过一个大爷，他的床上只有一张破旧的凉席，其他什么都没有，我们给他买了新的凉席，也给他找捐助，给他提供一些看病救治的支持。社会的确存在种种不平等，有些人家里的牛奶堆得喂狗都喝不完，就是有很多人去看望；而有些人一贫如洗，却没人去关注。你只有真正深入基层和乡村，深入这些遭受过苦难的人群，你才会知道社会工作的价值在哪里。

当然，社会工作也不是万能的，有些事情也解决不了。我们到乡村去，到青红去，做伤残人士的服务，我们真的就是用我们的身心去体会。你不去体会他们经历的一切，他们所遭受的一切，不去体会他们心里在想什么，面临什么样的苦难和挑战，你就不会明白他们在想什么。一般情况我们都是可以陪伴他们一起，慢慢、慢慢地让他们走出来，解决他们的问题，但还有一些问题不是那么常规化的，你再做多大的努力，再怎么自立自强，都需要他们自己去面对的，否则他们的能力会越来越退化，他们的状况也会越来越差。所以我们必须让他们学会去接纳，接纳伤残就是他们身体的一部分，也是生命过程的一个阶段。比如，他们经常会说幻肢痛，你想，明明你的腿已经截肢了，但是到了晚上，尤其是夜深人静的时候，别人都睡着了，你还在那里感觉到你这条腿的脚指头又痛又痒，你想去挠它，但它是不存在的。从医学上说，我问过专家，有些人一辈子都解决不了这个问题。那怎么办？他们原来就是靠自己，说很多人挺不过来就去酗酒甚至吸毒，或者有的绝望到用头撞墙，有的会自杀、自残。但是，他们有了我们陪伴支持的话，我们就告诉他们，这是一种正常的反应，不是你们个人才有的，好多人截肢后都会有这种感觉，当然也会有个体差异，有的严重一点，有的没那么严重；有的频率高一点，有的频率低一点。所以后来青红家庭生计互助小组的一个非常强大的功能就是，知道我这几天可能要幻肢痛了，你们就要留意我，晚上要随时关注手机，如果我在微信里面开始叫痛了，大家就在微信群里互相鼓励和支持，说我们都没睡，我们都来关心你的痛苦，有的时候实在受不了就打电话，在电话里宽慰一下他，转移一下注意力，这样，痛的人就会好过一点。

一个人承受真的是非常痛苦的，只有有过幻肢痛的人才能够心意相通。我们为什么说社会工作的社会性很强，就是我们一定要用身心去感受。所以我们经常说康复、社会服务是什么，就是“身、心、社、灵”这回事。现在因为敏感“灵魂”这个词，所以至少就说“身、心、社”，社就是社会关系、社会结构，包括马克思政治经济学里面说的，社会经济是什么，就是政治经济学，他们的社会权利是什么，他们的经济权利是什么。

青红未来的发展实际上很简单，我们青红十多年了，走到今天仍有很多目标没达到，有很多理想化的东西没有做到。有一点很开心的就是在这个过程中，我们给他们带来了很明显的改变，我们自己也得到了成长和改变。因为他们的能力已经开始越来越强，他们的意识观念和主动性也越来越强，所以我们不要过多地干预和插手他们的事，而是要提供一些陪伴和支持。现在政府购买服务政策有相应的要求，一定要所谓的专业社工去支持才可以申请，我们可能就在项目申请上还需要提供一些支持和帮助。我们帮助他们去争取项目，但是后面的项目评估更多的就是由他们自己来承担，我们去协助。当然，短期内我们围绕政府的制度化的要求，也会鼓励支持他们从考社工证入手，因为他们的文化程度不够。

不过也没有大问题。我们一直跟他们说，你们都是没有社工证的社工，他们的价值观念、做事的方式，在我们 10 年的陪伴支持、手把手的训练下，完全没有问题，就是实务操作也没有问题。在组织化程度上，要往社区发展协会方面去思考。我们现在有三个基本的框架，一个就是以 20 户家庭的家庭生计互助小组为一个组织；还有一个组织就是青红种植养殖合作社，有 23 户家庭；再有就是春燕手工作坊，有几个家庭。我们希望有更多的残疾朋友参与进来，然后把这个组织做大，做成一个社区发展协会，这个组织的功能就会越来越多，不再局限于原来的那些家庭。在内部管理制度上，我们有管委会，合作社我们有理事会，春燕手工作坊只有几个人，就直接民主了。

对于社区发展协会，我们就是想把所有的组织再扩大，然后在组织架构上有更多的调整和分工。现在我们还是靠我们自己，很多时候都是我们去帮他们完成一件事，比如说去申请项目，去引导他们执行一个项目，包括引导他们去自我评估以及项目交代。但是将来的最理想状态就是项目他们自己可以申请——他们要做什么、为什么要做、如何做及最后有没有达到最初想要的效果，他们自己都能够回答，都能够解决。就是希望他们可以做到完全独立自主，当需要支持的时候给予他们足够的支持就行。当然，从目前发展的趋势看是可以实现这个目标的，就在于需要多长时间。

钟丹："两段重叠的生命史"

——我与青红的10年

口述人：钟丹[①] 记录者：汪龙鑫[②]

如果把青红比作一个具有生命体征的个体，那么它与我则是共生共长的关系，是相互见证的关系。在生命历程发展中，我们同时起步，同时出发，同时进步，同时倦怠，有着近乎一致的生命故事曲线，而最终，我们都收获了丰富的故事素材，成为这10年中最值得珍藏的记忆。

团队初创：快乐的苦日子

2009年暑期，我参与的联合国儿童基金会"儿童友好家园"项目刚结束，便接到老师的电话，要我参与青红的社工服务。初到机构的我，如同所有的新兴人类学者刚走进"田野"的心情一样，对各种异文化的风土人情感到"好奇惊叹""不可思议"。当时给我最直接的感受就是同情他们的生活处

① 钟丹：女，中国青年政治学院2011级社会学专业硕士研究生，研究方向为社会工作。本科在读期间持续前往青红一线开展服务，硕士在读期间再次回到青红担任社工。

② 汪龙鑫：男，中国社会科学院大学政法学院2017级社会学专业硕士研究生，研究方向为应用社会学，2018年暑假期间在青红做志愿者。

境和遭遇，也为一些人在生命巨大变革中表现出的能量而震撼。“田野”中的一切因素，都深深吸引我去了解和采取行动。

当时的青红，像一个容量超大的盒子，任何有关在地服务的因素和素材，一并地开始填满它。比如说如何了解服务对象需求？如何看待“受灾群众上访”？如何权衡个人利益遭到践踏的事实？又如何使得社会工作服务能够在当地有效果？如何能让我们所谓的专业社工服务得到当地人的认可？如何践行我们的专业理想？种种问题的碰撞、交织、思考、头脑风暴，都正如这个新环境对我个人带来的冲击一样鲜明。而我也开始正式接触因地震致残的服务对象，并在聆听他们的故事讲述中，重新确立了对这个群体的认知以及深嵌于社会政策漏洞中的边缘感。

记得有一次我去刘伯（刘刚均）家里跟他聊天，感觉这个人很不好沟通，我每一句话都会被他打断。他在地震中腿部高位截肢，肯定心情不会好。他的儿子也在家，是一个光头，也不太友善。他说起了他老婆的经历。地震的时候，他老婆在家睡觉，结果楼房垮塌，受伤很严重，一个小时内不进行救治，就会有生命危险。结果是，场面太混乱，无法找到送他老婆去医院的车辆，就这样他老婆去世了。当时他儿子仍不放弃，让人帮忙看管一下他母亲，独自去找车。结果回来时，遗体已经被处理掉。处理单位给的理由是尽早处理，避免病毒瘟疫蔓延。他们两父子说到这里是咬牙切齿的。不只他们，我跟随行的老师也是深深地被这个事件震撼到。对待遗体的态度可以反映对待生命的态度，我们缺少的东西恰恰是最核心、最本质的对生命的尊重。社工到底可以怎么做？太难了。

我当时有记录日志的习惯，日志的记录帮助我很好地反观了当时当地的情景，直至今天我都能感受到当事人的情感变化：由抵触到慢慢接受，再到完全融入。在后期跟进刘伯的过程中，信息量也开始逐渐增加，也更加深感其在社会大环境中的无奈。我开始思考自身以及青红能给他们带来的究竟是什么。

“实务工作的立场应该是什么？”这是当时听到类似事件后最大的感触。死亡是我们实务领域中常会面临的议题，而落地生根后我们看到的最多的问题也都是围绕着死亡而来。夫妻离散，家庭破碎，在世的人轻生，行为变得极端。与此同时，外来资源不分批次、不分缘由地扎堆涌入，我甚至都已经陷入如同当地人一样的烦躁和对外界慈善资源的抵触中。

我记得一个当地人跟我说过的话：“我可以跟你说什么？有生之年好好生活，该吃就吃，该享受就享受，不知道哪一天就会没了。”我觉得从话里接收到的是来自其内心的深深的无力感。在这片当时被称为亚洲最大的板房安置区的地方，有着很深的“生命断裂感”。他们试图转变这种局面却又无从下手。任何事情都不再吸引他们的关注，也没有任何事比寻找为何活着更有意义。他们要么把自己淹没在铺天盖地的麻将声里，要么把自己麻痹在电视节目里。原有的格局和结构已被彻底破坏，也无法再重新掌握自主生活的权利。生活环境的改变带来了传统生活方式的巨变。

但即便如此，他们也还沿袭着原有的生活习惯，在每户板房区前开辟一块空地用来种菜，“绿化带种菜”事件一直沿袭到村民都迁入当地统一安置的新居，虽然小区物管明令禁止在绿化带内种菜。我反而推崇和支持此举，因为这是传统农业习惯的沿承，不应受到现代性的压制。我觉得这个理念也是青红所要努力践行的。这种暂时的群居的方式也割裂了我们中国那种小农经济与土地的关系，无法投入生产活动，原有的小农经济生产方式也被破坏，而没有相应的经济来源是“无力感”产生的重要来源。比如刘伯，震前是个体经济从业者，有丰厚的经济来源，在遭遇妻子离世与经济活动停止的双重打击后，他出现愤怒的情绪是再能理解不过。

在那一段时期，总的来说是青红处于整体的“破冰期”阶段，从服务领域的“破冰”，到社区融入的“破冰”，甚至青红内部成员之间的“破冰”。我认为，这也是我个人本身同社会工作实务领域的一次“破冰”。我开始真正将自己置身于板房社区的环境中，学会运用社会工作服务手法，去了解遇到的人，回应有需求的人，也理性地去看待社会政策环境的不公平所带来的社会问题；也在期待我参与的这个组织，以及参与的这条“生计发展之路”在未来的某个时候能够有所回应。

像我每次提供社区服务的全程观摩，从落地，到识人，到沟通，到需求，到服务，到感知，到融入，这个环节尤其重要。我也在此参与过程中，不断感受对方的心理。虽深知，“同理”这项工作并不易，没有足够的人生阅历，也难以真诚地去回应。但也是在这样的过程中，我能体会到对方作为一个个体的社会存在，处于与他人共同构成的主体间性的生活世界中的需要。这些服务对象渴望被理解、被倾听、被回应。而我们也是如此。

服务扩展、方向模糊

2010 年 4 月青红正式登记成立后，依照同样的模式，继续培育第二个“家庭生计互助小组”，希望扩展对以地震伤残人员为主有关人群的生计发展扶持服务。第二个“家庭生计互助小组”于 2010 年 9 月初步发育成熟。当时 10 名组员中女性 8 名、男性 2 名，地震伤残人员 8 位、震前即为残疾人的 1 位，另有 1 位为健全人士但家中孩子在地震中致残。第二个“家庭生计互助小组”也选举出了一个 2 人管委会，负责召集带领组员们自我管理运作。下半年的时候，两个“互助小组”开始合二为一，两个组的管委会也合并为一个 5 人的管委会，共同团结带领 20 位组员和背后的 20 个家庭，相互帮助、相互支持，开展家庭生计项目的各项实践。

2011 年，青红获得一个基金会项目经费资助，我们开始开展绵竹天池乡“青红种植专业合作社”项目。“青红种植专业合作社”是在之前“青红家庭生计互助小组”的基础上，以互助组管委会成员为骨干，率领汉旺新城 20 余户天池乡安置居民（既包括地震伤残者或残疾人，也包括健全人），利用自家原在天池山里的土地资源和家庭劳动力资源，进行以银杏树苗为主的农林作物种植和销售活动，开展“绿色生计”实践的合作经济组织。这个项目沿袭了青红为地震受灾人群提供生计发展扶持服务的总体思路，并且在辐射范围上有所扩展，介入模式仍坚持基于社区的发展性组织工作模式或社区发展组织工作模式，但具体的工作内容则从培育互助组进入培育合作社的水平。

而在同一时期，青红还从其他基金会申请到“阳光社区中心”建设项目，地点在绵竹民乐村与北川羌族自治县。在考虑要将服务深入这些领域时，青红在整体发展方向与设计思路上有过多次讨论和交流，也围绕多种问题进行过激烈的争论。这一时期，机构逐渐走向成熟，并开始形成简单的管理制度。而我自身也在这段经历中开始更多反思服务提供方式的意义。这一时期，青红的业务范围明显增加，也开始参与各种类型的学术交流讨论活动，青红的各种理念也开始四处传播，影响力在不断扩大。

青红当时在陈涛老师以及我们大家的眼中有着这样一个信仰：期望以“发展性社会工作”的视角为中国农村发展现状带来一些改变，尤其是灾后的农村发展。但大家也深知这种期待不是短期内可以实现的，需要好多时日。我记得中国台湾的夏林清教授有过一段话，深入我心：我们彼此之间所遭逢的碰撞，犹如行动中的两人，在一街角转弯处相撞了个满怀；这一撞，眼冒金星，双方身心所系的历史脉络与实践行动所彰显的社会差异，要求我们得明白表达自己，同时要长见识地去认识对方。我觉得这个“对撞满怀”的比喻再形象不过。行动研究对于社会工作来说还是一项较新的领域，而这个时期，最需要的便是行业内人士的彼此沟通和经验交流——“共同行动”而“彼此出彩”。

我记得当时也有让我们大家比较困惑的地方，服务主体、范围各有不同，因此在把握和选择服务对象上，也应当慎重考量自身的特长与能力范围。服务的扩大，开始让我们有一些迷失：如何定位原有基调——“发展性社会工作”指导理念？改变的目标是一定的，但改变的维度和步骤却难以把握。因而在围绕是以“提供康乐性质的社区活动”还是以“培育社会基层组织行动力”为一年期的项目目标定位上，所有督导以及我们一线社工均陷入矛盾中。

后来督导老师的回应是，北川的服务定位也同样适用于同一时期青红所有服务项目的开展。整个督导团队包括我们一线社工在内，仍是青睐于“组织培育”路子的。但由于项目周期短，想要做出“有群众基础”，又“有所改变”的服务内容是极其困难的。毕竟社会工作这样一个“渐进服务”的模式，是杜绝一切“快而急”的理念，甚至有的团队光是“关系建立”都会花好几年的时间，但基于稳定的信任关系的服务开展也会更扎实。

夹在两者的矛盾中，一线社工包括我自己在内对于这个时期的目标也是不得要领。因而，这一时期的项目服务总体上是“简单粗暴”的，所有项目的申请人、撰写人、操作者并不统一，而社工也出于各种原因开始出现流失。更多时候，这两个增加的项目可以用“撑过去”来形容。虽有如督导所设立的“服务定位”，但在实际操作过程中，完全没有达到预期效果，远不如青红起初所做的“互助小组”。与此同时，逐渐扩大的机构影响力也使得我们不得不继续做下去，有一种骑虎难下之窘态。种种压力之下，我们当时时常偏离了项目的初衷，大家也在偏离中产生分歧与隔阂。

由于机构围绕服务定位与项目设计出现了很多分歧和意见，作为参与一线服务的社工，我也处在迷惑与盲目的服务开展过程中，不明白可以推动社区往一个什么样的层面去发展，也不明白自己所在的团队究竟要得到什么，实现什么。

因为机构项目扩展需要增加人手，而机构现有经费又完全不能满足这样的扩展，只能一套人马两地使用。我需要同时兼顾两个地方的一线社工，每个月总会在北川与绵竹两地往返一两次。我跟同行的另一名社工戏称自己为“游击社工”。

因而这个时期的自己只是单纯穿梭于各个项目点之间，常常只顾低头做，却忘了抬头思。我甚至也开始思考参与社工服务的初衷：我们所做之事，既然没有丝毫改变，为何还要浪费时间和资源在没有需求的层面上？

这种质疑常常使自己茫然不知所措，而理论体系本身的局限性又限制了自己寻找出口的机会。尤其是“组织培育”的项目定位，既然当事人没有权利意识，也没有领头人气质，我们何必浪费物力、人力来做根本不见成效的工作？我们何不将这部分资源用于更需要的群体身上？这是质疑之一。

遭遇“权力博弈”的挑战

走过了前面的弯路，为青红如何坚守自身的服务立场、践行“发展性”的指导理念给予了当头棒喝。所有短期的服务除了能够对维持机构运营方面有所帮助，在服务开展方面并不能发挥我们的优势，反而违背了社会工作实务的初衷。这一点也是最需要整个机构反思改革之处。既然根已扎在汉旺，就应当在此基础上做得更深而专。

自2011年下半年开始，机构重新调整发展战略，扔掉

“做大”的野心，继续在大本营开拓可能的服务领域。同时，几名社区领头人也开始独挑大梁，开展简单的社工活动，承担项目申请，思考机构发展走向，与预期的“赋权”“增能”等理念基本走向一致。然而，我们所有人，包括督导老师在内，仍是忽视了人性的重要作用。人性有其弱点，我们并未料到会出现这种种的“危机”，因而遭遇了众多“权力博弈”的挑战。

那段时期，青红扶持的两个子组织逐渐成形：一个为“大天池村银杏种植合作社”（以下简称合作社），领头人为马叔（马兴书）和刘叔（刘刚均）二人；一个为“春燕手工作坊”（以下简称手工作坊），领头人为春艳姐。两个子组织从属于青红，并以解决合作社成员的经济收入为直接目标。由于合作社有专门的项目资助资金，而手工作坊没有，因而，手工作坊最初的扶持资金完全来自青红。这个事实引起了合作社的不满。对此，两个子组织的领头人似乎形成了“三足鼎立”的局面。

在那一阶段，青红似乎遭遇了历史以来最严重的发展困境，也就是团队信任危机、解体危机和各方面权力的博弈。同时，也由博弈产生了无数次的讨论沟通事件。现在看来，那个时期的回顾和思考显得尤为重要而具有指导意义。那段时期，青红的战略目标简单明显：培育基层组织。就是以出色的社区骨干为带头人，清楚自身优势，发挥自身长处，带动村民参与和互动。由于前线社工已经基本撤出，因而机构改变了以往的沟通模式，可以称为“京汉前后方邮件组”。“前”为汉旺本土社工，“后”为以督导团队为核心，包括前期参与过一线服务的研究生在内。我当时在研二期间，所以就又再次回到了前线，协助两个子组织的发展。当时主要的模式就是前线以几个管委会成员为主，带动开展服务，后方以督导老师团队以及项目助理团队为主，提供后方支持。

2012 年的时候，青红管委会的 5 名成员来北京的大学做经验交流。也是在此次“北京之行”的行程里，青红内部权力分配出现了调整，原有的一名主任刘叔不变，增设春艳姐和马叔二人为副主任，所有事宜需三人商量行动。我觉得暂且不说此举是否合适，但这个决定扰乱了管委会核心三人的权力体系，包括在后期的操作中，都出现了重大问题。

为此，我记得当时督导陈涛老师也受到了来自整个青红的舆论压力，大家认为其决定太草率，并且未和机构同事商议，过于决绝。因而，围绕管委会 3 人的权力博弈又转变为机构法人代表、中心主任，甚至包括一线社工在内的博弈。

此外，两个子组织的发展路径也是大家时刻担心的环节。我们的期待由始至终都是“合作、行动、集体互助”的，但在实际操作过程中，事态并不能完全按照我们预期的走向发展。在合作社的权力运行模式上，在手工作坊注册的事宜上，都出现了我们未曾料到的问题。我记得我当时看了部分陈涛老师在与前线社工进行短信交流的文本资料，主要是关于“手工作坊注册事宜”，是“集体还是个人的期望”。

我对这件事的看法是：第一，方向问题。我们一定要明白我们的价值理念是走团结互助的合作经济，乃至达到一定程度后，对社区进行回报的社会经济。所以，注册成个体经济有点偏离方向。我承认，即使合作经济也要考虑个人的贡献大小，在分配问题上体现公平原则，但是这不等于成为个体雇工这样的形式。而个体经济的问题就在于它的方向是老板主导下的经济形态。

虽然，在规模较小的情况下，个体老板也参与劳动，劳动过程也有情感交流，但是在权属上，老板是保持剩余价值的分配权的，也就是其未来发展方向是资本积累和资本增值趋势，乃至资本支配劳动的趋势。而这正是资本经济和社会经济的核心区别。也就是说，规模较小的个体私营经济和合作经济在生产过程和社会交往上差别不大，但是对未来的发展趋势以及经济关系的支配权利存在根本性分歧。这是我们为什么强调一开始就要把握方向问题的原因。

第二，策略问题。到目前为止，我们只能去教育和启发前线社区伙伴走合作经济的道路，因为不是我们亲自去实践，而是去扶持和引导当地实践。这样，我们和社区伙伴的关系就很微妙。如果我们太强势，他们就会觉得我们在主导、干涉乃至支配他们。但是我们又不能不介入。这样，策略就是对我们最大的考验。当时包括现在的干预手段，我们是存在局限的。因为不在现场，无法深度参与，于是就变成了遥控指导，这样会引起情感上的距离。所以，下一步去前线的工作员，要做好和当地伙伴建立高度参与的工作，在彼此深度交往关系中，才能影响对方的价值、思路和做法。也就是我们要逐渐由支持和指导的关系，转变为参与和影响的关系。当然，工作员的身份是二元的，一方面要参与和影响；另一方面要跳出和反思。如果在一线发现了一些难题和分歧，就可以跳出来反思，甚至可以请督导团队一起去进行团队建设，开专题会议。

第三，最终保障问题。我们要达到什么目标才能逐步撤离？我希望看到的是，和我们合作的社区伙伴确实体认到合作经济的理念，并且投入了自己的情感和价值，然后逐步建立了组织架构和制度，并且发展出了自己的产品项目，我们就可以逐步撤离。这个目标我们可以不断地评估，实现程度如何？存在哪些问题？采取什么手段？

我还记得当时郭伟和老师也帮助大家厘清了目标和定位，理性而全面地分析了事件的过程。他当时指出机构的立场永远不变，而要变的是策略，也把种种局限以及我们最低的下限都考虑在内。对这次事件的讨论，包括后来的处理方式，也反映了机构的不断成熟与趋向专业。而通过一次次危机事件的发生、应急、反思、讨论、行动，我们愈加清晰自身方向定位与所要走的路。

对于专业的质疑与否定

作为“后方”转到“前线”的支持者，当我毕业后，我再次回到了原有的服务领域。再回首已物是人非。几个带头人已掌握基本的社工理念，学会助人自助，当然，也已经有了自己的看法、能力与见解。然而，与之伴随的是，我也越来越看不明白几个人的互动模式。因中间掺杂太多“敷衍”成分，他们彼此的交流我分不清楚真实性，通过不同的渠道收集的信息大相径庭，才明白：他们已经出现了个人的利益牵制，昔日“称兄道弟”的几个人到了现在，涉及权力分配和光环，也渐渐地彼此之间有了隔阂。

当时，我甚至有了对专业信任感的减退，3 年的工作基础似乎就在此结束。所谓的“不在乎名利”似乎都是用来掩饰自身需求的屏障，我们之前尤其重视建立他们之间的信任、沟通、平等，而到如今，却变得分崩离析。

甚至，他们把我也划在利益格局之中。刘叔把自己划为一列，把春艳姐和马叔划为一列。前者认为后者优柔寡断，后者认为前者权力心太强。利益格局的出现让我有些无所适从，也不知该从何下手去促进这一问题的解决。收集了前线基本情况后，我总结了自己的看法一并发给陈涛和郭伟和老师进行讨论。

除此之外，在手工作坊内部也出现了类似于“权力博弈”问题，尤其是人际关系开始变得敏感，涉及利益、分工等的分歧。我将此问题一并反馈给后方支持团队。郭老师（郭伟和）强调了多次反思的主题，他期望我通过带动手工作坊的人员自行参与解决问题，促成他们讨论存在的问题，从而促成局面的进展，也提出了相关参考理论。应该说对于我下一步的工作是极为有益的。而在后来的回顾中，也才深刻意识到“反思推及行动”的意义。

此外，同以上情况相伴随的还有两个子组织在发展过程中的权力和资源博弈。由于手工作坊的最初阶段需要依靠机构给予资金，因而合作社在此举上有很大意见，认为手工作坊占用了机构资源，造成很大负担。而其中涉及合作社、手工作坊以及青红整体的问题，尤为复杂。在扶持两个子组织发展中的资金支配问题上，我觉得这个问题很棘手，陈涛老师觉得有几层含义：第一个是手工作坊和合作社的关系，原来垫付的 500 元/月到底是合作社的钱，还是青红的钱？刘叔是以青红的职员身份提的意见，还是以合作社理事身份提的意见？如果手工作坊用的合作社的钱，那是不太合适；可是如果是青红从合作社提取的管理费，再补贴给手工作坊，那就性质不同了，青红有权力使用自己的权限来支持手工作坊发展，当然也要具体讨论怎么补贴，补贴多少。第二个是这个矛盾正反映出一种特定情境下的公平观：刘叔觉得手工作坊不能只顾及眼前的收益，不顾及原来的亏损和未来的可持续性，提出的意见其实是有道理的。但是关键是合作社成员有没有存在用扶持资金发放工资的情况，以及发放多少？如果有，手工作坊的成员可能就会比较，为什么他们就不能使用扶持资金？

这其实就是一种公平感问题！如果要严格控制扶持资金的发放，那就应该一视同仁，不能严以律他，宽以待己。第三个问题，这种情况下，如果矛盾最后还是上交给陈涛老师来裁决，那就是等于建立一个新的权威，而且以后会产生不良后果，一有矛盾就上交，那还如何做地方社区组织的能力建设？可是眼下又很紧急和僵持，需要干预。所以关键是怎么样让当事人都能阐述清楚各自的主张以及背后的理由，最好都能够给出书面意见；然后，帮助分析澄清各自主张背后的价值观、公平观、能否做到统一标准下的公平合理，以及能否就各自的观点进行协商和妥协，注重在坦诚沟通中达成一致，实现个人的成长和关系的顺畅，这才是比较关键的一步。

而我自身作为前方与后方信息传达的一个“中介”，难免信息丢失，从而造成误会，这也令我压力甚大。加之来自前后方共同的期待——前方期望我能解决各自的利益所得，后方期望我能周旋于三者之间，找出最优解决方案。因而，难以在现有的专业知识内有所倚靠，更是不知从何下手。从青红的层面来讲，人员信任降低，子组织利益关系厘不清，甚至机构定位不明，种种迹象已经显示出机构严重的发展困难。

在这一问题的讨论上，当时我们既慎重又害怕。慎重的是专业立场要去坚守；害怕的是，我们扎根 4 年的基础就要化为灰烬。每个人都会舍不得，但每个人又都执着于纯粹的专业理想。而我自己也对“机构存亡”这个问题很纠结，放弃掉实在很可惜，可前行又不知方向何在。

加之裹挟在一线复杂的人际关系里，我也开始回顾自己原来的路。因为专业需求而继续读研，到现在却没有合适的理论方法来帮我解决遇到的问题。说来很不合适，我甚至开始怀疑社会工作这门学科的意义何在，坚持的基点到底是什么。有了坚实的信任基础又能如何？遇到个人利益问题时，所有的工作还是功亏一篑。“行动”的激情渐渐减退，一方面是因为关系难以找到线头；另一方面也是自身没有得到任何回应，无从下手。“走”还是“留”，也一直在纠结中。

至此，在我与服务对象之间、服务对象之间、督导与服务对象之间，均已出现重大问题。对于一团乱麻的机构管理、利益格局、人际关系感到无奈又无聊至极，也开始抛开所谓的社工伦理和原则，对于先前自己所拥抱的一切，产生严重的怀疑。种种情况之下，引发的是对专业的失望，是对还能否继续投身此行动的怀疑，是还要不要继续坚持的动摇，有深深的无力感，长期重复做一件事，既枯燥又毫无意义。在 4 月的“退修会议”上，我就明确对督导提出了“不想再继续从事社工行业”的打算。

我大概能料到在听到这样一份决定后，督导老师可能的心理和想法。但我深感要坚持下来实在不易，而自己在目前的状态下也难以维系此前对这份事业的热情和向往。现在再次反观那个时期深陷“专业黑洞”无法辨清方向的茫然，再想到陈涛老师的回应，才发现原来自己与所有问题和困难的博弈过程已经成为我们珍贵的“行动研究”经验。只是处在当时的情境中，“浮云遮望眼”，并未意识到自己的所有行动（理性和感性的）都已经在对当时的社会情境产生影响，并埋下果实。整个团队不断地反思，重审自身的服务定位，重审自身的理念设计，重审与服务对象的互动模式。我们都在不断的回顾中去寻找可能犯的错误，借以走向“不执迷”的专业理念。

在我们的坚持和影响下，前线社工开始主动作自我检讨和检视，每个人都开始将自身此前行为的出发点搬上桌面做坦诚交流。我记得当时刘叔主动为自己确实存在的一些“独断行为”致歉，春艳姐也开始做自我检讨，摆陈自身问题所在，陈涛老师也回观自我，指出自己的失误与局限。这种坦诚，在最开始的青红是最为基础和珍贵的优势，只是在发展过程中，因为种种原因，被闭塞，被忽视。如今所有人能再次坦诚商谈，共同为青红如何存在提建议，实属不易。

“对于争执或错误每个人都会出现难以反省面对的时刻，如若靠权威决断，就把生活的缺口迅速缝合了，无法生长新可能。”这句话对陈涛老师受用，对我们一线社工受用，对服务对象受用，对青红的一切都受用。我们要做有深度的社会工作介入，就预示着要有勇气去面对争执、质疑、未知。

回想起最后一次“退修会议”的情景，正是那次会议，所有的人讲明了自身的困惑，排除了误解，共同商议机构未来发展方向，感受到来自“服务对象”到“本土社工”巨大转变的魄力。这种魄力使得他们不再无力，重视自身，重视自身所属团体。这种反馈，比任何东西都令我们感到欣慰。

生命史的重叠

在经历了“信任危机”“解体危机”等重大危机之后，青红仍然存活到了现在。用“存活”这个词，可能并不合适，但事实就是：她挣扎了10年，依然以一个社工服务机构的姿态发展到今天，而只有深度参与其中的人才知其苦味。

在不断的讨论沟通和学习中，在行动研究过程中，青红的每个环节都开始走向正规化。督导老师也在反思自身工作的缺失，因不能实现在地督导，很多问题难以及时沟通清楚，因而青红的制度出台后，设立了专门的督导制度和“退修会”制度，用于前方和后方沟通、会议、休整。虽然提高了成本，却也大大提高了效率和效益。一次又一次的“退修会”，促进了彼此的沟通、排除了隔阂。在会议上，我们尽量开诚布公地摆明需要解决的问题，并且大家都以一种谦卑的态度去沟通和达成共识。

从机构大环境到机构工作人员都开始反思自己的行动过程。而督导、一线社工都主动批判自己的盲目，把自己的错误和偏见直观地展现出来。机构氛围也开始冰融水暖。经历此前的矛盾，大家更明白青红存在的意义以及自身职责所在。2014

年前后，陈涛老师他们考虑到青红机构新的发展定位——将绵竹本地作为机构所在地和大本营（也因绵竹服务已经饱和）——并申请其他地区的项目进行服务来践行机构理念。

2013 年 5 月的时候，四川省社会工作实务推进暨志愿服务记录制度试点工作会议召开。“社会工作服务进社区”活动作为一项督导类服务行动，一方面能帮助本地开展社会工作服务，形成一定的社会工作服务体系；另一方面还能帮助本地发展本土社会工作专业人才和组织。受攀枝花市民政局委托，青红与广元市社会福利院以及攀枝花东区民政局合作，在两地试点开展相关项目服务。

这一时期，机构的服务定位又有所改变，除了保持此前的服务基础，向外扩展的服务主要以专业支持和专业培育为主，更多的是成为影响者与同行者。在攀枝花的服务过程中，这一目标尤为明显。

回顾这 10 年，不仅青红作为一个生命主体重新陈述了其发展历史，我也作为一个生命主体协同所有机构同工，进行了一次大反思。幸亏我们的行动艰难而有力，我们的批判深入而彻底，才能在一次又一次的危机中重新自我审视。如今的青红已是历经大难之“人”，也必定能坚守立场，践行由始至终的“信仰”。

10 年的时间，一个社会工作服务机构收获了从 0 到 1 的成就，一个“社工小白”收获了价值观、实务理念、实务方法甚至是人生经历等多方面的经验。这是何其难得的“同步”，何其珍贵的生命史。在“青红”这个名册上出现过的每一个名字，时至今日，都是弥足珍贵的。

李飞虎：青红是一次心灵洗礼与专业成长之旅

口述人：李飞虎[①] 记录者：庞慧燕[②]

我记得刘刚均说他看到参加会议的名单上有我的名字，然后就给我打电话说："飞虎老师，你是不是要过来，我看到一个名字是李飞虎，我想确定是不是你。"当时我正跟西华大学的老师在一起来的路上，我就说："是我，我现在才开始出发。""好的，那我等你一起来吃饭。"虽然我们之间没有经常联系，大家也没有怎么见面，但是我们之间的情谊是不会随着时间而褪色的。

初遇青红：专业实习与残疾人生计互助小组

2008年汶川地震时，我正好在香港理工大学读社会工作硕士，也就是MSW，到了2009年，我们正好进入了课程专业实习阶段。地震一周年正是介入灾后重建的一个最好时期，再加上我又是重庆的，香港理工大学安排分配专业实习领域和地

① 李飞虎：男，1979年出生，重庆城市管理职业学院社会工作专业带头人，重庆万州明爱社会工作服务中心理事长，青红社工服务团队成员。

② 庞慧燕：女，2019年暑期在青红做志愿者，2019年为成都信息工程大学文化艺术学院社会工作专业硕士研究生。

方的时候就征求大家的意见，看大家愿不愿意投入灾害社会工作服务中去。当时同学中有很多重庆、四川籍的，还有上海的，都表示很愿意参加。所以我们报名到四川去开展灾害社工服务。根据兴趣，我就进入青红社工站，做残疾人生计互助小组服务项目。

刚进青红的时候，青红在板房区刚刚建起来。时间不长，我们就参与了一些前期的走访调研。其实在这之前陈锋老师已经做过一些调研，我们去的时候 10 个小组组员基本上已经产生了。在香港理工大学的欧羡雪老师，内地的郭伟和、陈涛老师，还有陈锋站长的指导下，我们几个社会工作硕士负责带其他社工开展工作。我们能待的时间不长，大概只有 6—8 月两个多月的时间，所以小组前面几次活动主要是我跟王婷两个人在带。这是我当时最主要的一个工作。

此外，虽然已经过了一年，但是残疾人的生理康复和心理康复并没有完全完成，他们不仅有生计的需求，还有康复的需求。所以那个时候我们就联合了香港复康会为我们的服务对象做一个免费的健康检查，我们做记录。当时大概有二三十个因地震致残的村民做了康复检查工作。这是比较大的一个工作。

王婷同学是天主教教徒，当时我们住在板房区，在走访过程中发现很多居民家没有电风扇，王婷同学就和我商量说我们可不可以联系当地的教会提供一些资源和支持，给村民安装一些电风扇？我们对接了 10 台左右的电风扇，为 10 来户没有电风扇的家庭安装。我记得还是我去安装的，村民很感谢我们。

深入青红：与服务对象携手同行共成长

根据专业实习的需要，我们的实习工作以这个生计互助小组为主。我们开展了一个大型的社区活动，在杜甫酒庄开展了一个社区联谊活动。这次的社区活动在老师的指导下进行，可以说是第一次用理论指导的社区活动。我们当时选择了增强权能理论来作指导，成立了筹委会，主要的活动就由筹委会来讨论决定。通过这样的活动来增强服务对象的信心，增强他们自我解决问题的能力。他们一开始没有信心，在我们的陪伴和鼓励下，最后都树立起了信心。

尤其是那个主持人，他一开始死活都不愿意做主持，小组民主讨论决策后，产生了两个主持人，一个是马兴书，还有一个女组员，她自己从来没想过她能够做主持人。我们鼓励和陪伴她写报幕词以及活动主题的串联词。最后，两个小时的主持工作，他们都坚持下来了。尤其是那个女组员，她没想过自己能够做这么一件事情。这是一次比较成功的活动。我们打破了开展活动的传统方法，香港理工大学的老师以及当地残联的工作人员都在下面坐着，残疾人和他们的家庭成员才是活动的主角。我们社工主要是串联了两到三个游戏来活跃气氛，还有就是邀请当地的廖智过来友情客串表演了一个节目。

这里还有个插曲，我觉得还挺有意思的。德阳有一个乐团，听说我们要做这样一个活动就想过来义演，他们乐团总共有 20 ~ 30 个人，愿意表演 2 ~ 3 个节目。我把这个信息告诉了活动筹委会，让他们看看怎么办。当时有的人觉得这是一个好事，他们竟然愿意无偿地来表演节目。但是也有一部分人认为，他们是专业的，我们是业余的，他们来了之后会不会让我们后面的活动表演不下去，打击到我们的自信心？组员们讨论，有的赞成，有的不赞成。最后我就说那大家看看怎么办——我们平时一直践行的就是组员自决。

刘刚均大哥觉得这个活动应该以组员为主，邀请与他们有类似经历的廖智来参加就可以了，那个乐团就不用来了。廖智和他们的经历很相似，都是在地震中受伤致残的，而且，廖智受伤后很快走出来了，她的经历对组员们有正向激励作用。最后他们决定邀请廖智来参加，当然，也是刘刚均主动去邀请廖智的。所以最后我们就邀请廖智过来参加了表演。

这大概就是我们当时做的最主要的事，当然，基于专业要求我们也做了小组、社区活动以及开展个案服务。我们一个人做了两个个案。个案服务对象不是小组成员，但也是地震之后导致腿骨折，上了内固定的人。他当时没有在规定的时间去指定的地点取出这个内固定，后来他再去取的时候医院说需要2000元左右的医药费。他就问了几家医院，情况差不多。这个老人买了一瓶医用酒精，自己就把这个内固定取出来，最后导致腿变了形，需要两根拐杖行走。

了解了老人的情况之后，我们让香港复康会的过来检查，检查以后复康会建议老人住院重新治疗，所有的费用都由复康会提供。当时这个老人60多岁。我们给他把医院和车都联系好了，但是当天早晨他找到我们说，不去治疗。我就问他为什么。老人跟我说了一句话："家里没有人去照顾我。"我们感到很惊讶，有人愿意出钱让你去看病，只需要家里出一个人去照顾他，多好的事情，结果他家没人愿意去照顾他。这到底是一个什么样的家庭？我们讨论决定暂时先不送他去医院，而是去了解一下他家庭的情况。这个时候，我们把他作为我们的一个个案进行介入，因为他家庭的关系和功能可能都会有问题。

后来我们一起去他家开家庭座谈会，去找他的女婿。因为当时他家里面有好几个人，包括他的老伴、女婿和外孙，都在一起住。经过几次家庭沟通和个别谈话，最后他老伴决定去医院里照顾他。我离开的时候他还没有去医院，但是后来的社区联谊活动他参加了，还表演了节目。在我走的时候，他还送了一个本子和笔给我表示感谢。我非常开心，并不是收到了这个本子和笔，而是真切感受到自己做的事是有用的。

其实这个个案更重要的是，以治病为契机，怎么去改善他家庭成员的关系和家庭功能，帮助他重建家庭关系。我们当时没有直接表明我们社工的身份，没有表明我们一来就是要做个案。我们的目的就是帮助他重建家庭关系。现在回想起这个个案，虽然运用的社工手法比较少，但取得的成效是非常大的。事实上，在青红做社工服务的时候曾遇到困难，专业上、生活上的都有。

在社工专业上我和导师是有些碰撞的。我做的这个个案是男性服务对象，我导师很想让我做一个女性的服务对象，但我觉得男性社工做女性个案不是很好。

导师这样做也是为了让我接触不同的服务群体，开拓新的领域。他认为，既然我可以做这个个案，而且做得还不错，那可以尝试一下不同的个案，特别是残疾的女性群体，她们有很多的问题和困难，我也可以尝试去帮助她们。但因为性别原因，我觉得我去做农村妇女的个案不是很方便，所以导师跟我说这件事的时候，我心里老是有抵触情绪。导师的出发点其实是很好的，让我可以跟不同性别的人群接触、沟通甚至开展服务。我当时没有考虑这么全面，但后来慢慢明白了导师的意愿，因为时间比较紧，我在那里没再做个案。

这个老人的个案，因没有人去医院照顾他，他想放弃去医院治疗的机会。当时我们也可以找志愿者或者社工去照顾他，但是我们没有那么多人力，而且，老人家中有比较丰富的人力资源，可以去医院照顾他。在这种情况下，我们顺便借助这个问题帮老人解决家庭矛盾。我们后来了解到，这个家庭比较特殊，是一个重组家庭，就是我们通常说的“半路组成家庭”，老头跟老伴是半路组合的，两个女儿都不是老伴亲生的，大女儿招了一个上门女婿和他们一起生活，大女儿跟老头的关系好一点，但在地震中遇难了；小女儿嫁到隔壁村去了，在地震中受了一定程度的伤。他老伴的身体是健全的。由于家庭关系比较复杂，处理起来比较困难。即使工作再难做也要做，我们也要尝试解决“缺乏人照顾”的问题。我们用一些沟通的技巧和方法去跟他们交谈，说白了就是做思想工作。我们连续几个晚上打着电筒到他们家，一个个跟他们聊天，关心他们。他们也慢慢发现，我们是真的关心他们，真的想帮助他们，一个外人都那么关心他们，他们觉得再不作出改变真的对不住我们。

后来他老伴就主动跑到我们办公室，说她愿意去照顾老人，我们感到很欣慰。然后我们就送他们去了。当时说要打着电筒去他们家，我还是有点疑惑的，不理解的，觉得不是很需要。但是现在看来，真的是有必要的，通过自己的言行去影响别人，让别人改变自己不好的言行，真正地做到了用生命影响生命，实现助人自助。这算是在这个个案中的感悟吧。

生活方面，我们住的地方都是板房，条件比较差，我们都有点不适应。但后来我又想，我们这样已经很好了，有专门的厨师做饭。厨师人品和厨艺都很好，他偶尔还会改善我们的伙食。总的来说，板房的条件比较有限，大家也很厉害，都能吃苦耐劳。

感恩青红：坚定社工信念，投身社工事业

我对陈锋、陈涛老师的印象非常深刻。先说陈涛老师，在我们读书的时候就知晓陈涛老师了，他是香港理工大学第一届MSW，是我的大师兄。在这里我们做同行，他给我提了一个概念“发展性社会工作”，对我很有启发。在整个项目中，从开始的走访调研、需求评估到理论的选择，“发展性社会工作”这个概念在国内我是第一次听到，而且怎么将这个概念运用到残疾人的社会工作中，让我受到很大的启发。

陈锋老师是驻站的，我们称他为站长。他当时是社工站的站长，给我感觉他是一个非常刻苦努力的人，做事考虑比较周全，细节到位，包括组员的接送，他都亲自出门接送。我知道他之前在企业里工作，然后考研学习，他那种认真的态度、对专业的推广，那种对意义和精神的坚持很有感染力，都是非常值得我学习的。

虽然离开那么多年，我现在还一直在关注青红，我也跟部分组员有一些联系。我们离开后，还有很多人在青红做带领工

作，包括中青院的实习生去青红实习，带领组员，慢慢把他们培养成骨干，以及他们成立的组织，包括春燕工作坊、梦想超市、银杏种植合作社，等等。虽然说我们退下来没有直接参与，但是我们都在关注青红做的一些事情。去年在北川开的10周年研讨会，我去参加了。让我很感动的是，我们第一期的组员，好像是3个组员都到了会议的现场，分享了他们是怎么重生的，包括怎么从地震灾害中走出来的，现在他们是怎么成为青红的本土社工，带领大家去开展一些服务，等等。

听到他们的表达，看到他们的改变，我们感到很欣慰，而且他们在讲述的过程中强调社工对他们的陪伴，让他们走出阴影，重见阳光的重要意义。现在回想起来，特别是见了面之后，虽然不怎么联系，但都感觉非常亲切。我记得刘刚均说他看到参加会议的名单上有我的名字，然后就给我打电话，他说："飞虎老师，你是不是要过来，我看到一个名字是李飞虎，我想确定是不是你。"当时我正跟西华大学的老师在一起来的路上，我就说："是我，我现在才开始出发。""好的，那我等你一起来吃饭。"

虽然我们之间没有经常联系，大家也没有怎么见面，但是在去年那个会议上，大家让我感到特别亲切，特别让我感动。我是2009年6月加入青红实习的，因为我们是以香港理工大学MSW实习生身份进去的，实习时间结束后，我们就退出来了。大概是2009年的8月，我们要开始专业的实习汇报，所以我们就退出来了，实习的时间不长，大概2个月的时间。

从我个人的角度来讲，我本科也是学社会工作的，但是我的专业实习是参加民族大调查。所以在青红的这段时间使我真正体验了怎么用专业的理念和方法开展专业服务。这是我最大的感受和收获，对我后来的专业教学、社会服务都起到了很大的促进作用。

黎丽姗：从非专业到专业，这是一条坎坷的道路

口述人：黎丽姗①　记录者：庞慧燕②

从一开始的非专业到对社会工作的逐渐熟悉，一路走来，我对社会工作专业的价值和作用十分认同。受理性主义和官僚主义影响，很多人都在追求金钱和利益，我一直找不到自己的人生目标和方向，而恰恰在此时，社会工作给我提供了实现自我价值的机会。所以我一直比较认同社会工作的价值观和发展观，社会工作的发展过程中可能充满了未知和不确定性，但随着专业社工的不断努力，就一定能够克服困难，实现强大。

初遇青红

我进入青红跟“5·12”汶川地震有关。汶川地震后，我想做一点志愿工作，我有亲戚向陈锋、陈涛老师介绍我到灾区当志愿者。我在绵竹汉旺青红机构做了一段时间后，对社工比

① 黎丽姗：女，1988 年出生，2019 年为香港理工大学社会工作专业博士在读，从 2008 年开始在青红做志愿者，毕业后从 2010 年做到 2016 年，青红社工服务团队成员。

② 庞慧燕：女，2019 年暑期在青红做志愿者，2019 年为成都信息工程大学文化艺术学院社会工作专业硕士研究生。

较感兴趣，毕业之后没有什么特别想做的事情，就决定做社工。正好青红这边缺人，机构这边也比较愿意让我加入。作为一个非专业出身人士，我的专业技巧和专业技能比较欠缺，但是老师们也欢迎我加入进来，所以我借着这个机会就进来了。

助力青红：从助人中成长，在项目中成熟

我一共在青红断断续续待了6年多。前期一直是志愿者的身份。2010年大学毕业之后，我正式全职加入进来，开始跟着项目走。2010年下半年就遇上青红第二期家庭生计互助小组工作，我当时还是一个协助者的角色，其他社工在主带。

从2011年开始，青红的项目开始扩张，要做一个阳光社区中心项目（恩派募集资金在灾区不同地方开展的社区服务）。5月接手了北川，做北川县城的阳光社区中心项目，一直做到2012年5月。后来就来到成都，在成都做了几个政府购买服务的项目。2013年我考上了社会工作专业硕士，时间少一些，只是陆陆续续地参加了一些项目。后来我就到了攀枝花，然后就在攀枝花做了社工培训，直到2016年才离开。

在青红的时候，我印象最深的就是前期在灾区做的事情，就是带家庭生计互助小组的时候。我对那些成员印象都很深刻，现在也都想得起来。我觉得那个时候我们做的事情非常有价值——他们从一开始的那种状态，一点一点地走出来，变成现在自力更生的状态，这种变化就是我们工作的意义和价值。我2009年回去过一次，感觉他们变化挺大。这也和很多人的努力分不开，不仅是我们，也是大家共同努力的结果。我在做

活动中遇到的问题，都是一些小问题，没有什么大问题。

小问题倒是有不少，其中有一个是这样的：在家庭生计互助小组中，有个残疾的小组成员，他是地震之前就残疾了，地震之前他是开小酒坊的，但是地震发生后，他的小酒坊没了，他加入了我们的家庭生计互助小组。我们发现他文化水平很低，是连写字都写不了的那种。当时做小组活动有个环节是画心愿树，画完之后都要署上自己名字。我们第一次让他写自己名字的时候，他不是很愿意，因为他自己不认识字。刚开始时组员先鼓励他，把他的名字写好给他看，鼓励他临摹一下。当时觉得很不理解吧，但是现在回想起来，这对于他来说还是有点复杂和困难。最后，在大家的鼓励和支持下，他愿意迈出这一步，照着写下来了。

这件小事告诉我们，团队的力量存在于小组成员的相互支持之中，同时也体现在小组服务的环境中。当时大家没有因为他不会写字就强迫他写，而是营造一种鼓励、支持的氛围，在那种氛围下，他个人自然而然地去改变，尝试着写下自己的名字。可能陈锋老师也记着这件事，有关这幅画的资料，应该是存档的，如果去找的话，应该是可以找到的，到时候可以看一下“杨万民”这三个字写得很不一样。后来，他自己的小酒坊，就是在地震中被毁坏的小酒坊，在大家的帮助下，开始重建。小酒坊第一次出酒的时候，我们青红社工和管委会的成员一起参加了出酒仪式，现场还是非常壮观的。我觉得我们这个生计项目成效出来之后，服务对象的那种成就感和改变大家都能感觉到的，对我来说，印象也挺深的。

陈涛老师作为一个高校教师，能够主动承担起这个责任，走进灾区，给大家带来专业的支持和资金的支持以及团队的支持，我觉得他承担的这个责任对整个中国社工领域都是一个很大的贡献。因为当时可以看到很多都是草根机构，愿意携带资源进来的高校志愿老师不多，而且是这样跨距离、花时间扎根在灾区的服务，我觉得陈涛老师当时一定是下了很大决心的。我很久没有见到陈涛老师了，但是他作出的努力和贡献我是永远不会忘记的。陈锋老师在前线，特别是在实践过程中做了很多的事。毕竟因为距离原因，陈涛老师有时候还是心有余而力不足，所以陈锋老师带领团队在前线与服务对象交流和接触。从前线的角度来看，他作出的贡献是非常大的。如果不是他前期在青红长期驻点，我想青红可能是另一个面貌。总之，两位老师从不同的层面都有很大的贡献，十分不容易。

从非专业人士成为社工，一路走来，我对这个专业的价值和作用比较认同。我们都知道，在现在的社会环境下，受理性主义和官僚主义影响，很多人只追求金钱、利益。在这样的环境中，怎样找到自己的人生目标，实现自我价值对我来说是挺重要的。我比较认同社会工作的价值观和发展方向，我觉得能够接触到这个专业及其价值观，让我个人的人生发生了很大的变化。我之前在读本科的时候，对未来很迷茫，不知道要干什么，不知道能干什么。但做了那么多年的工作，不仅是赚钱增加收入，还有对自我价值的实践和人生经验的积累。

对于在青红的角色定位，我刚开始是作为志愿者加入青红的，后来是全职社会工作者，再后来因为读书的原因成了兼职社会工作者。可以这样说，因为当时青红的机制和组织还不是很完善，虽然我自己是这样认定自己的角色的，但实际上我没有一个很清晰的角色定位。当志愿者的时候我对自己定位是很明确的，正式加入青红的时候是正式社会工作者的身份。后来去读书之后，我就断断续续地去青红工作，说兼职吧也不太合适。总之，在学校不上课的时候我就回来工作，上课时间到了，我就回学校上课。对我自己现在在青红的身份，我自己也不是很清楚，没有明确的定位，去读书的时候都是临时走的，具体的还需要向陈锋老师咨询。

对于青红来说，我的身份比较特殊。之前陈涛老师、陈锋老师、郭伟和老师还有熊跃根老师他们带的都是专业的社会工作实习生，都是有一定专业背景的，我当时的身份还是有一些尴尬，毕竟我本科不是这个专业。我是在做社会工作服务的过程中才慢慢地学会的，包括后面读社会工作专业硕士的时候，才系统地接受了社会工作理论的培训。之前很多时候都是跟各位老师们学习做服务。我本科是旅游管理专业的。我在青红工作的时候，发现社会工作的价值观与我自身的价值观相符，之前我也想去参加一些与志愿者相关的活动，特别是读大学的时候，总感觉没有找到合适的机会去做志愿活动。

四川是我的家乡，“5·12”地震时我在重庆，就想着能做一点事情。所以我觉得社会工作的价值跟我个人追求价值结合起来了，就借助这个契机，加入了青红。如果从专业的角度谈的话，我觉得社会工作的发展还是会有很多这种非专业的人士加入进来的，之前我的硕士学位论文就写过一篇有关非专业社会工作者加入的，包括后面成都本地社工在攀枝花的培训，也是培养非专业的社会工作人才。但是现在我不知道青红还有没有非专业的社会工作者加入。其实，青红基本上是以专业社会工作学生为主，但应该又培养了本土化社会工作者吧。我觉得现在中国社会工作的发展，非科班出身的社会工作者应该是占大多数的，目前应该是。当时陈锋老师他们肯接受我，我觉得是一个比较大胆的决定。

放眼未来：我会努力把自己学到的东西，反馈给更多人

我觉得青红想要继续发展，如果想长久走下去的话，有很多地方都需要改进，从制度建设、人员培养方面都需要花很大的力气。管理团队，最好有专业的全职的人员在机构里面，包括行政管理和专业管理以及督导人员；制度层面，虽然我知道很多文字层面的我们都有了，但是这个东西在落实的过程也要进行完善，就是一定要有人来做。因为我不知道现在的工作人员队伍，但是，如果从长期来看的话，就是要有固定的工作人员，从一线社工到管理队伍以及领导者，都需要能够长期跟进的，也要有不同专业方向的，因为这方面的服务领域很广。之前的项目都是从政府来接，没有自己的一个想法，所以我感觉社工就是零零散散的，不知道自己想要什么，也没有一个专门的方向。现在社工发展我觉得还是要做精一点比较好。我将来也想尽快毕业，然后进高校当老师，把学到的反馈给需要的人群。

汤金刚：认真做企业，积极做社工

口述人：汤金刚[①]　记录者：宫中怡[②]

因为我是做企业的，不是社工专业领域的，但是我是受到这之中的服务和公益感染的。

初遇青红：社会充满着正能量

我本身是当兵的，退役后成为一所企业大学的培训老师。我还是比较正直、积极向上的。地震以后，我想为灾区做一些事情，正好我的同学陈涛老师在汉旺成立社会服务机构——绵竹青红社工服务中心，我第一时间就加入了，并且在青红成立的大会上和他们一起参与了一些工作，相当于青红刚刚成立，还在工作站里、板房里的时候我就已经去过了。做了一些与陈锋、陈涛老师的配合工作，但是，由于不是专业人士，没有去一线做个案服务。

在青红的时候我主要做了一些协助工作，比如人员的服务

① 汤金刚：男，1967 年出生，成都沃赢创投科技有限公司总经理，青红社工服务团队成员，成都高新区培力社会工作服务发展中心发起人之一。

② 宫中怡：女，2019 年暑期在青红做志愿者，2019 年为成都信息工程大学文化艺术学院社会工作专业硕士研究生。

和接待工作，和地震灾区的一些人交流、交谈，也参与了一些组织活动。

陈涛和陈锋老师本来就是我的同学和校友，所以我都是怀着一种很崇敬的心情去参与他们的一些活动。因为我觉得他们做的是一种很高尚的工作，在内地也是一种比较新的、很有意义的事情。所以有意义的事情我们都是积极参与的。而且他们真的是全心全意在做，通过自己的付出和劳动，也赢得了当地受灾群众的一些信任，也为政府解决了很多头疼的问题。

青红每年都会有一些活动，每次活动都会邀请一些专家和教授去做一些讲座或者服务。他们为这个团队付出的回报就是那些受灾群众过上正常的生活，且能够互帮互助。你看，现在他们已经是一个相互依赖的大家庭，已经恢复了正常生活。这是第一点。当然，对我们来说，最重要的就是他们的自信心和荣誉感是没有进入青红的人所向往和崇拜的。那些没有进入青红的村民，很羡慕他们。我觉得这是青红的一个最大的贡献。老百姓很乐意、很自豪地待在青红这个组织里，互帮互助，一起活动，一起出成果，经常有专家和教授给他们讲课，让他们的思想境界得到一定的提升，不只是在小山村那个地方吃饱喝足，还能够根据别人的需求和自己的理想去付诸行动。

青红里有很多我印象深刻的人，陈锋、陈涛，还有王小兰，包括现在成都的陈二妹、姗姗（黎丽姗）……这些都是外来的去支持青红的力量。当然还有很多本地成长起来的骨干，比如刘刚均，还有马叔（马兴书）、春艳……他们身上传递出的正能量和良好的生活状态可以感染我们很多人，他们不仅都过上了正常人的生活，他们这个团队还比周围村民更团结、更有凝聚力。我每年都会参与青红的年会活动。参与活动只是最基础的操作，在参与活动的基础上，我与陈涛、陈锋、杨爱萍、陈咏梅等创立了成都社会工作服务机构“培力”——在青红的感染之下做了这么一个工作。

从青红到培力：
培育社会组织，我一直在行动

成都市高新区培力社会工作服务发展中心（以下简称高新区培力）是陈涛、陈锋、杨爱萍、陈咏梅我们几个人共同创立的。

我们在汉旺做了一些支持和服务之后，发现社会工作的服务精神和理念不仅地震灾区的人们需要，城市里的人也需要。我们对我们的时间、资金以及精力进行了总结和考量，最后确定在成都高新区成立“成都市高新区培力社会工作服务发展中心”。“培力”就是培养社会力量，为高新区的一些社会工作机构提供支持，培育一些社会组织。

高新区培力每年都给高新区的社会组织进行培训，包括培训它们考社工证，还有组织建设，等等。在这个基础之上我们还成立了成都市培力社会工作服务中心，相当于我们在成都有两个社工组织。目前这两个培力在成都市社会工作领域有很好的口碑。在社会力量的培育上，我们积累了一些经验，在成都业界也有一定的影响力。攀枝花政府邀请我们去做一些社会服务，我们还成立了攀枝花培力社会服务中心机构，在当地的一些街道做社会服务。而且这个组织是独立运行的，达到了我们培育社会力量的一个初心。

放眼未来：不忘初心，方得始终

我是做企业的，但是我在社工的服务之中受到感染。我作为一个企业管理者，虽然不是专业学习社会工作的，但还是很喜欢这种为社会作贡献的感觉。对于社会工作的未来有什么想法？现在我自己企业的业务非常多，事情也非常多，所以我必须先管理好我自己的企业。但是我经常做一些社会服务，也会参与一些公益活动，所以不管从精神上还是物质上，我都会作一些支持。

对于青红，我觉得要不忘初心，做一些实际的服务。另外，对我们已经培育的一些社会服务机构，青红要促进她的良性发展，使之得到社会的认可，在自己的团队里有一种荣誉感。我觉得青红的成员和社工一直都在坚持，他们这种精神是非常宝贵的。青红是服务于特殊人群的，而我们几个创始人是服务于青红的，希望青红能够越来越好！

杨爱萍：授人以鱼，不如授人以渔

口述人：杨爱萍[①]　记录者：宫中怡[②]

加入青红给我的改变是很大的。过去我是一个社会人，做公益也是零星的、零碎的，但是加入青红以后，我就用社工专业的方法去帮助那些需要帮助的人。可以说，过去我是授人以鱼，但现在我是授人以渔，而且通过社工的专业度，我也可以带给别人更好的帮助。

初遇青红：从一个人的公益到一群人的公益

汶川地震以后，我的高中同班同学陈涛带着他的学生回四川做灾后重建，就是来支援灾区。因为我自己也在做一些地震后的关爱服务，我们联系比较多，但是我是以个人的身份在做。

---

① 杨爱萍：男，1966 年出生，四川大学物理学院高级工程师、四川国纳科技有限公司副总经理、四川瑞吉爱康生物科技有限公司董事长、绵竹青红社工服务中心常务副理事长，成都市培力社会工作服务中心理事长、成都高新区培力社会工作服务发展中心常务副理事长。

② 宫中怡：女，2019 年暑期在青红做志愿者，2019 年为成都信息工程大学文化艺术学院社会工作专业硕士研究生。

陈涛最早回来的时候是代表国务院（妇女儿童工作委员会办公室）来做这个工作，然后让我给他推荐专家，我给他推荐了专业的医生。当时在德阳，我们也组织了一些朋友经常过去慰问他们。后来陈涛说想在绵竹做一个长期的社工机构，我们就开始筹划这个事。之前我们都是以四川本地爱心人士的身份在做事，几个朋友一起给他提供一些支持和帮助，比如他的用车，提供当地的一些资源等，但我们只是在外围参与。因为后来成立青红，我就感觉我还是需要加入他们的队伍，所以我就加入了青红。

我在青红主要是参与了整体规划，还有帮助春燕手工作坊。当时春燕手工作坊的产品出来后，销路很成问题，我先从网上给她们找渠道；还有就是组织成都当地的一些市民去学习访问，给她们一些支持。那段时间，几乎每个星期我都会组织一帮人过去，学习她们的精神，顺便看看有没有需要买她们产品的；同时，我还组织一些学生，包括一些从国外回来的朋友的小孩过去体验生活，感受这种生活的不易，吸收正能量。这些活动对她们的帮助还是蛮大的，可以说让春燕手工作坊度过了最艰难的一段时期。

在青红的时候，我印象最深的是陈涛和陈锋老师。陈涛是我的哥们儿，他为人一直很热心，他是社会工作专业的教授，那时经常在北京和成都之间来回飞，十分辛苦。青红刚刚成立的时候很艰苦，陈锋和陈涛老师带着学生住板房。找当地的村民来参加活动，人们还以为他们是骗子，因为觉得哪里会有这么好的事，直到慢慢建立起关系之后才相信他们。当时是 10 户家庭，带他们一起画愿望树，一起解决他们的心理和精神问题。当然，刘哥（刘刚均）断腿求生的“当代关公”精神，刘春艳高位截瘫的坚强精神，也都深深鼓舞、感动了我们。我们想，生活中还有什么困难不能跨过的！

在我心里，陈涛和陈锋老师两个人正直、善良、积极，充满正能量，应该是中国灾害社工的楷模。加入青红给我的改变是很大的。过去我是一个社会人，做公益服务都是零星的、零碎的，加入青红以后，我就学会用社会工作专业的方法去帮助需要帮助的人。可以说，过去我是授人以鱼，但现在我是授人以渔，而且通过提高社会工作的专业水平，我可以带给别人更好的帮助。

从青红到培力：城市居民也需要社会工作

我们有好几个培力：成都高新区培力社会工作服务发展中心、成都市培力社会工作服务中心、攀枝花市培力社会工作服务中心、德阳市培力社会工作服务中心等。最早成立的成都高新区培力社会工作服务发展中心是一个偶然的因素促成的。

当时我们在绵竹的青红机构做得还不错。我有一个同学是中国科学院的，一天，他从合肥专门过来，听同学们说我有一个社工组织在绵竹。这同学就说，同学们一起就吃吃喝喝也没意思，还不如一起干点公益。我带着他们去绵竹参访。当时汤金刚不在成都，是他爱人和我们一起去的。他爱人说：“老杨，绵竹离成都还有一定距离，实际上成都人也需要社工的帮助，能不能在成都建立一个成都培力？”

我、陈涛和汤金刚 3 个人就一起开始筹建成都培力。为什么叫“成都培力”——我是个社会人，汤老师是一家公司的老总，我们的精力都是有限的，要做社会服务，我们为什么不把社会上的力量团结起来去做，就是培育社会力量去做，这么一想，就取了“培力”这个名字。培力主要是做一些支持性的服务，培育社会力量。我们也有一些学生帮忙，做得也很好。包括在西昌，获得了一个四川省的优秀奖。在我的老家仁寿以及峨眉山，我们也在做，峨眉山是一个青少年的项目。在成都高新区我们有社区矫正项目，还有“三区”人才计划，还有邻水、广元的服务项目。支持性的服务我们也做了不少，包括锦江区的、锦基金的也有不少，还包括成都高新区的一个社会组织的评估，还有社工的技能培训和社工师考试。

放眼未来

我认为，我们每个人的精力和能力都是有限的，要把社会力量联合起来一起做事。整体来讲，青红在灾后重建领域做了很多有益的尝试，但是目前我们的人力、物力，还有时间、经验都比较有限，所以我就觉得青红可以把自己的经验分享出来，告诉社会大众怎样去做好这种应对自然灾害以及灾后重建的工作。我个人因为是大学老师，还在经营公司，公司计划两年内上科创板，所以还是以继续经营公司为主。当我有更大的能力的时候，我也会做更多的公益活动，比如成立公益基金。每个人的精力和能力都是有限的，所以要把社会的力量联合起来一起做事，一起建设美丽中国，真正实现我们伟大的中国梦。

陈咏梅：时常感觉是他们在帮助我们

口述人：陈咏梅[1]　记录者：宫中怡[2]

我觉得青红这10年来真的是特别不容易。我们也常想，青红能够继续下去，不仅仅是因为她是一家机构，更是因为有了青红，这些在地震中受到伤害的人才有个家能聚拢在一起。这个意义比仅仅看起来是一个机构意义更大。

初遇青红

现在回想起来，有时候不是我们在帮助他们，而是他们在帮助我们。我记得在“5·12”地震以后，陈涛老师和陈锋老师第一时间就进入灾区，进行灾后心理辅导等工作。我是陈涛老师的高中同学，而且我有几个同学也在当地，一个同学在汉旺东方汽轮机厂，另外一个在德阳东汽厂，还有一个同学以前是省人民医院的院长助理，地震以后他被派到了德阳卫生局做副局长。其实那个时候，我和陈涛老师不是太熟悉，因为我们

① 陈咏梅：女，1966年出生，2019年是成都培力社会工作服务中心法人代表、青红社工服务团队成员。

② 宫中怡：女，2019年暑期在青红做志愿者，2019年为成都信息工程大学文化艺术学院社会工作专业硕士研究生。

高中时不同班。所以，我去的时候是跟我们班上的同学一起去的。我们几个一起去看望他们。我们觉得他们当时挺辛苦，做这个事情非常不容易，当时他们住在板房里，生活条件也很差。去看望他们的时候，就是我开始介入工作的时候。从这个时候起，我开始了解社会工作，也正是因为这个原因，我才有了进入社会工作领域的契机。

2008 年我第一次去青红，最初是跟校友们一起去的，想着我们也可以做一些资助，提供一些力量什么的。也是在那里我第一次见到陈锋老师，后来就陆陆续续地再去。2009 年的时候我就见到了刘刚均刘哥、春艳、马兴书马哥。当时真的是被他们感动了——他们那么艰难，尤其是听到他们叙述“5·12”那天的经历。但是我见到他们的时候，他们给我的那种感觉，我真的是被打动了，非常感动。那个时候刘刚均他的太太高姐仍然没有从失去儿子的痛苦中走出来，我们谁也不敢提她儿子。

我们感觉她可能想忘掉很多东西，忘掉很多悲伤，尤其是失去儿子这件事。我们和她交流的时候，感觉她特别坚强，从不愿意把她软弱的一面展现给我们看。春艳给我的感觉一直是一个特别开朗的女孩子，她比我要小几岁，但是她表现出来的那种乐观、积极向上的生活态度，特别能打动人。

我在青红和他们接触的时候，做的主要工作就是陪伴，就是和他们聊聊天，找医生给他们做一些康复方面的诊断或者其他的工作。工作上面主要就是跟当地的天池村委会，跟当地的村主任、村委书记等接触。后来他们种了银杏树苗，三十几万棵的银杏树苗，我在这些方面提供了一些帮助。银杏树苗刚种下不久的时候，他们每天都会上山去做一些除草、护理的工作。但是他们都是截肢的人，行动很不方便，可他们非常努力。

青红的这段时光使我在人生态度方面获得了非常积极的影响。遇到大灾大难的时候，我可能会表现出消极的心理，不会很积极地去面对。但是和他们接触以后，就觉得他们这种互相抱团支持、互相鼓励、互相取暖的态度深深地激励了我。当时，刚开始的时候我记得每个人都会有3次左右的机会去天池山上除草，保护那些银杏树苗。对他们来讲，这样的行动都是非常不便的。因为，他们经常会出现幻肢痛，当时有一个成员跟我讲，她出现幻肢痛的时候，那种感觉是生不如死的，就感觉根本活不下去了。

青红有个成员叫凡昌菊，她跟我讲，她幻肢痛每个月都会出现两天，每一天都是生不如死。但是，她跟我说这个的时候还是笑嘻嘻的。还有一次我们请华西的一位老师来讲课的时候，春艳也说，她可能会大小便失禁。她说她以前都是不好意思讲，以前她坐车出去玩的时候，没到服务区的时候她就会很害怕，因为她也是一个非常漂亮、非常爱干净的小姑娘，所以这种事情就非常难以启齿。然后，她就哭了。这是我们第一次见到她哭，当时心里真的是挺不好受的，因为，春艳给我的感觉一直是特别开朗、特别乐观的。她竟然站起来了、坐起来了，还可以走路。

她实际上还有很多困惑、难以启齿的痛苦。但是她平时都不讲，所以我们感觉她平时展现给我们的都是好的，都是正面的东西。包括刘刚均，他也有特别难受、特别疼的时候。他还有一个痛，就是他失去了孩子，这个是我觉得他除了身体上的痛之外，一个更难受的地方。在我们面前他仍然是一个很坚强、顶天立地的男子汉。但是，私下里他跟他夫人高姐在一起的时候可能也会表现出比较软弱的一面。因为我们当时认识高姐的时候，高姐特别悲观。后来，3 年后高姐开始跟我讲孩子的事情，跟我讲她的孩子是怎么样的，刘哥是怎么样的，还有她的心情是怎么样的。她给人的感觉是一个大大咧咧、特别爽朗的大姐，但是我相信在特殊的日子她还是会很难过的。这些年我感觉她会慢慢走出来。这一点，我觉得蛮欣慰。

刘刚均他们不仅自己互相激励，还影响着周围的人。我常常想我生活中还有什么过不去的坎儿?！所以对我来说，这才是我最大的收获。春艳现在也可以自己拄着拐杖到处走，有时候隔着很远就可以听到她特别爽朗的笑声。有时候她是在给自己打气，也是在给别人打气。这些年我有一个非常强烈的感觉，不是我们在帮助他们，而是他们在帮助我们！每年过年我们都会聚在一起。我还记得年前的聚会，也是非常的感人。

现在青红这个组织已经越来越大了，越来越多的人开始参与进来，他们还会去帮人家策划活动。就在前不久，我去汉旺，刘哥还跟我讲，他以前不知道德阳、绵竹还有那么多能干的、有很多想法的残疾朋友，现在他们和这些朋友也联合起来做一些事情。你看，他们现在不仅自己自立自强，还在帮助其他的人。

自从和他们接触之后，我自己的人生态度也发生了很大的转变。他们作为肢体残疾的人都可以好好生活，大灾大难他们都可以慢慢地消化，积极、努力、乐观地生活。我们这些肢体健全的人还有什么可抱怨的，还有什么理由不努力且积极地生活！这是青红给我的力量。我们也会组织一些同学、孩子去看望他们，去组织一些联谊会，去帮助他们。对孩子们来说，这也是一种积极的影响。

从青红到培力：因为有青红，所以有了培力

因为前期在汉旺的工作，后来我和陈涛老师、陈锋老师、杨老师、汤老师 5 个人一起，在成都高新区发起成立了培力社会工作服务发展中心。当时主要是在成都、攀枝花、仁寿做一些“三区”计划的项目。实际上，是因为青红才有后来的几个培力社会工作服务机构，培力跟青红是相生相伴的。在做培力的同时，不管是原来机构的员工，还是后来入职的员工，都把青红像培力一样看待，培力就是青红的工作，青红也一样是培力的工作，员工都愿意在完成培力的工作之后去帮助青红的工作，很积极地去帮助青红的朋友。

我在高新区培力工作的时候，最初是兼职做一些事情，后面也有作为执行主任参与工作，主要是跟陈锋老师一起在做项目执行、企业管理方面的事。2016 年我们成立成都培力社会工作服务中心，我是法人代表，和陈锋老师一起做机构管理和项目执行工作。

放眼未来

青红不仅仅是一个机构，更是大家聚在一起的力量。我觉

得青红现在发展得挺好的，很多社会工作专业的老师都觉得不错，青红竟然都10年了，已经陪伴我们10个年头了，觉得有点不可思议。当时在地震灾区设立的社会组织要么已经早撤离了，要么已经名存实亡，没有再做什么工作。但是，我们青红一直还在，而且还越来越好，慢慢地从以前我们帮他们申请项目，到现在他们自己去申请项目，自己去执行项目。而且，在申请项目的过程中，他们去影响别的残疾朋友，去帮助其他人获得一些政府补贴，申请一些项目。所以青红能走到今天，我觉得还是因为他们自己的能动性，他们知道他们要怎么做，他们自立自强，所以才能走到今天。如果仅仅靠青红的几位老师和几位员工，是不可能走到今天的。所以我觉得现在青红发展得真的不错，而且，趋势也越来越好，大家都越来越积极，都为了这个大家庭在努力。

当然青红还是需要一些社会力量的参与。比如这个银杏树苗已经很高了，该怎么做销售，还是需要讨论的。当时银杏树苗种植的时候非常好卖，而且政府也批了很大一块地去种植。后来因为洪水和其他原因树苗减产了。另外，药材也可以种，还有养殖一些家禽家畜，如鸡、猪，或者是山上有一种竹子，春天的时候会有很多竹笋出来，可以把它们晒干，通过网站、朋友圈进行销售。但是，这还没有成规模，还没有形成一种盈利模式。

如果仅仅是做手工，从数量和成本上看都是不够的。比如春艳的手工作坊，也只有3～4个长期坚持做的人。最开始的时候也是一些简单的手工作品，然后是在不断学习，做一些比较好、比较大的作品。不管她们一个月能卖多少钱，最起码她们一直在做，而且目前一个月的收入还是不错的。所以这个还是需要一些社会力量的参与，让她们有更多的路子取得收入。春艳之前是煤矿的人，是有收入的。总之，我觉得还有很多的工作要做。

我觉得青红10周年真的是特别不容易。而且我们也都想，青红能够继续下去，不仅仅是因为这是一个机构，更是因为有了青红，他们才会有个家，我们才会在一起，这个意义更大一些，这比看起来仅仅是一个机构意义更大。我们的几个老师也都在努力。我们机构真正学社会工作专业的只有陈涛老师和陈锋老师，我们都是学其他专业的，也都有自己的工作。我是进入这个领域之后，才考了初级、中级社工师，才对这个领域有了更多的了解。前段时间和北京师范大学陶传进老师交流的时候，我就说我真的想把社会工作作为我的一个事业来做。以前我没有这个想法，我是学高分子的，做化工，有自己的企业。现在我就在想我要怎么做，我觉得青红对我的意义真的是极大的。

郭伟和：青红的发展性社会工作探索与反思之路

口述人：郭伟和[①]　记录者：汪龙鑫[②]

青红的未来将是逐步转变成社会企业或是社会发展性协会，加强与基金会合作，链接更多的服务项目，去扶持更多的社区老百姓，发展社区的互助合作网络，成为能够助力社会发展与建设的组织。祝福青红日渐成为这种反哺社会的社工机构，这也是我们大家希望看见的那种发展模式和道路。

组建团队，初入灾区

地震那会儿（我）刚从香港读完博士回来。“5·12”是全民关注的一个事情，震后在江西的《社会工作》杂志上我写了一篇小的评论性文章，主要是阐述国内社工界未能很好地介入，像是错失了一个机会一样。但是后来中国社工教育协会，比如王思斌老师、史柏年老师等就与基金会合作开始进

① 郭伟和：男，中央民族大学民族学与社会学学院教授、博士生导师，中国社会工作教育协会司法社会工作专业委员会副主任和农村社会工作专业委员会副主任，青红社工服务中心理事、督导。

② 汪龙鑫：男，中国社会科学院大学政法学院2017级社会学专业硕士研究生，研究方向为应用社会学，2018年暑假期间在青红做志愿者。

去，然后陈涛老师、杨静老师与民政部、国务院妇女儿童工作委员会也进去做了一些协调工作。我从香港回来大约是 2008 年的 9 月。我与陈涛老师他们见面，商量应急的阶段已经过去了，接下来关键是如何做一些灾后重建的工作。而且我们意识到应急与灾后重建是两个阶段或者说是两种不同性质的工作，应急更多的是心理辅导或者是临时安置、救援这些方面的工作，但是灾后重建的问题具有持续性，与生计、社会关系、社会组织、文化重建等问题更为相关。所以我们当时就在一起讨论灾后重建应该怎么做，用什么方法做的问题。

当时陈涛老师与中国红十字基金会的人员（他们当年都是在团口上一起工作过的同事）提出通过项目方式支持一些社会组织做灾后重建工作。陈涛老师和我们一起写了项目计划书去基金会申请灾后重建支持项目，最终在中国红十字基金会获批资金。这个项目最初是关注遇难儿童家长的扶持服务，因为前期陈涛老师与全国妇女儿童工作委员会到灾区，主要是去绵竹富新二小做地震遇难儿童家长的项目。那所小学是受灾比较严重的地方，儿童的伤亡比较多，家长有一些不满与愤怒情绪。前期陈涛老师做完后觉得后期需要再继续跟进做一些工作。

因此，我们最初的设计就是做遇难儿童家长的工作。当时我们就在讨论该怎么做。其实这不是一个简单的心理辅导能解决的问题，也不是靠维权能解决的。维权比较敏感、复杂，而且当时国家也有一些救助与优惠政策，所以一味地走维权道路肯定不是解决问题的办法。我们当时就提出，重点是怎样帮助在地震中伤亡儿童的家长去重组生活关系和生活形态，从这个角度去介入可能会好点。这是当初我们项目的初衷。

但是等到 11 月答辩完，12 月往一线去的时候，我们发现这个并不太顺利，因为这个群体仍然比较敏感，仍然持续地与政府有一些紧张关系。所以后来就联系了绵竹市妇联的张艳老师（同学们都叫她艳姐）。张艳老师最开始就是参与妇女儿童工作委员会协调工作的，她帮忙跟当地民政局的一位局长联系，也给我们建议，如果遇难儿童家长的问题比较敏感，也可以把服务扩展到一般的伤残人员这个群体，我们就提出做生计问题。因为这个问题不太敏感，而且也是一件对老百姓有意义的事情，所以在 2008 年 12 月，我们就转为做一般的伤残人员的生计扶持项目。

依托项目，开展培训

接下来对接了当地的一所职业培训学校，这所职业培训学校刚好与我们做的生计相关，我们就借用学校的板房区在里面开张了。2009 年 4 月前后揭牌，成立青红社会工作服务站。当时以中青院的学生为主，比如兰小伟、王硕、李硕、小丽，等等。既有陈涛老师的学生，也有江汛清、史柏年老师的学生，还有香港理工大学的社会工作专业硕士李飞虎、王婷等，都在我们机构实习。

我们从 2009 年的暑假开始正式去做这个项目。我记得 2009 年那个暑假，我带着这些学生在那儿待了一个多月。那段日子是一段比较深刻的体验，如何在一线跟社工学生和老师们一起形成比较紧密的团结合作关系，不仅对我，对这些孩子们应该也都有比较深刻的印象。作为督导应该能够对情境有更多体会，然后和大家一起创造这种情境，使大家能够在这种情境中去展现自己。

当时我的主要思路是，借用联合国亚洲开发银行在国际上用于东南亚地区的一套家庭可持续生计工具包，去给我们招募的 12 个对象做服务。因为这 12 个对象都是地震伤残人员，他们本来都是参加职校免费的职业培训，所以我们从培训学员中招募组员，开始做家庭可持续生计的参与式培训。我记得在武都的板房区里，当时下载了亚洲开发银行的那套可持续生计包，翻译成中文。起初我们先进行内部演练，然后就用参与式培训的方法来给学员们上课，教他们家庭资产、家庭分工、社区资源、权力结构、组织结构等知识。

另外，我们当时把这种知识能力培训与实际的扶持项目结合起来，因为当时红十字基金会资助有 30 万元左右的工作经费，我们商讨拿出一部分钱，鼓励这 12 位组员，谁能在生计培训之后自己设计一个项目，我们就答应总共给 5 万块钱的生计项目的启动经费，让他用这些钱去做点事情。当时基本上每一个组员都提出了一个自己的生计项目：有的是开烤酒作坊、有的是开超市、有的是开修补的手工店……

培育生计，艰难前行

大家都有不同的生计项目，我们就用这些钱去扶持他们做这个项目。当时实际上有一个很重要的思路值得去讨论，或者说是有一定的分歧，即以家庭生计为主还是以这种互助小组为主？一种思路是我最初提出的以家庭生计为本，然后小组只是一个松散的支持网络，更多的是以家庭为本去开展自己的生计活动；另一种思路是陈涛老师的思路，强调一定要先建立组织，也就是互助小组，先选出组织的一些骨干和领头人，依靠这些骨干和领头人来决定这5万块钱生计扶持资金给谁不给谁、每一个家庭生计是不是可行有效的。

陈涛老师当时认为这些应该由当地的互助小组说了算。最后经过大家讨论，包括暑假结束培训以后回到北京在中青院开会讨论这个问题，也通过邮件跟当地的其他成员去讨论。最后大家决定坚持两条腿走路，一方面就是以家庭为本去行动；另一方面，项目的决策、资金的分配回收和项目的日常管理都由成立的管委会或者是互助小组来决定，大致就是按照这两个思路齐头并进。我记得当时我们有很多的邮件讨论，现在去翻翻电脑还能找到那些邮件，大家都是反复地讨论这些事情。

应该是先行动起来还是先搭建组织结构？这个问题我在一篇文章中也讨论过，这种生计重建项目到底应该是以家庭为本还是应该以社区组织为本？陈涛老师当时提出了一个口号——“团结社区、发展生计”，强调坚持先进行组织制度发育，先需要有人、有领头人、有他们的自组织，由他们来决定这个项目的发展问题。我当时的基本思路还是强调应该先做家庭的生计能力培训与生计项目的论证，把生计发展起来后再从中发现具备领头人潜质的人，从而去慢慢成立管委会。这两种策略其实还是有一些区别的。最后综合了大家的意见，决定由管委会来决定培育这个项目，同时负责资金和项目的管理问题。

现在看来，我觉得家庭生计项目仍有些做得不是太理想的地方。因为最后成功的一个是杨大哥做的那个酒作坊，另外一个是一个小伙子卖医疗器械、保健品，再有就是刘刚均他们办的那个“梦想起飞”的超市，还有一个是类似卖当地干货的一位女性，后来也没做好。后来陈涛老师的意思是每个项目支持的几千块钱中国红十字基金会也没想过收回，我们这个项目组更多的是一种扶持性支持，也不是强迫大家的资金一定要收回来。我们不像别的地方，比如尤努斯的格莱珉银行这种小额贷款必须要还，不还就说明你没有诚信，我们当时在这方面没有特别坚持。最后其实有的生计发展得不是太好，我们更看重的是谁在这个过程中能够成为当地的骨干成员，沿着培育组织这个思路，就算有一些钱没有收回也就没有太当回事儿。

但是现在看来，我觉得还是有一定问题的。因为社区发展或者社区为本的生计发展，一定是组织培育和生计发展两者兼顾的，所以如果家庭生计没有发展好，其中既有他们身体残疾或者当地资源有限等因素，同时我觉得仍然存在着对生计发展的精力投入和关注度不够。因为我们的精力放在了领头人培训、组织培训上，并没有把这个生计发展当作一个特别重要的事情来做。当然，我们并不是完全失败的，还是有一些发展比较好的，比如刘刚均他们那个“梦想起飞”的超市。我记得一开始刘春艳并不是特别积极的分子，但是后来春艳在里面也逐渐表现出越来越出色的一面。这与他们自身有良好的基础有关，因为她原来就是当地国有企业里的职工，刘刚均本来也在当地煤矿上做过管理工作。对他们来说，本来都具有一定的组织工作经验和眼界，后来慢慢他们成为领头人是理所当然的。

互助合作，孵化组织

项目后期的主要重点就转向这些骨干成员的培育。我们从9月撤出来以后，那个时候正好陈涛老师的哥哥陈锋老师在中央民族大学读博，他把那里做成他的田野点。开学我们回到北京以后，主要是陈锋老师与当地人一块儿工作。另外，陈锋老师是四川人，听得懂当地话，待的时间长，慢慢就跟当地的那些人建立了良好的关系，包括当时有几个“明星”式的抗震救灾英雄人物，比如刘刚均、刘春艳，当时最早接触的有一个“鼓上舞者”，还有刘志全、马兴书等。这些核心骨干成员慢慢跟陈锋老师建立了良好的关系，慢慢就培育出一个行动网络或者称为积极分子网络，去扶持他们成为当地的领头人。后来就成立了生计互助小组，里边的管委会有刘刚均、刘春艳、刘志全、马兴书、杜成艳；还有，在板房拆了后租用了一个老太太家的房子，慢慢地，项目有了骨干成员。

在这个基础上，后期陈涛老师又联系到中国扶贫基金会，它们又接着投入资金来支持这个项目，包括陈锋老师通过民政厅申请到的中央财政的西部援助计划。后续有了新的资金进来以后，大家就接着进一步讨论这些资金该怎么用？用在什么地方？这个时候管委会的组织架构、制度建设就提上了一个更加重要的日程。有一段时间，我们把这几个骨干成员邀请到北京，在中国青年政治学院的社工实验室开展团建活动。我们给他们讲授一些知识，比如什么是合作经济、什么是社会经济、什么是合作社这些理念和制度层面的问题。然后陈锋老师带领大家做合作社的章程和制度建设，逐步推动合作社从非正式的，依人情关系、魅力、领头人气质走向一个制度化、组织化的建设过程。

我们当然是希望制度化的、组织化的建设能够进一步地把生计项目做好。所以，当时我们就总结了之前的经验，讨论如何充分利用好申请的资金。接下来中国扶贫基金会给了青红30万元左右的资金支持，大家就开始讨论这个钱不能再分到各家了，应该集体做点什么。当时的一部分钱用于团队建设和组织建设，比如给成员们发放一些补贴，做团建时一些活动的经费，更多的一部分资金经过他们自己商量后，决定回到他们原住的山上去建银杏苗的种植基地。所以在2011年前后就成立了一个种植专业合作社。做这个工作实际上男性劳动力相对比较容易，这样就容易出现劳动分工的分化问题，比如像春艳等女性劳动力可能就不太适合做这种工作，这样就会进一步引起管委会内部的一些利益分化。

虽然大家讲团结经济和社会互助，强调互助合作，但是当利益到来的时候，大家的团结互助精神更容易受到考验和挑战，所以我们才更强调制度建设和组织建设的重要性。后来就提出来再成立一个项目，就是扶持刘春艳的手工作坊。当时是陈涛老师联系、陈锋老师带领她们去参观其他地方，比如去参观了山西永济郑冰的综合农民发展协会的项目，当地的残联组织她们去外地培训。后来她们就发现串珠这个项目还不错，春艳领着那些姐妹们成立了一个项目，就是现在运营得挺好的“春燕手工作坊”。当时青红就有了这两个主要项目：一个是以刘刚均、马兴书等男性为代表的银杏树苗的种植合作社；一个是以春艳为代表的女性的手工作坊。

后来主要是当地的一些社工学生，比如说当地师范学校的社会工作专业学生，以及去中青院读研究生的学生，比如王小兰、钟丹等她们在那里做了很多。钟丹是当地人，工作特别的突出，跟当地人关系相处得特别好。我记得有一次我去青红，看见她在给大家培训，用的是我最初给大家培训时用的家庭生计框架，我觉得她用当地话讲得比我还流利。所以，青红的发展也都得益于这些工作人员在一线做的工作。在逐步与当地人进一步建立比较紧密关系的同时，也不断扶持往前开展项目，比如帮设计春燕手工作坊的徽标、手提袋、商标符号、特色的标签等，从而更好地反映出其中的文化品位和劳动价值，通过这种办法试图去建立一个地方的社会经济市场，依靠这种地方社会关系网络，使她们的手工作品与传统市场上的一般性商品竞争区隔开，是更加重视她们的劳动价值和文化品位。现在看来这两个集体项目还算是有所成就，能够比早期的家庭生计项目更加体现出社会经济和合作经济的理念。

但是，老实说这里面其实也有一些利益处理不好的地方。现在的银杏苗是不是有收益了？好像我前两年去看，大家还觉得它是一个潜在收益，长势比较好，但是一直没有直接收益。没有直接收益就意味着需要不断去申请新的项目经费去支持，所以目前仍然无法转变成一个可以通过自身再生产和收支来维持平衡的项目。而像刘春艳的手工作坊则可以直接有一些收益解决她们姊妹们的日常开销问题。所以有段时间这两个项目之间会有一些张力，即到底是谁在支持谁？

当时实际上这两个项目都是依靠陈涛和陈锋老师从外面申

请的一些公益金来支持。但是，我们一开始就说青红与别的社会工作组织的最大不同就是它是一个发展性项目，它应该有自己的收入来源，慢慢建立自己的收益回报渠道。我觉得这方面我们一直在努力。

反思一：发展性社会工作如何可持续前进

我们共同的理念其实就是强调通过团结互助的办法来支持生计发展，而不是仅仅开展心理辅导和普通社区活动。我们更多的是强调把阿马蒂亚·森所讲的能力建设理念，运用生计培训策略与互助小组落到实处。我相信我和陈涛老师共同的思路都是讲发展性社会工作，但是这个过程中我们俩多多少少有一点差异，就是陈涛老师更强调社会性的一面，强调社会支持和合作团结的理念，更偏向价值层面，而我是稍微偏向生计的地方市场，将收益的成分做出来。这个分歧也直接影响到项目的完全推展。

可以看出，如果我们要走发展性社会工作的道路，实际上是需要解决这个问题，就是青红的社会性我们现在做得挺好，但是发展性还做得不够成功，也就是不能带来收益来支持社区合作。当初我们提及的理念都挺好，我们预期合作社的银杏苗能够获得很好的收益，再返回给合作社，合作社拿出来一定比例作为公益金支持社区公益。但是我觉得近几年这方面并没有看见收益和回报，大家更多的还是看它未来的潜在收益；同时，春艳的手工作坊中姐妹们都很辛苦，获得的都是小的收益，不足以支持公益金的开展。当然后期我自己检讨认为是投入的精力不够，没有时间，加上距离那么远，也就没有太多机会回到那个地方。但从理念层面，一定程度上这两个平衡点实际上现在做得不是特别理想，是存在一定的问题的。另一个检讨是我和陈涛老师在这个问题上的分歧在某种程度上对团队内部的骨干成员在基层的执行问题产生了影响。

因为在这个过程中我始终觉得就是我和陈涛老师或多或少有一定程度的理念分歧，他比较注重关系、情感和价值，注重使大家团结起来形成凝聚力一起往前走。而我相对比较关注的是项目的成效、收益、可行性以及如何反哺该项目，而不是仅仅依靠国家公益金和基金会的支持往前运作。

反思二：组织结构如何搭建

在某些方面我自己投入的后期精力不够，更多的是提供一些理念和思路或者去一线给一些鼓励，确实是觉得自己做得不太够。我记得在2014年前后，当春艳的手工作坊面临困境的时候，当时我是作为理事会成员得到了5000元劳务报酬，我就不要了，把这5000块钱用来买春燕手工作坊的产品，扶持这个项目的发展，应该让她们看见姐妹们的这个手艺是有人欣赏的，是有价值的。所以我觉得我们在市场的开辟和业务的拓展这些方面还是不太够，或者说也可能受制于我们专业知识结构的局限，我们大部分都是社会学和社会工作的背景，不具备市场拓展的专业能力，缺乏经济学专业人员的加入。这也是比较值得反思的地方。

这在某种程度上也与我们投入精力不够有关，无法全力去培训。比如说，怎么去拓展地方市场？怎么去建立社会经济网络？当然这也确实相对于团建更加困难。另外，我觉得不仅是我，陈涛老师也会面临这个理念多、行动少的问题。所以大量的日常工作都交给了陈锋老师。陈锋老师在一线的时间比较长，大家关系贴得比较近，然而，他与一线人员的关系太近了，相对来说，一方面他会抓这些现实的具体问题；但另一方面也容易忽视了我和陈涛老师比较看重的社会经济的成分，可能更多的是在处理他们这些矛盾与关系问题，这方面投入的精力太多，自然会在方向性的、大局性的东西上可能关注得稍微少点。这样我们三个人各有偏重，我是偏重经济的成分，陈涛老师偏重社会的成分，陈锋老师偏重具体的事务性的纠纷以及利益冲突的协调问题。总之，这是大家在未来发展中需要不断探索和处理的问题。

反思三：如何从传统精英转为现代领头人

第三点值得我们去反思的地方是，我们也需要处理与当地这几个骨干的关系。在这个过程中，首先，我们回过头来讲其实是偏重精英导向，不管是刘刚均还是刘春艳，这两人是我们后期比较倚重的，他们两人都是戴着光环的。刘刚均当时被称为“当代关公”，也被媒体铺天盖地地宣传；刘春艳在康复期间被国家领导人亲自接见过。所以这两个人都是带着巨大的光环的。早期的刘志全大哥也具有一定的身份和地位，马兴书也做过地方生产队的队长。这些地方领头人比普通的村民参与度、理解力、接受力、合作性都高，他们都能显示出领头人气质。但是，这种英雄的光环和领头人的气质方面我觉得我们做得也不太好。

例如，我前段时间在别的地方做领头人培训的时候始终在讲一个道理：什么是领头人？传统领头人与社会经济中的领头人素质要求是不一样的。传统领头人就是依靠个人的魅力、坚毅和素质，凭借这种号召力来做领头人，具有果断的决策能力和执行能力。这种领头人气质就很容易产生内部的张力，领头人与领头人之间容易出现摩擦。刘志全的退出我认为和这个有关系，包括现在春艳和刚均大哥一定程度的张力也与这个有关。大家都觉得我做事有一套我自己的想法，有自己的一套习惯的经验，而其他人会认为存在一定的局限。我们面对这个问题的时候其实并没有处理好。总之，我们需要从传统领头人走向更加成熟、更加新型、更加适合合作社的领头人，在这方面也是值得我们去反思的。

当然，有一年寒假陈涛老师让我去给他们培训，讲讲这方面的内容。但是我觉得这不是一两次课能够讲清楚的，需要连续地做一个成长小组，帮助大家认识清楚每个人的领头人潜力和特征，如何与现代合作精神进行调和。现在更多的是遇见矛盾依靠陈锋老师在一线进行协调，更多的是运用传统手段如何尽量去维持这个局面、如何去平衡好关系。然而很难直面矛盾和个性，如何在这个基础上去推动成长、育化、更新、改变？我觉得这方面我们投入的专业知识、运用的专业方法还是不够的。这也是值得我们反思的地方。

实际上，现代社会工作中的小组是有培训技巧的，我们在这方面做得不太够。比如说我前段时间在北京给社区做民主协商的能力培训，我认为做得还是比较成功的。我们就通过放一些影视作品去让大家一块儿讨论，面对矛盾、纠纷、冲突的时候我们中国人传统的解决策略是什么，要么就是靠领头人的武断决策，要么就是靠争吵、诋毁甚至冲突去处理。我们实际上很难通过一种程序性的正义，引导每一个人去学会尊重别人发言、学会去建设性地发言、学会去按照顺序发言。之前我了解到，在北京的一个民间组织做的是罗伯特议事规则，如果我们能够做这个，我觉得可能会有助于解决当前青红的这个问题。

现代领头人主要是一个主持人的角色，主持人的重要作用就是不武断、不决策、不拍板，主持人的角色就是引导大家发言，然后协调大家去沟通、讨论、协商制定规则，大家按照规则发言之后通过一种程序化、规则化的策略来处理内部的分歧和矛盾问题。我觉得咱们在这方面可以进一步加强。

另外，我们做得不够的是文化反思性。仅靠程序和制度也不足以解决问题，最重要的还是靠每个人对自己的个性特点、对自己的文化传统的反思，用费孝通先生的话就是“文化自觉”。我在北京社区培训的一些做法就是播放《白鹿原》的片段，使大家认识到：影片中的人物白嘉轩作为一个传统的地方领头人，他的家长作风虽然是为了正义、为了家族和全村的利益作了很多牺牲和隐忍，但是他身上有专制霸道的一面，他是通过比较粗暴甚至比较残忍地动用家法的手段去惩罚那些越轨者，包括他自己的儿子，通过这些手段来建立自己的威信，维护自己的领头人地位。这些办法其实都是我们中国人需要去面对的，这不是一个现代社会、民主平等的文化。

什么是现代领头人？现代领头人更多的是一个功能性概

念，更多的是要有亲和力和理解能力、求同存异的包容的能力；另外，也需要具备一种整合能力，就是把不同意见按照一种程序让大家表达整合。这就需要领头人具有反思精神和整合能力。领头人要具备反思精神，去掉这种魅力气质，让别人去信服甚至崇拜的意识，这是我们中国人不太主动愿意去掉的东西。虽然我们都反对专制、霸道这些负面的词，但是我们恰恰是被一些正面的词欺骗，比如，我具有魅力，我吸引别人，能够让别人崇拜我，甚至我作出牺牲让你觉得亏欠我。我觉得这都是不适合我们现代人要做的东西。甚至我们做家长就容易这么做，总是替孩子作决定，给孩子好多好处，让孩子觉得感恩戴德，最后要回报我。其实我们很多中国人就是看重这个东西，倒不是说是一种专制霸道，但恰恰是这种仁慈带来的支配力让别人觉得是不舒服的。

这个是我们中国人需要去反省自觉的地方，只有把这个改变了你才能真正地实现儒家提倡的“推己及人”的境界。通过理解别人，也就是我们社会工作所说的同理心，能够站在别人角度想问题，只有到了这个地步，我们才会说程序正义是有用的。只有内心的认同，让别人先发言，听听别人的不同意见，理解别人的不同意见。另外，发言的时候学会真诚地表达，避免那种指桑骂槐和阳奉阴违，或者是我内心中有委屈，我也隐藏遮掩不愿意说。这种隐藏遮掩恰恰都会影响组织的团结合作，以及面对利益矛盾时的坦诚和开诚布公。如果这个问题无法解决，实际上我们的这种通过团结合作发展生计的一些核心问题是没有办法解决的。

反哺社会，再创新章

现在青红的基本思路就是陈涛老师和我们大家一起制定的一种“在地化”的模式，让当地的这些管委会的骨干逐渐成为主要的负责人。我是赞同这种在地化思路的，但是我与陈涛老师之间还是稍微有一些不同的思路：青红应该是一个社工机构，还是一个当地的社会发展组织？

我希望我们不一定必须是以“青红”的名义去发展，刘刚均他们的种植合作社与春艳的手工作坊，这两个组织应该是区别于青红的两个主体。而青红作为一个社会工作机构，我觉得还是应该有一些专业的老师和专业的工作人员来做比较好。青红作为一个服务机构与它所培育出来的在地化的居民组织，我建议这两个应该区分开来。当然，在当地的居民组织发展完善之前，青红可以继续申请项目去支持他们，但是我自己不是特别认同把他们高度的一体化——他们既是居民组织领导又是青红的服务者。但总体来讲我希望这两块是水和鱼的关系，青红作为一个社会服务组织像鱼一样，它应该生活在地方社区文化和传统社会居民组织之中。

但是，反过来也反哺和推动项目组织发展。如果我们不能够把组织发展成功，不能够解决它的项目发展问题就说明我们这个服务模式尚未真正地走向成功。在这方面希望我们能够再进一步使思路更加清晰，步骤更加扎实，更具成效。比如联合国的一些生计发展项目，明确清楚项目官员就只是项目官员，工作人员就只是工作人员，不会让工作人员慢慢成为项目官员。他们评价成功与否的标准就是培育了多少生计项目，培育了多少互助小组，能否自主运作。如果他们始终不能自主运作，仅仅靠青红的扶持，那说明我们这个项目并没有达到预期的理想。比如，等到刘刚均和春艳他们退休了或是年老了，人家只需要把自己的生计做好了，自己的日子过好了就可以了。如果他们想成为专业的工作人员就需要放弃他们的生计项目，进行一定的身份转换，专门成为一名社会企业或社会工作机构的专业人员。

同时，青红这种项目需要具备完整的成员结构。比如，杨爱萍老师、汤金刚老师他们都具有市场经营的理念和专长，但是我们对他们的动员不是太好，他们仅仅作为志愿者参与理事会的讨论。如果我们的项目想要获得成功，必须要有学经济专业、工商管理专业等的成员教授生计项目成员们如何去开辟市场、进行项目管理等。我们仍然欠缺这种专业要素，仅仅依靠主流的社会学和社会工作专业是存在一定困难的。

总之，我认为如果青红想要更加规模化地发展，就应该由社会工作的专业人员来接手，吸纳一些经济学、市场营销、工商管理专业的人才，逐步转变为社会企业或是社会发展性的协会，加强与基金会合作，链接更多的服务项目，去扶持更多的社区老百姓，发展社区的互助合作网络，这才是我们大家希望看见的那种发展的模式和道路。我也希望并祝福青红日渐成为这种规模发展、反哺社会的社工机构。

王小兰：步步前行，携手共进

口述人：王小兰[①] 记录者：汪龙鑫[②]

2008年，对我来说是非同寻常的一年。那一年，我不仅是地震灾害的亲历者，也成为那一群可爱之人的同行者；那一年，我成为一个怀揣梦想的社工，第一次有了强烈的身份认同，为印上"青红"这个烙印感到骄傲；那一年，我22岁，感谢社工选择了我。

10年过去了，青红伴我成长，给我力量。每当身处艰难时刻，回想起这段经历，总是十分治愈。

10年很漫长，我从花样年华大踏步迈入中年岁月，所幸的是，还不那么十分油腻；10年很短暂，我们还有更多个10年要一起走完，必需的是，一年更比一年好。

对于人生，我们知之甚少，又妄图了解更多。那是因为每一步的前行都关系着内心世界的表达，为什么能够无所畏惧、

---

① 王小兰：2009—2011年为中国青年政治学院社会学专业硕士研究生，研究方向为社会工作。在"5·12"后作为青红团队的一员，参与青红的整个发展历程。震后3年，作为一线社工深入青红项目的开展过程中。根据参与青红的实务经历，撰写多篇灾害社会工作的学术论文。目前作为青红大家庭的一员，长期关注青红一线的动态。

② 汪龙鑫：男，中国社会科学院大学政法学院2017级社会学专业硕士研究生，研究方向为应用社会学，2018年暑假期间在青红做志愿者。

奋力奔跑？每个人的答案都是不同的。而在其中，最重要的是，一直不要忘记叩问自己的内心，那个奋力前行的人是真实的我吗？

在青红的这段岁月，最起码，我是真实的，是愿意有所担当的。

引子：青红的缘起

2008年5月12日，在我两个月后即将本科毕业的这天下午，毫无预兆的汶川特大地震爆发。作为一名在成都信息工程学院（现为成都信息工程大学）学习的学生，我是汶川地震灾害的幸运儿，虽然老家房屋受损，有着校园的庇护，倒也没有紧迫的危机感。学校随时向全校学生播报最新灾情，提醒大家注意防护。灾后余震不断，全校学生都搬至运动场，携带凉席、枕头，往地上一躺，就是一夜。漫漫长夜，谈天说地。现在想来，那应该是我们大学四年里交流最充分的一段时间了。挨不住湿气侵体的我，悄悄搬回了宿舍。当然，像我一样心大的人也不在少数。一天中午，突然发生强烈余震，安静的宿舍区顿时一片哗然，大家都健步如飞地往楼下冲。室友问我，我们要不要也去操场避一避。我淡定地说，不用了，等冲下去，已经不震了。趴在窗边往楼下瞅，绝对有风景，那些慌乱中只穿条裤衩逃命的身影，两只手数不过来。这样的风景，时有出现。

大学四年，不知不觉喜欢上在高考填报志愿时鬼使神差般填进去的社会工作专业。要说自己有一颗利他心，连我本人也会觉得很假。那就说说，这个专业给予了我什么吧。思来想去，可能是它让我明了自己想要成为一个什么样的人。更直接一点说，是它接纳了我身上所有的幻想、懒散、感性与倔强，并且使之自洽。

灾害发生的第一时间，我曾向校方陈情，希望参加紧急救援。相关老师给我的回复是，不要去添乱。

半个月后，我收到了研究生录取通知书。在向导师报告喜讯之时，得知他即将带领团队前往绵竹开展遇难学生家长工作。我毛遂自荐，参与一些辅助性工作。这就是我参与灾后工作的开端。至于那时都做了什么，归结起来，无非是一些鸡毛蒜皮的事情，不值一提。但，这次机会，让我对灾区一线的情况有了更多直接的认识。

当年 9 月，我顺利来京开始研究生学习之旅。彼时，导师已在灾区开展了 3 个月的遇难学生家长工作。与家长们相处的每一天，都促使他去思考更多，也慢慢促生了他一定要持续为当地民众做点什么的决心和动力。回京后，他除了继续与家长们保持紧密联系外，也开始逐步规划建立一个专业团队为家长们提供持续性的支持和服务。在中国红十字基金会的资助下，“青红社工”团队成形，预期通过一年的项目为遇难学生家长提供后续服务。当地镇政府也希望社工团队能够发挥“维稳”作用，缓解家长们的敌对情绪。该项目最终获批之时，已是 2008 年年底。那一个冬天，很冷，但团队成员的内心却是火红一片。就这样，前期准备工作似乎很顺利地完成。

而我，自然成为这个团队的首批成员。

2009 年春节前，导师与当时镇政府相关人员再次联系，商量年后建立社工服务站的各项具体事宜，竟发现其态度有些变化，每次联系总有推脱之词。隐约间，他感到有些不妥，但由于年关将至，也不便“有所行动”。春节一过，导师带着我和另一位同学立即前往成都，找到四川省总工会的领导，与她商议如何突破目前的困境并期望获得她的支持与帮助。出于对导师个人的信任和对社会工作的了解，她通过多种渠道给德阳市相关方面“打招呼”，但两天后等来的还是“不行”的消息。原因就是当地情况复杂，项目涉及的服务人群又极度敏感；加之清明将至，恐家长们聚众闹事。当地政府不愿意接受任何外来人员的“干预和服务”。

这一始料未及的后果，对导师无疑是个沉重的打击。坐在绵竹步行街空旷的广场上，我们三人无言以对。悲伤、失落、绝望的氛围笼罩着大家，令人窒息。难道就这样放弃了吗？最后，大家商议决定，与其坐在那里设想无数不可能存在的可能性，不如找当地人帮助出谋划策。第二天，我们三人找到了绵竹市妇联张尚群张主席。张主席了解到我们面临的困境之后，当即就给我们三人指了一条路：目前，还是应该谨慎行事，先找个地方“落脚”，其他的再从长计议。

张主席帮我们联系了绵竹市东方职业技术学校校长，让项目组先在该学校的板房区校址里安顿下来，把服务站先建起来。这所学校场地大，有足够的空间供项目组开展服务。校长爽快地答应下来，并带众人参观了校园，承诺给项目组提供一间办公室和一个活动室，还有两间宿舍。就这样，我们初步确立将原定于富新镇开展的遇难学生家长社会工作服务项目改为对汉旺板房社区居民的服务。其实，内心深处，我们还是希望能够关照到富新镇那边的遇难学生家长们。

初来乍到，举步维艰

与绵竹东方职业技术学校达成合作之后，接下来就是调整服务方案，重新做好规划设计。2009 年 3 月，我们项目团队在北京经过为期一个月的研究讨论，由于对该学校所在的板房社区一无所知，只能从最简单的社区探访和一些文娱活动开始，逐步聚焦，了解居民真实需求，再提供切合需求的服务，即“走一步看一步”“摸着石头过河”。

2009 年 4 月，在绵竹市妇联和东方职业技术学校的协调与配合下，中国青年政治学院绵竹社会工作服务站（即绵竹青红社工服务站）正式落地。

一切看似顺利，按部就班地进行着。可问题接踵而至，偌大的社区，要掌握各种具体情况少说也得三五个月。彼时的我们对当前所处的社区一无所知，与汉旺镇相关方面无任何联络，与其他救灾组织也没有相关联系，既无法提出请求，也无法得到回应。妇联张主席也提出，现阶段项目团队不宜太公开地活动，一定要低调一点，且服务站的牌子先不要挂出去，免得太惹眼，引起多方的关注。前线的工作员一方面感到迷茫、孤单；另一方面对于项目理念本身的坚持也促使他们想要积极寻求突破，找到服务的生长点。

主动出击，广结善缘

作为前线的工作人员，我们每天早出晚归，除了考察这里的风土人情、自然环境、人口结构和社会支持外，尽量多与周围居民接触，了解他们的需求。在探访过程中我们主动向社区内的其他救灾组织“问好”，建立初步联系，同时也扩大认知度。当时，在绵竹地区的社工机构共有20多家，同在武都板房区的就有6家。我们相继拜访了当时在汶川地震灾区开展服务的中国台湾“慈济”“友好家园”、清平社工站、“剑南社工站”等机构。

在了解了这些机构的基本情况和服务内容与方式后，我们也向对方介绍自身的相关情况，增进相互了解并相互提供支持与合作。在与剑南社工站的工作人员交流过程中，得知友成企业家扶贫基金会（以下简称友成）在绵竹地区成立了“友成社会资源协调平台”，定期举办绵竹地区的NGO（非政府组织）联席会。

2009年5月5日，我们第一次参加了NGO联席会，在会上分享了青红社工的信息，与其他NGO初步建立联系，并成为NGO联席会的一员，公开张贴了LOGO。5月11日，青红迎来了第一批到访的客人——“友成”志愿者。之后，陆续迎来一批又一批兄弟组织的到访，更加有力地将青红“推销”出去。如清平社工站、汉旺学校社工站、绵竹市广济镇民生合作社、兴隆社工站、德阳东汽小学社工站等。此外，还有一些从事NGO相关方面研究的人员也络绎不绝，前来调研考察。

由于当时的青红是以高校社工专业师生为主的服务团队，随着前期工作的开展和细化以及相关宣传，前来问候的高校学者也越来越多。香港理工大学、成都信息工程学院、长沙民政职业技术学院、西南财经大学、西南石油大学、重庆师范大学、绵阳师范学院等高校的社工老师经常到站交流、指导工作，为青红项目的开展注入源源不断的活力和养分。部分高校还明确表示希望能够派学生到服务站进行专业实习或从事志愿服务。

汶川地震后，各种针对灾害救助和灾后重建的学术论坛及培训活动层出不穷。如德阳市教育局主办的“危机协调研讨会和公共危机应急技能培训”；中国社会工作协会、中国社会工作教育协会主办的“灾后重建中的中国社会工作论坛”；香港理工大学组织开展的教师成长小组培训、社区生计培训等。在这些学术交流与培训的活动中，我们不仅获得了外围的知识和技能支持，同时也在学习中宣传和推广了青红。“团结社区，发展生计”的口号越来越响亮，目标越来越明确，定位越来越清晰。

发挥专长，攻坚克难
社区探访中那些苦并快乐的日子

此时，绵竹已进入炎炎夏日。白天气温已过 30 摄氏度，板房由于吸热且不透气，温度达 40 摄氏度左右。还好，当地政府部门捐助的两台落地小风扇正好派上用场。可每逢停电的时候，板房里几乎没法待。社工们就会外出寻找一些小树林、小竹林之类的阴凉处坐下来一起分享工作的感受、看法及遇到的问题和打算等。

又是停电的一日。午后，蒙着一层水雾的太阳正咧嘴笑得灿烂。社工们（4 位）照旧背上社工的“标配”（就是 T 恤、牛仔裤、帆布鞋、鸭舌帽、双肩背包、水杯、雨伞、笔记本、录音笔、签字笔、纸巾）前往附近的一处小树林。他们认真细致地回顾和分享前一阶段的工作，并不时地在记录本上做些记录。

谁料，寂寞的鸟儿也想凑热闹，给社工们送了一个大礼，直接在竹子枝头往下排出大大的一团粪便掉在陈锋老师白白的 T 恤上。大家先是惊奇，瞬间转为捧腹大笑。

在四川民间流传一种说法，鸟儿在头顶拉屎，是不吉利的象征，这个人会走霉运。

可能是大家的笑声惊动了竹林旁边的一户人家。一位七旬左右的老妇人从低矮的屋檐下缓缓走出来，问我们是谁，发生了什么事。

陈锋不紧不慢地笑眯眯地对老人说：“老人家，我们是隔壁职业技术学校的志愿者哈。志愿者……你晓得不?”（在灾区，社工还是一个陌生的词，志愿者，大家都听过）

老人面带微笑：“志愿者，我怎么会不晓得，现在我们这儿到处都是志愿者。”同时，老人将眼神瞄向社工们穿的衣服，继续说：“就是像你们这样穿起衣服的，是来帮忙的。你的衣裳怎么回事?”老人看着陈锋衣服上的一大团鸟屎，奇怪地问。

陈锋无奈地说：“您看，就是刚才竹子上的鸟儿害的，好倒霉……”

老人热心地说：“我给你说，鸟屎拉到身上是要倒霉的。”

陈锋故作惊奇：“啊？真的啊？那该咋办？老人家，您有没有办法帮我化解一下呢？”

此时，老人已经走到了社工们身边，她慢条斯理又故卖关子：“办法倒是有，就是特别麻烦。”

陈锋表现出极大的兴趣和期待：“您说来听一下？”

“办法就是你要去找 7 户不同姓氏的人家，向每家人要一把米。然后，拿回去煮稀饭吃。煮稀饭的时候不能见到灰尘。吃的时候要在露天坝头吃。这样子就可以化解霉运。”老人家一副“专业权威”的样子。

陈锋：“嚯，这样子的啊……”

老人：“必须这样子才得行。”

陈锋顺势往下说：“老人家，这样子。您看，我们才到这儿来没多久。好多人都认不得。人家肯定也不得理我们。我也不晓得哪些人的姓氏不一样。您可不可以带着我去要一下米。您肯定对这片很熟悉。”

老人有些疑惑：“不得行，要去你自己去，我才不好意思的。”

陈锋开始发挥社工的聊天和动员技术：“老人家，您是不是觉得我们有可能是坏人，您不放心？”

老人略显尴尬（事实上她就是存着戒心）：“我不是这个意思，只不过我一般都不咋出门，老了，走不动了。”

陈锋：“老了？您算什么老？我 80 多岁的老妈妈还经常到处去旅游爬山，精神头好得很。您看起来比我老妈妈年轻多了。多出去走一下对身体也好。您说是吧。”

老人：“我都75岁了，还年轻？不过呢，看你们年轻人也不咋懂这些老规矩。我就带着你们去，但是要米的事情你们要自己开口，不然不灵的。”

陈锋：“好，要得。”

于是，在老人的引导下，社工们走家串户，不仅毫无障碍地要到了7户不同姓氏人家的米，还多了一次深入村民家庭的机会。而后者才是社工的主要目的。

就这样，通过各种方式，运用机会和途径，社工们的社区调研之路缓缓地行进……

经过两个月的社区探访、基线调查，我们对汉旺镇武都板房社区的基本情况已较为熟悉，并且目标群体也逐步聚焦。在该板房区中，伤残人员数量很多，且多数都是因灾致残。而在家访的过程中，我们发现这部分人发展生计的愿望非常强烈，一方面是为减轻家庭的经济负担；另一方面也确实需要重建经济生活。2009年5月底，前期需求评估与关系建立的工作已告一段落，社区需求评估报告正式出炉。

我还记得是在5月30日那天，全体青红项目成员在北京聚集，针对社区需求评估报告中的“发现”进行讨论和明确工作思路。协助社区残疾人恢复与发展生计的工作思路正式确立，明确项目先通过封闭式小组的形式，帮助残疾人建立社会关系网络，最终推动自治自助组织的建立，并最终关照到整个社区的发展。自6月初开始，我们前线工作员开始对潜在服务对象进行入户深度访谈，切实了解其发展生计的愿望和需求，并初步确定了第一期服务对象。

2009 年 6 月底，以残疾人家庭生计恢复与发展为目标的第一期家庭生计互助小组正式产生并定期开展小组活动。这个小组是任务型的小组，是具有混合性质的小组。其主要功能包括：（1）学习的功能；（2）参与式评审功能；（3）相互支持功能；（4）管理组织和能力建设功能；（5）培训的功能。同时，服务对象的身体康复工作以及个案工作也分别由专门的工作人员负责跟进。

在小组活动进行到第 7 期时，由最开始的学习型小组逐渐转为任务型小组，服务对象由对自我的认识与家庭关系、社会网络的认识，转为对发展生计项目的自由讨论。在第 10 期小组活动中，服务对象自发选举的生计小组管委会产生。从第 11 期开始，我们这些工作员将主导权移交管委会，小组活动全由服务对象设计开展，并逐步形成较为成熟的生计项目策划方案。我们作为青红的工作人员更多的是从旁提供支持和协助。

在小组管委会催化和产生阶段，我们一起讨论管委会成立的必要性、管委会的职能定位，酝酿并推动小组内部管委会的产生。此后，更多的是希望管委会团结并带领小组成员，互帮互助，一起发展各自的生计项目。在管委会带领小组独立运作阶段，小组活动的开展、议题的讨论、相关议事规则的制定皆由管委会引领小组成员共同决定，管委会主导小组的发展进程。我们在必要的情况下对小组管委会进行支持和协助。可以说，服务对象自治的互助性管理组织的产生大大提升了小组成员的民主意识、管理意识、互助意识和自助意识。

在大家的共同努力下，小组成员当时都发展出了适合自身特点的生计项目。比如，有三个组员合作经营了一家名为“梦想起飞”的超市，有的组员开始了种植银杏树苗的生意，有的组员卖起了柑橘，有的组员做起了药品代理……经过努力，大家不仅在自己的新事业中赚取了可观的日常生活费用，而且更重要的是从互助小组及生计项目中收获了精神上的充实和快乐。

当然，在互助小组进行过程中，也遇到许多挑战。首先是由于服务对象身体条件的限制，行动不便，在小组活动初期有些组员连基本的行走都很困难。其次，关于发展生计，决定因素除了主观努力和可控的外在因素，还要取决于市场的作用，而经济方面的实践并非青红社工的长处，需要链接更多外界资源和寻求相关专业人员的协助。有些生计项目也迟迟未能启动。最后，在某些合作的生计项目中，服务对象之间也出现了信任与合作危机，而对这些关系的协调也面临着各种选择与立场上的困境。

在具体服务开展起来后，青红社工才真正具备了生命力。在此期间，大多数时间都用于服务的规划、实施和跟进。但与各兄弟组织的交流互访也日益增多，且范围不断扩大，可以说已经建构起一个相互支持、信息共享的支持网络。例如，与香港复康会合作，协助服务对象继续做好身体康复。2009 年 7 月，哥伦比亚大学老师带领志愿者团队来到服务站进行访问交流；中央民族大学老师带领博士和硕士研究生前往服务站参观、交流。如这些老师所言，青红社工真正做的是“人”的服务，把人的需求摆（排）在第一位，也是对传统文化的挑战和修复，但当下的宣传工作还有待加强、与当地各方尤其是政府相关方面要建立良好关系，仅有外围的“非对口部门”的支持是远远不够的。这也是我们当时相对薄弱的地方。我还记得四川省委党校老师及绵竹市残联为表示对青红社工的支持，送上2台取暖器，以供当时在站工作员过冬使用。

把握契机，华丽转身

在中国社会工作协会专家组到青红社工服务站进行调研前，青红社工就已开始思考可持续发展的问题。借此机会，我们也在积极努力推动，看是否可以成为中国社工协会的5个试点单位之一，这样就可以保证人员和组织建设的相关费用。项目评估结果显示，中国社工协会有意愿将青红社工服务站纳为试点单位。但成为试点单位的前提是组织的性质必须是民办非企业单位（即具有独立法人资格的机构），当时以项目制为运作机制的青红还不具备基本的资格条件。

当时，我们就考虑是否为了获得社工协会的资助就得注册成“民非”？当初申请中国红十字基金会的项目是一年期，当时也并未考虑一年之后何去何从的问题。到2009年底，该项目就该结束了，但是否还能得到下一期的资助谁也说不准（据说之前项目负责人与中国红十字基金会相关人员有过交流，由于第一期所有中标项目能力参差不齐，总体效益并不高，可能不会再予以资助）。

如果是为了获得中国社工协会的资助而注册成“民非”，从名义上讲它就是永远存在的一个事物，我们是否有能力去维系它？即便中国社工协会资助一年，那一年以后又该怎么办？

机构的生存问题怎么解决？对于当地来说，毕竟我们是外来人员，不可能一直留在那里，未来是否还会有更多的精力投注在它身上？但如在本期项目结束时解散团队，恰似孩童夭折，这对于我们这些身为“父母”的青红社工情何以堪；再者，尚有更多事情需要我们去做，还有社工的使命等待着去践行。

这些问题排山倒海般地袭来，令我们大家进退维谷。退，就此放手岂可甘心；进，问题困难纵横交错。9 月底，我们在京的部分青红团队成员聚会商量下一步规划事宜，在分析了各种利弊之后，最终还是决定采取“走一步看一步”的策略，先争取注册下来，得到中国社工协会的资助，至少能保证基本的人员工资和日常费用。至于项目运作费和各种活动开销，如果实在没其他办法，就由陈涛老师个人来补贴。至于前线工作人员有 1 ~2 名长期驻站即可，尽量多地使用高校社工专业的实习学生和志愿者。

接下来，我们便开始策划尽快在绵竹当地注册。除了准备好各项申报材料，更为关键的问题是牵涉与当地民政部门的对接与合作。当地民政局是各类民间组织的主管部门，首先争取到民政局的信任与支持乃当务之急。但自从青红建站以来我们从未与民政局的人员打过正面交道，只是之前在中国社工协会专家组前去调研时，由绵竹市民政局副局长陪同，我们与之有过一面之缘。这为下一步与之接洽提供了一个好的开端。

2009 年 10 月 10 日这天，我和陈涛、陈锋老师以及另一位青红工作员前往绵竹市民政局拜访分管绵竹地区民间组织的副局长，希望与之建立联系并初步商谈青红社工服务站注册事宜。副局长姓樊，40 岁左右，给人的第一印象是干练、泼辣。

在会议室里，陈锋向樊副局长介绍了青红的背景，建站以来的各项工作开展情况，目前的需求以及未来的打算，并表明希望她对青红社工服务站注册的事情给予关注和支持。对方对青红所做的服务没有给予过多评价，只是对 4 人的态度有了明显的转变，还提出共进午餐。

对于青红注册事宜，对方表示会尽力支持，争取把青红变成绵竹地区第一家正式的民办非企业单位。但同时对方也委婉地提出要求：其一，绵竹市民政局想要仿效都江堰地震重灾区由上海对口援建，该地区的社会工作服务也依托对口援建而发展起来并率先成立了社会工作协会，由政府购买机构服务，促进整个都江堰地区的社会工作事业的规划与发展的做法，在绵竹地区成立社工协会，统一规划协调指导社会工作服务的开展，以促进整个绵竹地区的社会工作事业发展及本土社会工作者的培育和继续教育。当然，这需要有社会工作领域的专业人士来推动。希望我们可以为其发挥重要作用，在近期形成一个关于成立绵竹市社会工作协会的论证报告，由民政局呈报上级领导，等待批复，争取在年底能够把这事办成。待该地区社工协会成立之后，青红再率先注册并成为其第一家会员单位。其二，希望通过青红能与民政部以及中国社工协会保持密切联系，将要成立的社工协会需要上级及多方的支持，用对方的话说就是“从上到下连成一条线，各方关系就通畅了”。

2009 年 10 月 13 日，我们再次与樊副局长会面，一是应其要求，向她提供青红的文字材料，以便其掌握详细情况，加深了解，毕竟将来大家的合作会越来越深入，不希望出现“差错”；二是对方提供有关绵竹地区各镇、乡领导的联系方式，以便我们进行调研，为成立社工协会的论证报告收集各种素材。接下来的一个月时间，青红一线工作员在工作之余，便开始了对绵竹地区社会服务需求的调研。11 月下旬，青红向绵竹市民政局提交了论证报告。

2009 年 12 月初，我们与绵竹市民政局樊副局长沟通关于成立绵竹市社工协会事宜。樊副局长明确表示，上级领导认为现阶段绵竹成立社工协会条件还不成熟，此事需从长计议。对于我们而言，此事十分棘手。一旦社工协会不能在年底成立，就意味着青红社工服务站注册的事情也不能定下来。但中国社工协会选取试点单位的进程不会因为我们而有所延缓。迫于这种压力，陈涛老师与当初前往调研的专家组以及中国社工协会沟通，他们也积极与绵竹当地接洽。最后，绵竹市民政局同意让青红社工服务站先注册成民办非企业单位，等时机成熟了再共同推动当地社工协会的建立与发展。

2010 年 4 月底，青红注册各项事宜全部完成，顺利取得正式的法人组织身份，“绵竹青红社工服务站”也正式更名为“绵竹青红社工服务中心”。这是青红历史性的一刻，自此开始，它将以全新的姿态在绵竹生根发芽、开花结果。与此同时，申请成为中国社工协会试点单位的事情也得到肯定的答复。也就是说，在今后的一年里，不用担心机构的基本生存问题。不过，这虽然是一个全新的开端，但机遇与挑战并存，如何把这个机构运转好，使其更具生命力和可持续性对我们来说任重而道远。

乔迁新居，重整旗鼓

后来，在2010年5月，青红搬到汉旺新城蜀锡清苑，这是一个灾后新建的社区。2009年底2010年初，绵竹东方职业技术学校搬迁，我们与他们的合作几乎就断了。当我们正愁没地方落脚的时候，我们的一位服务对象主动提出可以将自家位于汉旺新城的住房租给青红。她是家庭生计小组的一员，家里共有两套住房，一套在绵竹市区，属于其儿子，另一套在汉旺新城，因为没人居住，所以提供给我们暂时落脚。这套房子共有90平方米左右，总体而言，活动面积比在东方职业技术学校时小了至少三分之二。包括两个卧室、一个客厅，外带一个小书房。

其中，两个卧室分别作为我们男女工作人员的宿舍，每个宿舍里放两张上下铺的高低床，共8个床位，除了我们工作人员入住之外，督导及志愿者也可短期入住。客厅被我们戏称为“多功能厅”，既是办公室，又是小组活动室，还是餐厅。小书房就被布置成一个个案工作室。麻雀虽小，五脏俱全。这个社区周围交通较为便捷，离大多数服务对象的住所也不算太远。在权衡利弊以及手头现有资源后，我们最终决定先搬至此处，把服务做起来再另作打算。

在青红社工站建站之初，不管是后方还是前线，工作人员都是以我们这些北京高校的师生为主，当然也会有少量的志愿者。在正式注册后，青红的机构内部组织架构进行了进一步调整和完善，也新纳入了一些当地的人员作为工作人员，为机构本土化开始做打算。首先，将像我这种已经毕业走上工作岗位的青红团队成员的角色逐步淡化，吸收了四川高校社会工作专业的毕业生及当地的志愿者作为长期稳定的工作人员。其中家庭生计互助小组管委会成员也协助分担部分事宜。其次，各项规章制度的完善和改进，如成立党小组，定期召开党小组会议，完善机构章程和人员工资制度及作息制度，等等。

经过一年多的艰苦探索，青红在绵竹当地算是落地生根了，在当地社区也拥有了较好的基础。随着当地本土力量的注入，开展各项活动更显得得心应手。我们与外围及当地的联系也越发广泛和频繁。同时，随着资源网络的建立和拓展，我们的服务项目也开始走向多元化发展之路。对外，我们陆陆续续到都江堰、北京、上海、深圳等地进行专业能力提升与拓展的各项培训和交流活动，一方面巩固了社工理念、提升了专业技能；另一方面也开阔了自身的眼界、汲取了先进经验。这些对外交流的机会对于下一步提升青红的服务质量也具有重要意义。目前，他们中大部分都已报名参加社会工作者职业水平评价考试。

此后，青红的服务不仅在绵竹地区如火如荼地开展起来，且在其他市县也逐步蔓延开来。虽然，前面的道路曲折而坎坷，但相信在所有青红人的不懈努力下，一切皆有可能，一切皆可水到渠成。

10 年过去了，若无这段刻骨铭心的经历，或许我永远都不懂得如何爱惜自己、如何关爱他人。同时，这段经历也让我变得自信、宽容和有力量。还记得在板房的岁月，我们为刘伯（刘志全）唱生日歌，为孟姐（孟颜进）擦拭淋湿的头发，让朱姨第一次开口唱起了“北京的金山上”。我们一起笑、一起哭、一起累……在汉旺，杨叔第一次动笔写自己的名字才发现原来自己的名字是这样写的；蓉姐（马代蓉）专注的眼神、曾姨爽朗的笑声、刘哥（刘刚均）腼腆的笑容、黄姐娇小的身影汇成我们中心一抹温暖的阳光。是我们共同的信念和坚持让我们走在了一起。青红已是我生命的一部分，这份情结将成为永远连接我们的纽带，无论我在哪里、走多远、做什么，我永远是一名青红成员，青红里也永远有我。

钟兴菊：青红，我们在路上

创作者：钟兴菊[①]

每次想起您，总觉得无比的心安与踏实，犹如家人般的温暖；

我深深地明白，您一直驻留在我心里的那块净地，无论什么都无法替代的那种。

人的一生，有无数的门槛，

进进出出，但很少回望，

总觉得一切都在路上，低头忙忙碌碌，抬头无问西东；

记得在2009年青涩的我跨进了您的门槛；

于您，于我，好像都是那么年轻与青涩，但是否有种久违感。

板房是阵地，社区是战场，组员是战友，中青是后方……

记得那里的天总是那么蓝，云是那么白；

远处的山，记不得是叫什么，总是那么近；

住在板房，工作在板房，每周都期待着联欢般的小组活动；

① 钟兴菊，女，2008—2011年在中国青年政治学院读硕士研究生，曾参与青红一线工作。2019年为重庆大学副教授。

那是我们最快乐，最具有仪式感与使命感，最所谓专业化服务的时刻；

战场从板房到了民居，小组也从一期到了二期；

从一开始的聚会聊天扯家常，之后大家开始侃生计的“商业经”；

从主导学习到陪伴成长；

人生有很多的朋友，但总是一边寻找一边失去；

但于您，无论何时您总是在那里；

慢慢地，慢慢地，

您从青涩到长大，从成熟到结果，再到硕果累累的参天大树；

站在现在的门槛回望，欣喜于您的成长同时略带丝丝忧伤，

因为无数次内心的叩问，

总是在遗憾，悔恨缺席陪伴您的成长，

犹如母亲总是抱怨因为各种迫不得已缺席陪伴孩子成长一般的痛；

2011 年从一扇门到了另一扇门，

慢慢地开始疏远您，关心您，回望您；

但内心一直惦念着您，

所以，我会知道，您的战绩连连；

有银杏的成林成业；

有生计串珠登录京东；

也有管委会的自我运作；

有各大媒体的报道与宣传；

也有每年例行的迎新歌舞联欢；
……
2014 年，我又被另一个门槛的重重枷锁绑定，
有了家庭的一地鸡毛，
有了小崽崽的脱不开身，
有了工作的奋不顾身，
有了学生的三省吾身，
有了科研的全身心，
……
在重重枷锁的门槛内，已经声嘶力竭；
庆幸时不时能收到您的捷报；
特别开心，在我们的纪念日，
还能够成为我们的一员参加，
感谢您，不离不弃，
还说让我记录与您的痕迹，
我想着，雁过留声，
我也应该写下这些，希望在未来
我们的孩子们，能看到这样的文字，
能为我与您的相遇感到自豪；
年轻的我们终将老去，
但青红却是永远常青常红的种子，已经生根发芽！
我们在路上，永不相忘！

后记：青红的故事在延续

以 2009 年 4 月中国红十字基金会资助的“5 · 12 灾后重建公开招标项目”中国青年政治学院绵竹社会工作服务站（简称“绵竹青红社工服务站”）启动之日计，2019 年是青红服务开展 10 周年。值此之际，团队商定对核心成员作口述史访谈，以记录走过 10 年的历程，也借以回顾总结供作后续行动和他人参考。

该年暑期，由中国社会科学院大学社会学专业两位硕士研究生熊屹、汪龙鑫，三位社会学专业本科生沈蕊、邓椒、张书赫，和成都信息工程大学两位社会工作硕士研究生宫中怡、庞慧燕组成的实习小组，赴绵竹市汉旺镇，依托绵竹青红社工服务中心组织实施了口述史访谈。此次共收集 26 位口述人的 10 年口述史，其中 13 位可以说是服务对象，另外 13 位为不同程度参与服务的社工、老师和学生，服务对象和服务人员各占一半。实习生转录和整理了文字稿，熊屹负责汇编成册。2019 年暑期的“青红 10 周年庆典”上，10 年口述史以《铭记、同行、重生：青红十周年口述史》为名，在庆典上面世。

2023 年，得到中国社会出版社的大力支持，特别是余细香编辑倾心关爱指导，这部口述史纳入了中国社会出版社的出版计划，有了正式公开出版的机会。青红团队由陈涛、陈锋、熊屹组成主编小组，按照余细香编辑和中国社会出版社的要求作进一步的修改。陈涛、熊屹主要负责内容文字的删减调整等，陈锋负责处理青红机构相关的配合事宜。至当年9月，书稿提交出版社余细香编辑，书名蒙余细香编辑给出宝贵意见并获得青红成员们的一致赞同，改为《可以这样爱你——青红十年口述史》。

在此，衷心感谢中国社会出版社和余细香编辑的信任与支持，感谢青红26位口述人的参与，感谢各位实习生同学的工作。我们期望，正如本书书名所表达的，“青红人”借此书更加明晰自己的志业使命，其他读者亦可从中感受到爱和爱的力量，还有无数可能的人们，也以不同方式得着点滴的启发参考。

自2019年绵竹青红社工服务中心10周年庆典之后，青红主要转为以在地人员为主进行运营。刘刚均、马兴书、刘春艳等组成的中心日常管理团队，打理着中心的日常事务；有时候会有绵竹市有关方面的公益创投等资金的支持，申报一些小型的社区服务项目，在汉旺镇几个社区开展面向居民尤其是老年人和儿童青少年的活动。更重要的是，由他们继续带领青红家庭生计互助组、青红种植专业合作社、春燕手工作坊的组员、社员和姐妹们，定期聚会、互相陪伴地往前走。在这个过程中，青红以及它衍生出来的“培力社工”团队则主要提供意见和建议，有时也会前去参加他们组织的聚会活动，以“在场”的方式表达支持。非在地成员的支持也包括智力和人才上的，比如当青红中心要写项目申请和总结文书时，青红以及它衍生出来的“培力社工”团队会给予线上或线下的帮助。

在地的成员们非常自豪地认为自己也是“青红社工”，常常说自己是“没有本本的社工”或是“土八路社工”。他们逐渐把帮助别人当作自己的工作并从中获得许多满足，也不再停留于最初外来社工帮他们建立的那几个组织的范围。他们先是自发成立了“青红合唱团”，找到了自己的音乐疗愈方式，并把合唱团的人员扩大到互助组、合作社和手工作坊之外，面向当地其他残疾人。随着他们在残疾人和社区居民中知名度的提高，他们与地方残联、妇联、镇政府和社区居委会乃至一些企事业单位的联系也越来越密切。更多的支持使他们可以举办更多的活动，把更广泛的残疾人和社区居民联络在一起，感受过去从没有过的快乐和满足。由于他们的积极贡献，他们中的一些人也因此获得了当地官方和社会的认可，像刘春艳被评为德阳市的“道德模范”，刘刚均被选为绵竹市肢残协会的副会长。

刘刚均曾经多次说，因为青红，他看到了自己后半生的方向，就是成为一个以助人为业的社工。马兴书说，“青红精神”就是团结在一起互相关心爱护，“青红人”就是要把这种团结和爱不断地传递扩散出去。刘春艳不惧艰难坚持把春燕手工作坊做下去，以对得起老师同学们对她们的扶持和期望。

2024 年 1 月，在即将迎来龙年新年之际，青红与“培力社工”联合筹办了迎新年会。整场年会以青红在地成员为主，“培力社工”协助。除特邀的其他机构人员外，青红在地团队聚拢了青红家庭生计互助组、青红种植专业合作社、春燕手工作坊和青红合唱团，还有刘刚均、马兴书、刘春艳各自培育带领的 3 个残疾人小组——葫芦丝小组、轮椅小组、青少年小组，并联动了当地志愿者组织“山叶鸟志愿服务队”，共160多人齐聚一堂，大家欢声笑语喜迎龙年新春。此时，再也看不到曾经的灾难阴影，与会者们感受到的唯有喜庆与希望。

马兴书骄傲地跟我们说：当年社工们怎么带我们家庭生计小组，今天我们也同样地带青少年小组、轮椅小组和葫芦丝小组。他还说，青红的路是对的，我们就是要用它先进的服务模式和做法继续走下去，并走好……

陈　涛

2024年5月